W0192347

STACY UND JOHN ELDREDGE
WEISST DU NICHT, WIE SCHÖN DU BIST?

STACY UND JOHN ELDREDGE

Weißt du nicht,
wie schön du bist?

Was passiert, wenn Frauen
das Geheimnis ihres Herzens entdecken

Deutsch von Markus Baum

B|R|U|N|N|E|N

VERLAG GIESSEN · BASEL

Titel der amerikanischen Originalausgabe:
Captivating. Unveiling the Mystery of a Woman's Soul.
Copyright © 2005 by John Eldredge und Anastasi Eldredge.
Originalausgabe: Thomas Nelson, Inc., Nashville, Tennessee, USA.

Übersetzung aus dem Amerikanischen: Markus Baum

Bibelzitate folgen unterschiedlichen Übersetzungen
und sind wie folgt gekennzeichnet:
EÜ – Einheitsübersetzung der Heiligen Schrift.
© 1980 Katholische Bibelanstalt GmbH, Stuttgart.
GN – Die Gute Nachricht. Die Bibel in heutigem Deutsch
© 1982 Deutsche Bibelgesellschaft, Stuttgart.
Hfa – Hoffnung für alle. © 1983, 1996, 2002 by International Bible Society,
Übersetzt und herausgegeben durch: Brunnen Verlag Basel, Schweiz.
Verwendung mit freundlicher Genehmigung des Verlags.
L – Lutherbibel in der revidierten Fassung von 1984
©1985 Deutsche Bibelgesellschaft, Stuttgart.
RE – Revidierte Elberfelder Bibel, © 1986 R. Brockhaus Verlag, Wuppertal.

FSC
Mix
Produktgruppe aus vorbildlich
bewirtschafteten Wäldern und
anderen kontrollierten Herkünften
Zert.-Nr. SGS-COC-1940
www.fsc.org
© 1996 Forest Stewardship Council

6. Auflage 2008

© 2006 Brunnen Verlag Gießen
www.brunnen-verlag.de
Umschlagfoto: ifa, Düsseldorf
Umschlaggestaltung: Ralf Simon
Satz: Die Feder GmbH, Wetzlar
Herstellung: GGP Media GmbH, Pößneck
ISBN 978-3-7655-1934-5

FÜR ALL DIE FASZINIERENDEN FRAUEN,
DIE WIR ZU UNSEREN FREUNDEN ZÄHLEN DÜRFEN.

Inhalt

Einführung

*J*etzt stehen wir auf heiligem Boden.

Ein Buch für Männer zu schreiben *(Der ungezähmte Mann)* war eine vergleichsweise leichte Aufgabe. Nicht dass Männer eben deutlich einfacher gestrickte Wesen wären. Aber wenn wir die beiden Geschlechter vergleichen, dann *sind* Männer zweifellos weniger kompliziert, was ihren Umgang mit der Liebe und dem Leben angeht. Das ist sowohl den Männern als auch den Frauen bewusst. Übrigens: Die Rätselhaftigkeit des weiblichen Herzens sollte ursprünglich etwas Gutes sein. Eine Quelle der Freude. Was ist daraus geworden? Eine Quelle der Scham. Es ist fast ein allgemeingültiges Gesetz: Frauen fühlen sich nicht wohl in ihrer Haut, sind unzufrieden mit sich selbst. Und Männer machen tendenziell eher einen Bogen um die tiefen Wasser, die die Seele einer Frau ausmachen, aus Unsicherheit darüber, was sie dort finden würden und wie sie damit umgehen sollten. Und so entgeht uns all das Kostbare, das im Herzen einer Frau liegt; so entgeht uns, welchen Reichtum das Feminine in unser Leben bringen könnte und was wir dadurch über das Wesen Gottes erfahren könnten.

Keine Sorge – dies ist kein Buch über all das, was Sie als Frau falsch machen. Diese Sorte Bücher sind wir zu Recht leid. Als ich gerade zum Glauben gekommen war, habe ich (Stacy) ein Buch über „Frau sein nach dem Willen Gottes" gelesen – und ich habe es in die Ecke gepfeffert und nie wieder aufgeschlagen. In den fünfundzwanzig Jahren seitdem sind mir nur ein paar Frauenbücher in die Finger gekommen, die ich wirklich empfehlenswert fand. Die meisten anderen machen mich rasend. Ihre Botschaft an Frauen lässt sich auf die Formel bringen: „Du bist nicht die Frau, die du sein solltest – aber wenn du die folgenden zehn

9

Regeln befolgst, dann schaffst du es vielleicht doch noch zur idealen Frau." Eine herzlose Botschaft. Aber Weiblichkeit kann man nicht in eine einfache Formel pressen.

Wir haben Freundinnen, die sich für Kaffeekränzchen und feines Porzellan begeistern, und Freundinnen, die beim bloßen Gedanken an so etwas Allergien entwickeln. In unserem Freundeskreis gibt es Frauen, die passionierte Jägerinnen sind. Gesellige Frauen und solche, die nicht gern unter Menschen sind. Professorinnen, Mütter, Ärztinnen, Krankenschwestern, Missionarinnen, Maklerinnen, Therapeutinnen, Sekretärinnen, Künstlerinnen, Familienfrauen, Unternehmerinnen, Dichterinnen, Triathletinnen und Sozialarbeiterinnen. Wunderbare Frauen, jede einzelne von ihnen.

Wer ist also nun die wahre Frau – Aschenputtel oder Johanna von Orleans? Maria Magdalena oder Oprah Winfrey? Wie können wir das Geheimnis der Weiblichkeit erschließen und zugleich vermeiden, dass wir in Klischees verfallen oder, noch schlimmer, den Druck auf unsere Leserinnen noch verstärken und neue Versagensgefühle heraufbeschwören? Das ist das Letzte, was eine Frau braucht. Und doch *gibt* es einen Wesenskern, den Gott jeder Frau gegeben hat. Tief in unserem Herzen haben wir etwas Echtes und Wahrhaftiges, das uns Frauen gemeinsam ist. Und deshalb ist es nur folgerichtig, wenn wir für diese Erkundungsreise zum Wesen echter Weiblichkeit den Weg des *Herzens* wählen. Was bewegt das Herz einer Frau? Wonach sehnt sie sich? Wovon haben wir schon als kleine Mädchen geträumt? Wovon träumen wir auch jetzt, als erwachsene Frauen, noch? Und wie kann eine Frau von den Wunden und Tragödien ihres Lebens genesen und voll und ganz lebendig werden?

Irgendwo zwischen den Träumen Ihrer Kindheit und heute ist etwas Kostbares verloren gegangen. Und dieser Schatz ist Ihr Herz, Ihr unschätzbar wertvolles weibliches Herz. Gott hat eine Weiblichkeit in Sie hineingelegt, die zugleich kraftvoll und sanft, verwegen und verführerisch ist. Ihre Weiblichkeit ist zweifellos missverstanden worden. Sie war Angriffen ausgesetzt. Aber sie ist immer noch da. Sie macht Ihr wahres Wesen aus. Und sie hat es verdient, wiederentdeckt und rehabilitiert zu werden. Sie *sind* bezaubernd.

Wir laden Sie ein, mit uns auf eine Reise zu gehen, eine heilsame Entdeckungsreise. Denn Ihr Herz ist der Kronschatz des Reiches Gottes und Jesus kam, um Sie für sich zu gewinnen – und zwar Ihr ganzes Wesen. Wir wünschen uns, dass dieses Buch vielleicht ein Instrument auf Ihrem Weg zu Gott sein kann und dass Sie etwas von dem Heil, der Erneuerung, der Freude und dem Leben erfahren, die Gott Ihnen schenken möchte. Und wenn das passiert, dann ist das Anlass für ein großes Fest. Mit exquisitem Porzellan. Oder mit Papptellern. Oder wie auch immer. Eines Tages werden wir alle zusammen feiern. Darauf freuen wir uns schon jetzt und wünschen uns, dass dieses Buch Sie dem Herzen Gottes näher bringt – und Ihrem eigenen ebenso.

WEISST DU NICHT, WIE SCHÖN DU BIST?

I

Das Herz einer Frau

Sometimes it's hard to be a woman ...
(Eine Frau zu sein ist manchmal ganz schön schwer ...)
TAMMY WYNETTE, STAND BY YOUR MAN[1]

❧

Nun bemerkte er, dass Fatimas Augen voll Tränen standen.
„Du weinst ja."
„Ich bin eine Wüstenfrau", erwiderte sie, indem sie ihr Gesicht zu
verbergen suchte. „Aber an erster Stelle bin ich eine Frau."
PAULO COELHO, DER ALCHIMIST[2]

❧

You belong among the wildflowers
You belong in a boat out at sea
You belong with your love on your arm
You belong somewhere you feel free

Du gehörst zu den Wildblumen
Du gehörst in ein Boot auf hoher See
Du gehörst in die Arme deines Geliebten
Du gehörst dahin, wo du frei bist
TOM PETTY, WILDFLOWERS[3]

❧

Los, wagen wir es." Die Abenddämmerung brach herein. Die
Luft war kühl, gesättigt mit dem Duft von Pinien und Beifuß,
und der rasch dahinströmende Fluss lockte. Wir machten Cam-
ping-Urlaub in den Teton-Bergen. Unser Kanu war noch auf
dem Autodach festgezurrt. „Setzen wir es ins Wasser." John

schaute mich an, als ob ich den Verstand verloren hätte. In weniger als zwanzig Minuten würde über uns und dem Fluss und den Wäldern die Nacht hereinbrechen. Dann würde es stockfinster sein. Wir wären völlig allein auf dem Fluss, mit einer nur ganz allgemeinen Vorstellung über die Richtung (nämlich flussabwärts), über einen Landeplatz (möglichst nah an der Straße) – und mit einem langen Marsch zurück zum Wagen. Wir hatten keine Ahnung, was für Gefahren unterwegs lauern würden. John schaute nochmal auf mich, dann auf unsere kleinen Söhne und sagte dann: „Einverstanden!" Wir mussten uns beeilen.

Es war ein überwältigender Abend. Das Wasser des Flusses changierte in Farbtönen von Kobaltblau über Silber bis Schwarz. Außer uns war kein Mensch zu sehen. Wir hatten Oxbow Bend für uns allein. In Rekordzeit hatten wir das Kanu im Fluss, die Schwimmwesten angelegt, die Paddel bereit, die Jungs verstaut, und los ging's. Gemeinsam wetteiferten wir darum, so viel wie nur möglich von der Schönheit um uns herum in uns aufzunehmen.

Eine alte Holzbrücke hing niedrig über dem Fluss; ihre verwitterten Überreste sahen so aus, als würden sie beim nächsten Windstoß ins Wasser stürzen. Wir mussten die Köpfe einziehen, als wir unter ihr hindurchfuhren. Vorsichtig steuerten wir durch den gewundenen Lauf des Snake River – John im Heck, ich im Bug des Bootes, unsere drei Jungen dazwischen mit staunenden Augen. Als sich die ersten Sterne zeigten, fühlten wir uns wie die Kinder, die bei der Erschaffung von Narnia dabei waren – so klar war der Himmel, so nah die Sterne. Wir hielten den Atem an, als eine Sternschnuppe ganz langsam über den Himmel zog und verschwand.

Ein Biber klatschte ins Wasser mit einem Knall wie ein Gewehrschuss und scheuchte damit zwei Enten von der Wasseroberfläche auf. Alles, was wir von ihnen sahen, waren die weißgekrönten Kielwellen, die sie vor dem Abheben im Wasser verursachten. In den Wipfeln über uns begannen Eulen mit ihren nächtlichen Rufen, Sandhügelkraniche am Ufer stimmten mit ein. Vertraute Klänge, und doch wie aus einer anderen Welt. Wir flüsterten einander jedes neu entdeckte Wunder zu, während die Paddel regelmäßig und fast geräuschlos ins Wasser tauchten.

Jetzt war es wirklich Nacht. Zeit, wieder an Land zu gehen. Wir steuerten eine Bucht an, die ziemlich nah an der Straße lag, denn wir wollten nicht lange nach unserem Wagen suchen müssen. Zu unserer Einsetzsstelle zurückzupaddeln erschien uns zu riskant – gegen den Strom und in der fast völligen Dunkelheit.

Als wir uns in die Bucht treiben ließen, tauchte ein Elchbulle aus dem Schilf auf, genau an der Stelle, an der wir eigentlich landen wollten. Er war so schwarz wie die Nacht, wir sahen ihn nur, weil sich seine Silhouette gegen den Himmel und gegen die gezackte Bergkette am Horizont abhob. Er war riesig. Er war prächtig. Er war im Weg. Versperrte uns den einzigen Ausgang aus der Schlucht. In amerikanischen Nationalparks kommen mehr Menschen durch Elche ums Leben als durch alle anderen Tierarten. Ihre bemerkenswerte Geschwindigkeit, ihre achthundert Kilo Muskeln, ihre Schaufeln und ihre Unberechenbarkeit machen sie so gefährlich. Es würde unseren Elch nur zwei Sekunden kosten, um sich ins Wasser zu stürzen und das Kanu zum Kentern zu bringen. Wir kamen nicht vorbei.

Die Stimmung kippte. John und ich waren nun besorgt. Es gab nur eine Alternative zu diesem nun versperrten Weg: Wir mussten doch zurückpaddeln, flussaufwärts durch die inzwischen rabenschwarze Nacht. Lautlos, ernüchtert wendeten wir das Boot und nahmen den Rückweg in Angriff, immer bedacht, uns am rechten Rand des Flussbetts zu halten, wo die Strömung nicht ganz so stark war. Wir waren nicht darauf vorbereitet gewesen, dass das Abenteuer eine solche Wendung nehmen würde, aber nun auf einmal galt es, alle Kräfte einzusetzen. John musste gut steuern, ich musste mit aller Kraft paddeln. Ein Fehler unsererseits, und die starke Strömung würde das Kanu breitseits packen, zum Kentern bringen und uns und unsere Jungs flussabwärts in die Nacht spülen.

Es war großartig.

Wir schafften es. Er schaffte es. Ich schaffte es. Wir waren der Herausforderung gewachsen, gemeinsam. Sie hatte mir alles abverlangt, ich war mit meiner Familie und für meine Familie gefordert gewesen, ich war umgeben von wilder, glitzernder Schönheit, und es war, nun ja, irgendwie *gefährlich* – und all das zusammen verlieh diesen Stunden etwas ... Transzendentes, Überirdisches. Ich war nicht länger Stacy. Ich war Sacagawea, Indianerprinzessin des amerikanischen Westens, eine kämpferische und starke Frau.

Auf dem Weg zum Frausein

Und es kam der Tag, da das Risiko, in der Knospe zu verharren,
schmerzlicher wurde, als das Risiko zu blühen.
ANAÏS NIN

Ich versuche mich zu erinnern, wann ich zum ersten Mal tief im Innern begriffen habe, dass die Mädchenjahre vorbei waren – und ich eine Frau geworden war. War es die Zeit, als ich die High School abschloss, oder später das Studium? Wurde es mir bewusst, als ich heiratete? Als ich mein erstes Kind bekam? Ich bin inzwischen fünfundvierzig Jahre alt, und doch gibt es in meinem Herzen immer noch Stellen, die sich so jung, so kindlich anfühlen. Wenn ich zurückdenke an das, was man als Initiationsriten in meinem Leben bezeichnen könnte, dann wird mir klar, warum ich mich auf meinem Weg ins Frausein so unsicher und orientierungslos gefühlt habe. An dem Tag, an dem ich meine erste Menstruation bekam, brachte mich meine Familie beim Mittagstisch in Verlegenheit, indem alle das Lied anstimmten: „Willkommen im Club der Frauen, vergiss die Kinderzeit ...". Dabei fühlte ich mich kein bisschen anders als vorher. Nur hätte ich in den Boden versinken können, weil alle *Bescheid wussten.*

Ich starrte auf meinen Teller und entdeckte auf einmal, wie faszinierend Maiskörner sein können.

An dem Tag, als ich meinen ersten BH anprobierte, zerrte mich eine meiner Schwestern auf den Flur, wo zu meinem Entsetzen mein Vater stand, mit der Kamera bewaffnet, um den Moment festzuhalten. Sie sagten, später einmal würde ich darüber lachen (Irrtum!). Wie so viele andere Frauen musste ich mir selbst meinen Weg durch die Zeit der Pubertät bahnen, mich allein mit meinem sich verändernden und erwachenden Körper befassen, dem Spiegel meines Herzens, das sich ebenfalls veränderte und erwachte. Niemand hat mich auf der Reise ins Frausein beraten. Das heißt, ich bekam schon einen Rat: Ich sollte weniger essen. Mein Vater nahm mich auf die Seite und sagte mir: „Kein Junge wird dich ansehen, wenn du fett bist."

Im College schloss ich mich der Frauenbewegung an. Wie so viele Frauen in den 70er Jahren versuchte ich ein Gefühl für mich selbst zu bekommen. Ich wurde sogar Leiterin eines Gleichstellungs- und Frauenbüros an einer liberalen Universität in Kalifornien. Aber ganz gleich, wie sehr ich meine Stärke und Unabhängigkeit als Frau demonstrierte („Ich stehe schon meinen Mann"), mein *Herz*, das Herz einer Frau, blieb leer. Wenn man als junges und suchendes Mädchen gesagt bekommt: „Du kannst alles werden", dann ist das nicht sehr hilfreich. Es ist zu unbestimmt, die Richtung fehlt. Später bekommt man dann gesagt: „Du kannst alles tun, was ein Mann auch kann." Aber das hilft genauso wenig. Ich wollte kein Mann sein. Was bedeutet es, eine *Frau* zu sein?

Was die Liebe anging, so bin ich nur mit Kinofilmen und Popsongs als Wegweiser durch dieses geheimnisvolle Gelände gestolpert. Wie so viele Frauen in meiner Umgebung habe ich mich mit den Trümmern von mehreren gescheiterten Beziehungen allein herumgeschlagen. In meinem letzten Jahr am College verliebte ich mich zum ersten Mal richtig, und diesmal wurde meine Liebe erwidert. John und ich waren zweieinhalb Jahre lang befreundet und verlobten uns dann. Als wir Hochzeitspläne machten, gab mir meine Mutter ein paar sparsame Ratschläge. Sie beschränkten sich im Wesentlichen auf zweierlei. Erstens: Liebe geht durch den Magen. Regelmäßig ein ordentlicher Schweinebraten verhindert, dass die Liebe durchs nächste Fenster entschwindet. Zweitens: Immer den Küchenboden sauber halten, dann sieht gleich die ganze Wohnung besser aus. Ich habe diese Ratschläge verinnerlicht. Indem ich meine neue Position als „Ehefrau" einnahm: mit der Küche als Lebensmittelpunkt, mit regelmäßig Schweinebraten und anschließend einer makellos sauberen Küche.

Irgendwie glaubte ich, dass die Worte „Ja, ich will" mich auf magische Weise in eine zauberhafte Küchenfee verwandeln würden. Ich malte mir aus, wie ich frisches Brot backen würde und wie proper ich dabei aussehen würde, wenn ich die dampfenden Brotlaibe aus dem Ofen hole. Was machte es schon, dass ich bis dahin in meinem ganzen Leben erst ein halbes Dutzend Mal gekocht hatte? Ich plante festliche Mittagessen und ging selbst das Frühstück mit Begeisterung an. Zwei Wochen hielt ich durch. Dann fand ich mich erschöpft auf der Couch wieder und hörte mich sagen: „Keine Ahnung, was es zum Essen gibt, John. Machst du dir selber was?" – Außerdem war der Küchenboden verdreckt. Ich hatte auf der ganzen Linie versagt.

Meine Geschichte klingt nicht viel anders als die der meisten Frauen: Wir haben alle möglichen Instruktionen bekommen, aber nur sehr wenig Hilfe bei der Aufgabe, eine Frau zu werden. Kürzlich schrieb uns eine junge Frau:

> Schon im Alter von zehn Jahren habe ich mir selbst und älteren Frauen in meiner Umgebung die Frage gestellt, wie eine gläubige Frau selbstbewusst, aufsehenerregend und schön sein kann, ohne dass sie sich wie eine feministische Diktatorin aufführt oder wie eine verunsicherte emotionale Hure, die ständig um Aufmerksamkeit buhlt.

Wie kann ich eine starke Frau werden, ohne dabei hart zu werden? Wie kann ich berührbar, verwundbar bleiben, ohne in meinem Kummer zu ertrinken?

Bücher über die Wiederentdeckung der *Männlichkeit* gibt es zurzeit in wachsender Zahl, und einige sind richtig gut; Anleitung und Initiation zur Männlichkeit ist offenbar gefragt. Aber was den Weg zur *Weiblichkeit* angeht, so scheint es herzlich wenig weise Ratgeber zu geben. Oh, wir sind bestens im Bilde über die *Erwartungen*, die von unseren Familien, unseren Gemeinden und von unserer Kultur an uns gestellt werden. Es gibt massenhaft Anleitungen, was Sie alles *tun* sollten, um eine gute Frau zu sein. Aber das ist nicht dasselbe wie das Wissen, was die Reise zur echten Weiblichkeit erfordert, oder auch nur das Wissen, wohin die Reise eigentlich geht.

Die Kirche erweist sich in dieser Frage auch nicht gerade als hilfreich. Nein, das ist noch untertrieben: Die Kirche ist in der Vergangenheit ein Teil des Problems gewesen. Ihre Botschaft an Frauen war in erster Linie: „Ihr seid da, um zu dienen. Dafür hat euch Gott geschaffen: um zu dienen. Im Kindergarten, in der Küche, in den verschiedensten Hilfsvereinen, in eurem Haushalt, an eurem Wohnort." Ganz im Ernst: Halten Sie sich mal die Frauen vor Augen, die in der Kirche als Vorbilder für Weiblichkeit gelten. Sie sind freundlich, sie machen sich nützlich, ihr Haar ist hochgesteckt; sie sind hilfsbereit, sie sind diszipliniert, sie sind bescheiden. Und sie sind *müde*.

Denken Sie an die Frauen, denen Sie in der Gemeinde begegnen. Jede von ihnen versucht, einem bestimmten Modell von Weiblichkeit zu entsprechen. Was lernen Sie von ihnen, wie soll eine Frau sein? Was für eine Botschaft vermittelt ihr Leben? Wie gesagt, Sie werden zahllose Beispiele dafür finden, dass eine christliche Frau vor allem ... müde ist. Und schuldbewusst. Wir alle leben im Schatten jener berüchtigten Ikone, der „tüchtigen Hausfrau" aus Sprüche 31, deren Leben so geschäftig abläuft, dass ich mich frage: Wann hat sie Zeit für Freundschaften?

Wann geht sie mal spazieren? Wann liest sie ein gutes Buch? „Ihr Licht verlischt des Nachts nicht" – wie bitte? Hat diese Frau jemals Sex? In Gestalt dieser Fabelfrau bekommt das schlechte Gewissen, mit dem die meisten Frauen leben, gewissermaßen einen Heiligenschein. Sie ist der biblische Beweis dafür, dass wir es wieder einmal *nicht* geschafft haben. Und das soll Gott gefallen – jenes Gefühl, dass Sie als Frau eine Niete sind?

Unsichtbar, unumworben, unsicher

Ich weiß, dass ich nicht allein bin mit diesem nagenden Gefühl, eine Versagerin zu sein, mit dem Gefühl, *als Frau* nicht gut genug zu sein. Alle Frauen, die ich je getroffen habe, kennen dieses Gefühl. Es ist schlimmer als nur das Gefühl, dass das, was man *tut*, nicht den Anforderungen genügt. Es ist ein allgegenwärtiges Bauchgefühl, irgendwie als Person nicht richtig zu *sein*. *Ich bin nicht genug*, und zur selben Zeit *ich bin allzu …* Nicht hübsch genug, nicht dünn genug, nicht freundlich genug, nicht gütig genug, nicht diszipliniert genug. Aber allzu gefühlsselig, allzu bedürftig, allzu empfindlich, allzu stark, allzu voreingenommen, allzu chaotisch. Das Ergebnis ist Scham, die universelle Begleiterin jeder Frau. Sie verfolgt uns, sie klebt uns an den Fersen, sie nährt unsere abgründige Furcht, dass wir am Ende womöglich verlassen und allein dastehen.

Auf jeden Fall wäre das Leben nicht so kompliziert, wenn wir nur bessere Frauen wären – was immer *das* dann bedeutet. Stimmt's? Wir müssten uns nicht so viel Kopfzerbrechen machen, wir würden uns nicht so sehr mit Sorgen martern. Warum ist es so schwer, echte Freundschaften zu knüpfen und sie am Leben zu erhalten? Warum erscheinen unsere Tage so bedeutungslos, warum sind sie anstatt von Leidenschaft und Abenteuer nur von Pflichten und Anforderungen erfüllt? Wir fühlen uns *unsichtbar* – selbst die, die uns am nächsten stehen, nehmen uns nicht richtig wahr. Wir fühlen uns *unumworben* – niemand bringt die Leidenschaft oder den Mut auf, um uns zu werben und jenseits des Durcheinanders die Frau zu entdecken, die in uns steckt. Und wir fühlen uns *unsicher* – unsicher im Hinblick darauf, was es eigentlich heißt, eine Frau zu sein; unsicher, was echte Weiblichkeit bedeutet; unsicher, ob wir sie tatsächlich besitzen oder jemals besitzen werden.

Unsere gravierenden Mängel sind uns nur zu bewusst, und so strafen wir unser Herz mit Verachtung dafür, dass es nach mehr verlangt. O ja, wir sehnen uns nach Nähe und nach Abenteuer; wir wollen die begehrte Schöne in einer großen Geschichte sein. Aber diese Sehnsüchte tief in unserem Herzen erscheinen uns als Luxus, den eigentlich nur solche Frauen verdienen, die ihr Leben allein auf die Reihe kriegen. Uns anderen bleibt nur die Botschaft einer herzlosen Kultur oder aber einer herzlosen Kirche: *Strengt euch halt mehr an.*

Das Herz einer Frau

Und mit all den gängigen Ermahnungen verfehlen wir den wichtigsten Punkt. Wir übersehen, was das *Herz* einer Frau ausmacht.

Und das ist ein gewaltiger Mangel, denn wie wir aus der Bibel wissen, ist das Herz entscheidend. „Mehr als alles hüte dein Herz; denn von ihm geht das Leben aus" (Spr. 4,23; EÜ). Mehr als alles. Warum? Weil Gott weiß, dass unser Herz die Mitte unseres Seins ist. Es ist die Quelle unserer Kreativität, unseres Mutes, unserer Überzeugungen. Der Ursprung unseres Glaubens, unserer Hoffnung und selbstverständlich auch unserer Liebe. Hier wird unser eigentliches Wesen erkennbar. Ihr Herz, Ihr weibliches Herz, ist das, was Sie als Frau letztlich ausmacht.

Denken Sie einmal darüber nach: Gott hat Sie geschaffen – *als Frau.* „Gott schuf den Menschen als sein Abbild; als Abbild Gottes schuf er ihn. Als Mann und Frau schuf er sie" (1. Mose 1,27; EÜ). Was auch immer es bedeutet, Abbild Gottes zu sein, jedenfalls verkörpern Sie dieses Abbild *als Frau*. Weiblich. So und nicht anders sind Sie Gottes Ebenbild. Ihr weibliches Herz ist bei seiner Erschaffung mit der größten überhaupt denkbaren Würde ausgestattet worden: Es spiegelt Gottes Herz wider. Sie sind Frau mit jeder Regung Ihrer Seele, im tiefsten Grund Ihres Seins. Wenn Sie also herausfinden wollen, was Gott im Sinn hatte, als er die Frau als sein Abbild geschaffen hat – sprich: als er *Sie* als Frau geschaffen hat –, dann sollten Sie Ihre Reise bei Ihrem Herzen beginnen. Man kann es auch anders ausdrücken: Die Entdeckungsreise beginnt bei der *Sehnsucht*.

Beobachten Sie, was kleine Mädchen spielen, und wenn Sie können, erinnern Sie sich: Wovon haben Sie als kleines Mädchen geträumt? Überlegen Sie, was für Filme Frauen lieben. Hören Sie in sich selbst hinein und in die Herzen von Frauen, die Sie kennen: Wonach sehnt sich eine Frau? Wovon träumt sie? Und dann denken Sie an biblische Gestalten wie Tamar, Rahab und Ruth – nicht gerade typische „fromme" Frauen, aber Frauen, die in der Bibel mit Hochachtung erwähnt werden. Sie werden, so glauben wir, Folgendes feststellen: Jede Frau sehnt sich von Herzen nach drei Dingen:

- Sie möchte umworben und begehrt werden.
- Sie möchte an einem großen Abenteuer teilhaben und darin eine entscheidende Rolle spielen.
- Und sie möchte, dass an ihr Schönheit offenbar wird, dass sie in ihrer eigenen Schönheit entdeckt, erkannt wird.

Das ist es, was eine Frau lebendig macht.

Umworben werden

> „Ich werde dich finden – egal, wie lange es dauert. Egal,
> wo du auch bist – ich werde dich finden."
>
> NATHANIEL ZU CORA IN „DER LETZTE MOHIKANER"

Eines meiner Lieblingsspiele als Kind war „Entführt und befreit".
Ich kenne viele kleine Mädchen, die etwas Derartiges spielen –
oder sich später wünschen, sie hätten es getan. Die begehrenswerte
Schöne sein, die von den Bösen verschleppt und von einem Helden
gerettet wird – diese oder eine ähnliche Vorstellung hat in unser
aller Träumen ihren Platz. Wie Dornröschen, wie Aschenputtel
oder wie Cora in der Verfilmung von James Coopers Erzählung
Der letzte Mohikaner so wollte auch ich die begehrte Hauptperson
sein und meinen Helden haben, der mich rettet. Warum macht es
mich dann verlegen, davon zu erzählen? Ich mochte einfach dieses
Gefühl, umworben zu sein und „erobert" zu werden. Dieser
Wunsch steckt tief im Herzen jedes kleinen Mädchens – und im
Herzen jeder Frau. Aber die meisten von uns schämen sich dafür.
Wir spielen ihn herunter. Wir behaupten, so wichtig sei uns das
nun auch wieder nicht. Wir sind schließlich Frauen des 21. Jahr-
hunderts – stark, unabhängig, begabt, danke schön. Mmmmh …
wer kauft eigentlich all diese Liebesromane?

Denken Sie an die Filme, die Sie früher gern gesehen haben –
und für die Sie heutzutage ins Kino gehen. Gibt es auch nur
einen Film für Mädchen, der ohne einen netten Prinzen im
Rettungseinsatz für seine Geliebte auskommt? *Dornröschen,*
Schneewittchen, die kleine Meerjungfrau. Kleine Mädchen sind
hoffnungslos romantisch, wollen bewundert und begehrt, umworben und erobert werden. So muss das Ungeheuer in *Die*
Schöne und das Biest das Herz der Schönen erobern. So erklärt der
Kapitän in *The Sound of Music* seiner Maria schließlich seine Liebe, natürlich bei Mondschein und Musik, und dann kommt der
Kuss. Und wir seufzen.

Oder sind Sie etwa nicht gerührt, wenn Edward *endlich* in der Schlussphase von *Sinn und Sinnlichkeit* zu Elinor zurückkehrt, um ihr seine Liebe zu erklären? „Dann sind Sie ... Sie sind nicht verheiratet?", fragt Elinor und hält den Atem an. „Nein", sagt er, „ich bin mit keinerlei Erwartungen hergekommen. Lediglich um Ihnen zu bekunden ... dass mein Herz für immer und ewig ... Ihnen gehört!" Oder denken Sie an den Schluss von *Betty und ihre Schwestern*, wenn Friedrich zu Jo zurückkehrt. Oder an den Sonnenuntergang mit den beiden Liebenden am Bug der *Titanic*. Und wer könnte *Braveheart* vergessen: William Wallace umwirbt Murron mit Blumen und lädt sie zu einem Ausritt ein. Sie ist überwältigt von seiner Liebe und reitet mit ihm durch den Regen davon. (Lässt Sie etwa die Vorstellung kalt, mit einem Mann wie Mel Gibson durch die schottischen Highlands zu reiten?)

Als John und ich begannen, miteinander auszugehen, da hatte ich gerade erst eine drei Jahre dauernde Beziehung hinter mir, die mich verletzt, verschüchtert und misstrauisch gemacht hatte. John und ich kannten uns bereits seit vielen Jahren, aber nichts deutete darauf hin, dass sich hier je eine stürmische Liebe entwickeln würde. Ich mochte ihn, und ihm war es ganz recht, dass wir „nur" Freunde waren. Er empfand ein bisschen mehr für mich als ich für ihn. Sie verstehen. Das änderte sich erst im Herbst danach, in dem John Christ wurde und ich verzweifelt Orientierung suchte. Erst da trafen sich unsere geistlichen Wege – und die Sehnsucht unser beider Herzen.

John schrieb mir Briefe, zahllose Briefe. Jeder randvoll mit seiner Liebe zu Gott und seiner Leidenschaft für mich, seiner Sehnsucht nach mir. Wer weiß, wie viele Stunden er an einem wunderschönen Herzen aus Manzanita-Holz geschnitzt hat, das er dann an eine feine Kette hängte und mich damit überraschte (ich trage die Kette heute noch). Als ich einmal nach Ende meiner Schicht (ich jobbte als Kellnerin) zu meinem Wagen kam, fand ich ein Gedicht von ihm an die Windschutzscheibe geklemmt. Verse, für mich geschrieben, an mich gerichtet! Er liebte mich. Er sah mich und kannte mich und umwarb mich. Ich mochte es, im Mittelpunkt seiner Aufmerksamkeit zu stehen und so umworben zu werden.

Solange wir klein sind, möchten wir für jemanden – am liebsten für Papa – ein Schatz sein. Wenn wir erwachsen werden, wandelt sich dieser Wunsch allmählich zu der Sehnsucht, als Frau begehrt, gewollt, geschätzt zu werden. „Warum macht mich diese Sehnsucht so verrückt?", fragte eine junge Freundin kürzlich. Wir sprachen über ihr Leben als Single. Sie liebt ihre Arbeit, aber noch lieber wäre es ihr, sie hätte Familie. „Ich möchte mein Leben nicht davon abhängig machen, aber der Gedanke lässt mich trotzdem nicht los." Natürlich nicht. Schließlich bist du eine Frau.

Nun ist leidenschaftliche Liebe natürlich nicht alles, was sich eine Frau ersehnt, und John und mir liegt es fern zu behaupten, dass eine Frau die Bedeutung ihres Daseins daran festmachen sollte, ob sie von einem Mann geliebt wird oder nicht. Und doch geht es darum, diese Sehnsucht in sich zu erkennen. Spüren Sie, dass Sie das wollen? Geliebt und begehrt werden, oberste Priorität für einen Menschen sein? Die meisten frauentypischen Süchte entwickeln sich dort, wo wir uns nicht geliebt und übersehen vorkommen. Irgendwo tief im Innern, vielleicht im Herzen versteckt oder begraben, möchte jede Frau wahrgenommen, gewollt, begehrt werden. Wir sehnen uns nach romantischer Liebe.

Eine entscheidende Rolle
in einem großen Abenteuer

Als Mädchen liebte ich Filme, die im 2. Weltkrieg spielten. Ich phantasierte mich hinein in diese Filme. Ich stellte mir vor, wie ich meine Haare zu Zöpfen flocht und hochsteckte, sodass sie unter meinem Helm nicht sichtbar wären. Ich wollte mein Geschlecht verbergen und in die Armee eintreten. Ich hatte so eine Ahnung, dass die Männer in diesen Filmen Teil einer heroischen, mutigen Aktion waren, die jeden Einsatz wert war. Ich wollte auch so etwas erleben. In der Tiefe meiner Seele wollte ich Teil von etwas Großem und Gutem sein, von etwas, das mir alles abverlangt, von etwas Gefährlichem, für das es sich sogar zu sterben lohnt.

Offensichtlich birgt auch das Herz einer Frau Entschlossenheit. Sie müssen nur mal ihre Kinder, ihren Mann oder ihre beste Freundin beleidigen, dann bekommen Sie eine Ahnung davon. Auch eine Frau ist eine Kriegerin. Aber ihr Kampfgeist soll sich auf ganz eigene, weibliche Weise zeigen. Irgendwann einmal wollten die meisten jungen Frauen Anteil haben an etwas Großem, etwas Bedeutendem – bevor die Alltagssorgen alles daran gesetzt haben, diesen Wunsch zu töten. Bevor Zweifel und Selbstanklagen ins Spiel kommen, spüren die meisten Mädchen, dass ihnen eine entscheidende Rolle zukommt. Sie möchten glauben, dass etwas an ihnen unersetzlich und wichtig ist und ihr Beitrag verzweifelt benötigt wird.

Denken Sie an Sarah, die Heldin im Film *Ein Meer für Sarah*. Ein Mann und seine kleinen Kinder sind auf sie angewiesen; ihre Welt ist aus den Fugen geraten, und erst als Sarah ein Teil dieser Welt wird, kommt alles ins Lot. Sie bringt ihren Mut und ihre Findigkeit in den Wilden Westen und hilft, ihn zu zähmen. Oder die Krankenschwestern im Kriegsdrama *Pearl Harbour*: Sie flößen uns Ehrfurcht ein mit ihrem selbstlosen und couragierten Einsatz zur Rettung Hunderter Männer inmitten eines höllischen Angriffs. Die Frauen in der *Herr der Ringe*-Trilogie sind allesamt kriegerisch und schön – Frauen wie Arwen, Galadriel und Éowyn beeinflussen das Geschick von Mittelerde. Und was ist erst mit Frauen wie Esther, Maria und Ruth? Biblische Gestalten, die in der Großen Geschichte Gottes unersetzlich sind. Keine „netten" und „häuslichen" Frauen, nicht nur „lieb", sondern leidenschaftliche und kraftvolle Frauen, die gerade *in* ihrer kämpferischen Art schön waren.

Warum liebe ich die Erinnerung an jene nächtliche Kanufahrt in den Tetonbergen so sehr? Weil ich gebraucht wurde. *Mein Einsatz* war gefragt. Mehr noch: Ich war genauso unersetzlich, wie Arwen im *Herrn der Ringe* unersetzlich ist. Niemand sonst im Boot hätte das tun können, was ich getan habe.

Frauen lieben alle Sorten von Abenteuern. Sei es das Abenteuer Reiten (die meisten Mädchen sind zumindest zeitweise begeistert von Pferden) oder Wildwasser-Rafting, Fernreisen in fremde Länder, Auftritt auf einer Bühne, Kinderkriegen, ein Unternehmen gründen oder das Eintauchen in das Herz Gottes: Wir sind wie geschaffen dafür, Teil eines großen Abenteuers zu werden. Wir wollen mit *hineingenommen* werden. Wir lieben Abenteuer nicht um der Abenteuer willen, sondern wir lieben am Abenteuer, dass es uns etwas abverlangt für andere. Wir wollen es nicht allein erleben, sondern zusammen mit anderen.

Manchmal erscheint uns die Vorstellung eines Einsiedlerdaseins verlockend. Keine Forderungen, keine Nöte, kein Beziehungsschmerz, keine Enttäuschungen. Aber das liegt an Verletzungen, die wir erlitten haben, und daran, dass wir erschöpft sind. Im Kern unseres Herzens, dort wo wir am meisten *wir selbst* sind, wollen wir die Gesellschaft anderer Menschen nicht lange fliehen. Unser Leben ist dazu da, zusammen mit anderen geführt zu werden. Wir spüren das wie ein Echo der Dreifaltigkeit. Wir sind als Abbild einer perfekten Beziehung geschaffen, und deshalb sind wir zuerst und zuletzt Beziehungswesen und von der Sehnsucht nach einer höheren Bestimmung erfüllt. Wir sehnen uns danach, eine unersetzliche Rolle in einem gemeinsamen Abenteuer zu spielen.

Schönheit will gesehen sein

Den König verlangt nach deiner Schönheit.

PSALM 45,12 (L)

Die kleine sechsjährige Lacey besuchte eines schönen Tages das Bürogebäude unserer Gemeinschaft. Sie ging von einem Büro zum andern, lugte durch den Türrahmen und fragte lächelnd: „Möchtest du mein Lied hören?" Ein Gesicht, auf das die Sonne bezaubernde Sommersprossen geküsst hatte, zwei fehlende Schneidezähne und Augen, die vor Begeisterung tanzten – wer hätte sie abweisen können? Sie kam erst gar nicht auf die Idee, dass sie vielleicht stören könnte. Sie sang ihr selbst erdachtes Lied über Hündchen und Kätzchen, spürbar in der Erwartung, dass man von ihr entzückt war und sich mitfreute, und dann hüpfte sie den Flur entlang, um den Bewohner des nächsten Büros zu beglücken. Sie war wie ein tanzender Sonnenstrahl im Sommer, oder noch besser: wie eine kleine Fee, die von Raum zu Raum flatterte. Der gewinnende Auftritt eines kleinen Mädchens, das sich nicht für seinen Wunsch schämte, anderen Freude zu machen und selbst Gegenstand des Entzückens anderer zu sein.

Deshalb spielen kleine Mädchen gern Verkleiden. Auch kleine Jungen verkleiden sich gern, aber anders. Unsere Söhne waren einige Jahre lang Cowboys. Oder Soldaten. Oder Jediritter. Aber sie wären nie auf die Idee gekommen, sich als Bräutigam oder Schmetterling oder Elfe zu verkleiden. Kleine Jungen malen sich auch nicht die Zehennägel an. Sie betteln nicht darum, Ohrlöcher gestochen zu bekommen. (Manche Jungs entwickeln diesen Wunsch als Teenager, aber das steht auf einem anderen

Blatt). Kleine Jungen behängen sich nicht mit Mamas Schmuck und stolzieren nicht auf Pfennigabsätzen herum. Sie beschäftigen sich auch nicht stundenlang damit, sich gegenseitig immer neue Frisuren zu machen.

Erinnern Sie sich an weit schwingende Röcke? Die meisten Mädchen machen eine Phase durch, in der Kleider und Röcke schwingen müssen (und wenn dann auch noch etwas glitzert, umso besser). Man kann Mädchen endlose Stunden beschäftigen, wenn man ihnen nur eine Kiste voller Hüte, Schals, Ketten und Kleider gibt. Pfennigartikel werden zu kostbaren Juwelen, abgetretene Pumps verwandeln sich in gläserne Tanzschuhe. Großmutters Nachthemd wird zum Ballkleid. Einmal eingekleidet, tanzen sie durchs ganze Haus oder posieren vor dem Garderobenspiegel. Ihre jungen Herzen verlangen intuitiv nach Bestätigung, dass sie liebenswert sind. Manche werden das auch direkt in Worte kleiden: „Bin ich schön?" Andere fragen stumm mit den Augen. Ob mit oder ohne Worte, ob im schimmernden Kleid oder dreckverschmiert, alle kleinen Mädchen wollen es wissen. Die junge Songwriterin Bethany Dillon hat es jüngst so ausgedrückt:

I want to be beautiful
And make you stand in awe
Look inside my heart
And be amazed
I want to hear you say
Who I am is quite enough
I just want to be worthy of love
And beautiful.

Ich möchte schön sein
Du sollst mich bewundern
Schau mir ins Herz
Und sei angetan
Ich möchte es von dir hören:
So wie ich bin, ist es in Ordnung

Ich möchte liebenswert sein
Und schön.

BETHANY DILLON, BEAUTIFUL[4]

Vergangenen Sommer besuchten John und ich einen Ball in einem schönen historischen Hotel in Broadmoor. Es war aufregend. Frackzwang. Abendessen bei Kerzenlicht. Tanz. Was will man mehr? Der Hof, wo die Vorspeisen serviert wurden, war mit frischen Blumen dekoriert, Springbrunnen sprudelten, und ein talentierter Pianist wob den Klangteppich dazu. Wir hatten uns lange auf den Abend gefreut. Schon Wochen, nein, *Monate* vorher hatte ich wie wohl jede Frau, die den Ball besuchen wollte, die alles entscheidende Frage erwogen: „Was soll ich anziehen?" (Als der Abend schon bedrohlich nah war, fragte ich mich, ob es wohl möglich ist, innerhalb von sieben Tagen zwanzig Pfund abzunehmen.)

Der Abend wurde ein grandioser Erfolg. Das Wetter war fabelhaft. Jedes Detail stimmte. Aber der Höhepunkt waren zweifellos die Damen. Über dem Geplätscher der Springbrunnen und selbst über der Musik, die die Luft durchflutete, waren entzückte Rufe zu hören. „Du siehst phantastisch aus!" „Du bist umwerfend!" „Was für ein Kleid – ich bin hin und weg." „Du bist zum Verlieben schön!" Wir begeisterten uns an der Schönheit der anderen und freuten uns an unserer eigenen Erscheinung. Wir spielten Verkleiden, aber diesmal war es Wirklichkeit, und wir *liebten* es.

Auf diesem Ball waren ganz normale Frauen – Frauen wie Sie und ich. Frauen, wie man sie auf der Bank oder im Drogeriemarkt trifft oder im Büro. Frauen, die den Kampf gegen Akne nur mit vernarbten Gesichtern und verletzten Seelen überlebt haben. Frauen, die ständig mit ihrem Haar hadern: zu dünn, zu störrisch, zu glatt, zu lockig. Ganz gewöhnliche Frauen, wenn es so was gibt. Frauen, die an diesem Abend zumindest ein paar Stunden lang riskiert haben, ihre Schönheit zu zeigen. Oder besser: deren Schönheit offenbar wurde.

Denken Sie an Ihren Hochzeitstag – oder an die Hochzeit, von der Sie träumen. Wie wichtig ist Ihnen das Brautkleid? Würden Sie sich den erstbesten Fummel anziehen, den sie im Kleiderschrank zu fassen kriegen, sich „irgendetwas" überwerfen? Eine Freundin von uns wird in sechs Monaten heiraten. Nun kann diese junge Frau schon auf eine ganze Sammlung von Beziehungskatastrophen zurückblicken. Entsprechend gezeichnet ist ihr ganzes Auftreten. Aber als sie uns erzählte, wie sie Brautkleider anprobierte und nach dem einen, richtigen suchte, da schwanden die Spuren ihrer Niedergeschlagenheit, und sie strahlte. „Ich fühlte mich wie eine Prinzessin", sagte sie fast schüchtern. Ist es nicht genau das, wovon auch Sie einmal geträumt haben?

Ein kleines Mädchen, das das Glück hat, in einer Familie aufzuwachsen, die ihr weibliches Herz wertschätzt, erzählte von einem wunderbaren Traum. Die Mutter schrieb uns:

> Meine Tochter Emma – fast sechs Jahre alt – kam heute Morgen strahlend zu mir ins Zimmer. Sie legte sich zu meinen Füßen aufs Bett, streckte sich, als ob sie nichts in der Welt erschüttern könnte, und sagte: „Mami, ich hatte letzte Nacht einen ganz tollen Traum."
> Ich fragte zurück: „Was denn für einen Traum?"
> „Ich war eine Königin", gab sie zur Antwort. Und als sie das sagte, wurde sie rot.
> „Wirklich!", sagte ich. „Was hast du denn erlebt?"
> „Ich hatte ein langes, schönes Kleid an", sagte sie und zeichnete mit den Händen ein fließendes Gewand.
> „Hattest du auch einen Kopfschmuck?", überlegte ich.
> „Na klar, eine Krone."
> „Hmmm. Was war denn so wundervoll an dem Traum?"
> „Ich mag es einfach, wenn ich mich so fühle."
> „Wie fühlst du dich denn?"
> Mit einem Seufzer sagte sie nur ein Wort: „Schön."

Der Wunsch, schön zu sein, ist eine zeitlose Sehnsucht. Meine Freundin Lilly ist bereits hoch in den Achtzigern. Als ich sie einmal in der Adventszeit die Treppe in ihrem Haus herabschreiten sah, war ich wie gebannt von ihrer Schönheit. Sie trug einen grünen Pullover mit einem weißen Turtleneck-Kragen, auf den kleine Gummibären gedruckt waren. „Lilly, du siehst entzückend aus", entfuhr es mir. Ihr Gesicht leuchtete auf, Falten und Altersflecken verschwanden, als sie die Hände in die Seiten legte wie eine Ballerina und sich einmal beschwingt um die eigene Achse drehte. Sie war auf einmal keine achtzig mehr – sie war alterslos. Gott hat die Ewigkeit in unsere Herzen gepflanzt. Und die Sehnsucht, schön zu sein, wächst an derselben Stelle.

Natürlich ist es uns bewusst, dass der Wunsch nach Schönheit vielen Frauen unermesslichen Kummer beschert hat (wie viele Diäten haben Sie schon hinter sich?). Ungezählte Tränen sind vergossen worden, ungezählte Herzen zerbrochen unter dem Schönheitsdiktat. Janis Ian hat es in einem Lied besungen: *„I learned the truth at seventeen / that love was meant for beauty queens / and high school girls with clear-skinned smiles."* (Mit siebzehn ist mir klar geworden: Liebe ist nur was für Schönheitsköniginnen und für lächelnde Abiturientinnen mit makelloser Haut.)[5]

Schönheit wird überschätzt und angebetet und ist damit für die meisten von uns außer Reichweite. (Lassen Sie sich gerne fotografieren? Schauen sie sich später wenigstens die Fotos gerne an? Wie fühlen Sie sich, wenn jemand Sie nach Ihrem Alter fragt? Das Thema Schönheit versteckt sich in so vielen Dingen!) Andere haben erlebt, dass Schönheit mit Scham verbunden ist, dass sie ausgenutzt und missbraucht wird. Manche wissen aus leidvoller Erfahrung, dass Schönheit gefährlich sein kann. Und dennoch ist das Erstaunliche: All dem Leid und Elend zum Trotz, das Schönheit bei uns Frauen verursacht hat, *bleibt* die Sehnsucht danach ungebrochen.

Während eines Vortrags über das Thema dieses Buches, den ich vergangenes Jahr hielt, lehnte sich eine der Frauen im Saal zu ihrer Nachbarin hinüber und sagte: „Ich weiß nicht, was das alles soll – schwingende Röcke und der ganze Kram." Sprachs, brach in Tränen aus und verließ hastig den Raum. Es war ihr überhaupt nicht klar, wie tief die Sehnsucht sitzt und wie viel Schmerz sie verursacht hat. Viele von uns haben ihr Herz gegen diese Sehnsucht immunisiert – den sehnsüchtigen Wunsch, die Schönheit der Saison zu sein. Auch wir sind auf diesem Gebiet oft so tief verletzt worden, dass wir uns nicht länger mit dem Wunsch identifizieren können, ja, dass wir ihn vielleicht sogar verwünschen. Aber er ist dennoch da.

Und es geht dabei nicht nur um den Wunsch nach äußerlicher Schönheit, sondern vielmehr um die Sehnsucht, eine im Kern ihres Wesens bezaubernde Person zu *sein*. Aschenputtel ist schön, das ist schon richtig, aber außerdem ist sie auch noch gut. Ihre äußerliche Schönheit wäre hohl ohne die Schönheit und Güte ihres Herzens. Wir lieben sie, weil sie beides vereint. In *The Sound of Music* übertrifft die Gräfin Maria zweifellos an Schönheit, und beiden ist das bewusst. Aber Maria verfügt dafür über eine seltene und schöne geistige Tiefe. Sie ist fähig, eine Liebe zu Schneeflocken auf kleinen Katzen zu entwickeln, und sie gibt sich mit einfältigen Kindern ab. Sie erkennt Gottes Handschrift in der Musik und im Lachen und im Bäumeklettern. Ihre Seele ist lebendig. Und das macht sie so anziehend für uns.

Ruth ist vielleicht eine reizende, starke Frau gewesen, aber was Boas letztlich für sie einnimmt, sind ihr beharrlicher Mut, ihre Verletzlichkeit und ihr Vertrauen auf Gott. Esther ist die mit Abstand schönste Frau im Land, aber es sind ihre Tapferkeit und ihr überwältigend gutes Herz, die den König bewegen, ihre Landsleute zu verschonen. Hier geht es also nicht um feine Stoffe und um Kosmetik. Schönheit ist so wichtig, dass wir in diesem Buch wieder und wieder darauf zurückkommen werden. Für den Moment reicht es festzuhalten, dass jede Frau gerne wahrgenommen, *gesehen* werden will und sich danach sehnt, bezaubernd zu sein. Wir wünschen uns eine Schönheit, die begehrenswert ist, um die und für die es sich zu kämpfen lohnt, eine Schönheit, die unser *wahres Wesen* sichtbar macht. Wir wollen sichtbare Schönheit, Schönheit, die man spüren kann, Schönheit, die auf andere wirkt. Eine nur uns selbst eigene Schönheit, die offenbar wird.

Das Herz eines Mannes

In *Der ungezähmte Mann* habe ich (John) dargelegt, dass auch im Herzen eines Mannes drei entscheidende Sehnsüchte schlummern. (Falls Sie das Buch noch nicht kennen – es empfiehlt sich auch als Lektüre für Frauen. Es kann ihnen die Augen für die Welt der Männer öffnen.) Aber es sind eben männliche Sehnsüchte. In aller Kürze: Jeder Mann möchte eine Schlacht schlagen. Das ist die Geschichte mit den kleinen Jungs und den Waffen. Im Lauf der Jahre hat sich in unserem Haus ein ganzes Arsenal angesammelt – Indianermesser, Piratensäbel, Lichtschwerter, Revolver, „Soft air"-Pistolen (der Name ist wohl zur Beruhigung für Mütter gedacht). Alles klar? Unsere Jungs haben gerungen und sich geprügelt und sich gegenseitig an die Wand gedrückt, und so haben sie sich ihre *Zuneigung* gezeigt!

Und dann schauen sie sich die Filme an, die Männer lieben. *Braveheart, Gladiator, Top Gun, Zwölf Uhr mittags, Der Soldat James Ryan.* Männer tragen offenbar das Kampfgen in sich. (Und nun Hand aufs Herz, meine Damen: Sind Sie etwa nicht von den Kerlen in diesen Filmen beeindruckt? Sie kämpfen vielleicht nicht gern selbst, aber wünschen Sie sich nicht einen Mann, der *für Sie* kämpft? Einen wie Daniel Day Lewis, der Ihnen in die Augen blickt und sagt: „Ich werde dich finden – egal, wie lange es dauert. Egal, wo du auch bist – ich werde dich finden"?) Frauen fürchten sich nicht vor der Stärke eines Mannes, wenn der Mann ein aufrechter Mensch ist. Passive Männer wirken auf den ersten Blick vielleicht „ungefährlicher", aber auf lange Sicht haben sie Frauen unaussprechlich viel Schaden zugefügt. Eva kann ein Lied davon singen (später mehr dazu).

Zweitens sehnen sich Männer nach Abenteuern. Schon als Jungs klettern und springen sie liebend gern und probieren aus, wer am schnellsten Fahrrad fahren kann – am besten freihändig. Werfen Sie mal einen Blick in Ihre Garage: All die Go-Karts und Mopeds und Seile und Boote und Fortbewegungsmittel. Das sind nicht einfach nur „Spielzeuge für Jungs". Im Herzen eines jeden Mannes steckt die tiefe, geistlich motivierte Sehnsucht nach Abenteuern. Abenteuer fordern etwas von uns, stellen uns auf die Probe. Auch wenn wir uns natürlich vor der Prüfung fürchten, müssen und wollen wir uns ihr stellen, um zu erfahren, ob wir das Zeug zu einem echten Kerl haben.

Schließlich sehnt sich jeder Mann danach, eine Prinzessin zu erobern. Das ist tatsächlich so. Was wären Robin Hood ohne Marian und König Artus ohne Guinevere? Einsame Männer, die sinnlose Schlachten schlagen. Sehen Sie, es geht nicht nur darum, dass ein Mann eine Schlacht schlagen will. Er muss auch wissen, *für wen* er kämpft. Nichts inspiriert einen Mann so sehr und macht ihn so mutig (manchmal auch übermütig) wie der Gedanke an die Frau, die er liebt. Die meisten bewundernswerten (und manche dummen) Dinge, die junge Männer tun, tun sie, um Mädchen zu beeindrucken. Männer ziehen in den Krieg mit dem Foto der Geliebten in der Brusttasche – das ist nur eine Metapher für die tiefere Sehnsucht: für die geliebte Schöne kämpfen zu wollen.

Damit soll nicht gesagt sein, dass eine Frau ein hilfloses Geschöpf ist, das ohne einen Mann an der Seite im Leben nicht klar kommt. Ich sage vielmehr: Männer drängt es danach, ihre Stärke für eine Frau einzusetzen.

Vielleicht haben Sie es längst bemerkt: Die Sehnsüchte im Herzen eines Mannes und die Sehnsüchte im Herzen einer Frau sind zumindest darauf *angelegt*, sich aufs Wunderbarste zu ergänzen. Eine Frau in der Gegenwart eines guten Mannes, eines echten Mannes, wird gerne Frau sein. Seine Stärke bringt ihr weibliches Herz zum Aufblühen. Sein Begehren macht ihre Schönheit sichtbar. Und ein Mann in der Gegenwart einer wahren Frau wird gerne Mann sein. Ihre Schönheit weckt in ihm die männlichen Eigenschaften, macht ihn stark. Sie inspiriert ihn zu Heldentaten. Wären wir nur alle so glücklich.

Auf dem Weg des Herzens

Die Sehnsüchte, die Gott tief in Ihrem Herzen verankert hat, erzählen Ihnen etwas Entscheidendes darüber, was es bedeutet, eine Frau zu sein. Sie weisen auf das Leben hin, das Gott Ihnen zugedacht hat. Nun ist uns natürlich klar, dass viele dieser Sehnsüchte unerfüllt geblieben oder unter Beschuss geraten oder schlicht so lange vernachlässigt worden sind, dass die meisten Frauen eigentlich zwei Leben gleichzeitig führen. An der Oberfläche sind wir geschäftig und effizient, um nicht zu sagen professionell. Wir schaffen das schon. In ihrem Innern verlieren sich Frauen allzu gern in Phantasiewelten oder in billige Romane, oder sie versklaven sich an das Essen oder an sonst eine Sucht, um ihre gequälten und unausgefüllten Herzen zu betäuben. Und dennoch ist Ihr Herz natürlich noch da und schreit nach Befreiung. Es sehnt sich nach dem Leben, von dem Ihre Sehnsüchte Ihnen erzählen.

Sie können dieses Leben finden – wenn Sie bereit sind, sich auf ein großes Abenteuer einzulassen.

Genau dazu laden wir Sie ein. Sie sollen nicht noch eine Latte von neuen Verhaltensregeln lernen, an der Sie dann doch wieder scheitern. Sie sollen sich keinem neuen Sortiment von Regeln unterwerfen, keinem Katalog von Tun und Lassen. Es geht um etwas viel, viel Besseres – um eine Reise des Herzens. Eine Reise, in deren Verlauf die Frau, die Sie schon immer sein wollten, erkennbar und wirklich werden kann. Es geht in diesem Buch also nicht darum, was Sie tun oder sein sollen. Es geht darum, dass Sie entdecken, wer und was Sie bereits sind, was Sie als Frau sind. Eine Frau, die ursprünglich für eine leidenschaftliche Liebesbeziehung geschaffen ist, der eine unersetzliche Rolle in einem Abenteuer zugedacht ist und an der eine ihr ganz eigene Schönheit offenbar werden soll. Die Frau, die Gott im Sinn hatte, als er Eva erschuf ... und als er *Sie* erschuf. Strahlend, kraftvoll und bezaubernd.

2

Was uns nur Eva sagen kann

Schon der Anblick, wie sie den Raum durchschreitet,
kommt einer liberalen Erziehung gleich.

C. S. Lewis

Suddenly I turned around and she was standing there
With silver bracelets on her wrists and flowers in her hair
She walked up to me so gracefully and took my crown of thorns
Come in, she said, I'll give you shelter from the storm

Als ich mich umwandte, stand sie plötzlich da
Silberkettchen am Handgelenk, Blumen im Haar
Voll Anmut näherte sie sich, die Dornenkrone nahm sie mir
Und sagte: Komm, bei mir bist du sicher vor dem Sturm

Bob Dylan, Shelter from the Storm[1]

Meine Eltern benannten mich nach der heiligen Anastasia, einer Frau, die im 5. Jahrhundert aufgrund ihres Glaubens das Martyrium erlitten hatte. Und so wurde mein Name allwöchentlich in der Messe im Rahmen der Heiligenlitanei genannt. Im Alltag benutzen wir die Kurzform Stacy. Ich liebe meinen Namen. Und das hat einen tieferen Grund. Ich habe in der Grundschule mehr über Anastasia erfahren. Nicht über die Heilige, sondern ... über eine Prinzessin. Die jüngste Tochter des letzten russischen Zaren, von der das Gerücht geht, dass sie als einziges Mitglied der Zarenfamilie der Ermordung durch die Bolschewiken entgangen ist. Sie war ein Teenager, als ihre Familie exekutiert wurde, und man munkelte, Anastasia sei noch am Leben und lebe *inkognito* irgendwo auf der Welt. Eine echte Prinzessin, aber gründlich getarnt.

Es gab Frauen, die beansprucht haben, eben jene Anastasia zu sein. Insbesondere eine konnte viele Menschen von ihrer angeblichen Herkunft überzeugen. Und doch blieb Anastasia ein Rätsel – eine verschwundene Prinzessin, verborgen, aber doch wirklich da. Ich war gefesselt und hingerissen von Prinzessin Anastasia. Ich verschlang alles, was mir an Informationen über russische Geschichte in die Finger kam. Ich kann nicht erklären, warum, aber ich fühlte mich mit dieser mysteriösen Prinzessin verwandt – auf eine seltsame Weise verbunden. Natürlich habe ich nicht behauptet, eine russische Prinzessin zu sein, und doch … etwas tief in meinem Herzen flüsterte mir zu, dass auch ich mehr war, als es nach außen erschien. Vielleicht war ich ja auch ein Abkömmling einer königlichen Familie, und der Adel war irgendwie verloren gegangen. Vielleicht lebte ich ja auch unerkannt in einer Art Exil. Mein Herz schlug schneller bei dem Gedanken, dass ich womöglich eine verkannte echte Prinzessin war.

Ich glaube nicht, dass es nur mir so geht. Haben Sie sich je gefragt, warum das Märchen von Aschenputtel so populär ist? Kleine Mädchen wie erwachsene Frauen mögen es. Denken Sie an all die Filme, die sich um dieses Motiv ranken: *Pretty Woman* und *Auf immer und ewig* und *Cinderella Story* und *Manhattan Love Story*. Warum ist diese Vorstellung von der heimlichen Prinzessin (und vom Prinzen, der sie aufspürt) so zeitlos? Gibt es da etwas in unseren Herzen, das auf diese Weise zu uns spricht? Alles nur Wunschdenken? Oder ist vielleicht doch mehr dran …

Die tiefsten Wünsche im Herzen einer Frau und die tatsächlichen Lebensumstände einer Frau scheinen himmelweit voneinander entfernt. Natürlich sehnen wir uns nach der großen Liebe und nach einer Rolle in einer großen Geschichte, natürlich wollen wir schön sein. Aber unser Leben läuft dann doch ganz anders ab. Mit dem Ergebnis, dass wir uns dafür schämen.

Wir haben in den vergangenen Jahren so vielen Frauen zu-
gehört, die uns – im Freundeskreis oder in seelsorglichen Gesprächen – ihr Herz ausgeschüttet haben. Was uns dabei immer
wieder betroffen macht: Fast alle Frauen haben massive Probleme mit ihrem Selbstwertgefühl. „Ich komme mir vor wie ein
Haushaltsgegenstand", offenbarte uns eine Frau. Nun soll damit
nicht gesagt sein, dass Männer nicht auch um ihr Selbstwertgefühl kämpfen. Aber bei Frauen scheint das Problem noch aus-
geprägter und universeller zu sein. Dafür gibt es Gründe, und
diese Gründe gelten speziell für Eva und ihre Töchter.

Wir werden an Blaise Pascals Behauptung erinnert, dass unsere unerfüllten Sehnsüchte und ungestillten Bedürfnisse nichts
anderes sind als „das Elend eines entthronten Monarchen"[2]. Die
Menschheit ist vergleichbar mit einem König oder einer Königin im Exil, und wir können erst dann glücklich sein, wenn wir
unseren wahren Platz wieder eingenommen haben. Was glauben
Sie, wie sich eine Königin oder eine schöne Prinzessin fühlt, die
sich als Waschfrau in einem fremden Land wiederfindet? Der
Kampf einer Frau mit ihrem Selbstwertgefühl deutet auf etwas
Großartiges hin, für das sie ursprünglich geschaffen worden ist.
Die ungeheure Leere, die wir in uns spüren, verweist auf die bedeutende Position, die uns zugedacht *war*. Es ist wahr. All diese
Legenden und Märchen von der heimlichen Prinzessin und von
der Schönen, die unerkannt in der Gesindestube lebt, beschreiben die Lage genauer, als uns oft bewusst ist. Kein Wunder, dass
schon kleine Mädchen sich so dafür begeistern.

Anstatt zu fragen: „Was soll eine Frau denn *tun* – was ist ihre
Rolle?", wäre es viel hilfreicher zu fragen: „Was *ist* eine Frau –
was ist ihre Bestimmung?" Und: „Warum hat Gott eine Welt
geschaffen, in der es Frauen gibt?" Wir müssen zurück zu den
Anfängen, zu Evas Geschichte. Auch wenn wir mit der Geschichte bereits vertraut sind (wie oft haben wir sie schon erzählt) – diese Geschichte verträgt es, immer wieder erzählt zu
werden. Offensichtlich haben wir noch nicht begriffen, was sie

uns sagen will – sonst würden Männer Frauen ganz anders behandeln, und Frauen würden sich selbst in einem schmeichelhafteren Licht sehen. Deshalb lassen Sie uns genau damit anfangen: mit dem Licht. Mit der Morgendämmerung der Welt.

Die Krone der Schöpfung

Wer die Schöpfungsgeschichte verstehen will, sollte am besten an ein Kunstwerk denken. An die Sixtinische Kapelle oder an die Venus von Milo, an Beethovens Fünfte oder an Sarah Brightman und Andrea Bocelli, wie sie „Time to say Good-bye" singen. Die Schöpfung ist selbst ein Kunstwerk, und alle Kunstwerke seither sind Nachklänge oder Abbildungen dieses Originals. Wie diese Welt entstand und wann die Schöpfung ihren Höhepunkt erreichte, das sind Geheimnisse, die zu entschlüsseln sich lohnt. Wir werden niemals richtig verstehen können, was eine Frau ausmacht, solange wir die Schöpfung nicht begriffen haben. Die Szene beginnt im Dunkeln.

> Finsternis herrschte, aber über dem Wasser
> schwebte der Geist Gottes.
> (1. Mose 1,2; Hfa)

Das ist der atemlose Moment im Dunkeln, bevor die ersten Töne einer gewaltigen Symphonie hörbar werden. Alles ist formlos, leer, finster. Dann ertönt eine Stimme.

> „Es werde Licht!"
> (1. Mose 1,3; L)

Und auf einmal gibt es Licht, reines Licht, strahlendes Licht. Sein Glanz erlaubt uns erst zu beobachten, was sich nun entfaltet. Die Stimme spricht wieder und dann noch einmal.

„Im Wasser soll sich ein Gewölbe bilden,
das die Wassermassen voneinander trennt!"
(1. Mose 1,6; Hfa)

„Die Wassermassen auf der Erde sollen zusammenfließen,
damit das Land zum Vorschein kommt!"
(1. Mose 1,9; Hfa)

In diesem frühen Stadium gleicht die Schöpfung jedem anderen Kunstwerk – unbearbeitete Steine, unförmige Klumpen Ton, ein grober Entwurf, ein leeres Blatt Notenpapier. „Formlos und leer", wie man 1. Mose 1,2 auch übersetzen könnte.

Dann beginnt Gott, das rohe Material, das er geschaffen hat, zu bearbeiten, so wie ein Künstler mit dem Meißel den Stein bearbeitet oder mit dem Stift den Bogen Papier. Licht und Dunkel, Himmel und Erde, Land und Meer – das Werk nimmt Gestalt an. Mit Leidenschaft und Genialität arbeitet der Schöpfer, weite Pinselschwünge auf einer Leinwand von gewaltigen Dimensionen. Große Strukturen werden erkennbar. Danach kümmert er sich um Einzelheiten: Farben, Schattierungen, feinere Linien.

„Auf der Erde soll es grünen und blühen: Alle Arten von Pflanzen und
Bäumen sollen wachsen und Samen und Früchte tragen!"
(1. Mose 1,11; Hfa)

„Am Himmel sollen Lichter entstehen ..."
(1. Mose 1,14; Hfa)

„Im Wasser soll es von Leben wimmeln,
und Vögel sollen am Himmel fliegen!"
(1. Mose 1,20; Hfa)

Wälder und Wiesen werden erkennbar. Tulpen und Kiefern und moosbewachsene Steine. Und, haben Sie es bemerkt: Das Werk des Meisters wird verspielter, persönlicher. Gott füllt den Nachthimmel mit Millionen von Sternen, und er gibt ihnen *Namen*, ordnet sie in ganz bestimmter Weise an. Und dann öffnet Gott seine Hand und bevölkert unsere Welt mit Tieren. Myriaden von Vögeln in allen Größen und Gestalten schwingen sich in die Luft, Falken, Reiher, Pelikane, Singvögel. Die Gewässer füllen sich mit Fischen aller nur denkbaren Formen und Farben, mit Walen und Delphinen. Büffel donnern über das Grasland, pfeilschnelle Pferde, leichtfüßige Gazellen. Atemberaubend, was sich der Künstler alles einfallen lässt.

Von Wasser und Fels über Granatapfel und Rose bis zu Leopard und Nachtigall entfaltet die Schöpfung eine verschwenderische Schönheit. Die Handlung des Stücks verdichtet sich, die Symphonie schwillt an in einem gewaltigen Crescendo. Kein Wunder, dass „die Morgensterne sangen und die Engel vor Freude jubelten" (Hiob 38,7; Hfa): Im Himmel gibt es Szenenapplaus. Das größte aller Meisterwerke wird allmählich erkennbar. Was anfangs formlos und leer war, fließt nun schier über vor lauter Leben und Farbe und Klang und Bewegung in tausend Variationen. Auffällig: Jedes neue Geschöpf ist noch formvollendeter und edler und geheimnisvoller als das vorhergehende. Schon ein Grashüpfer ist ein schöner Anblick, aber mit einem Wildpferd kann er nicht mithalten.

Dann passiert etwas ganz Erstaunliches.

Gott setzt sein Ebenbild in die Welt. Er erschafft ein Wesen, das ihm ähnlich ist. Er erschafft einen Sohn.

> Da nahm Gott Erde, formte daraus den Menschen und blies ihm den Lebensatem in die Nase. So wurde der Mensch lebendig.
>
> (1. Mose 2,7; Hfa)

Der sechste Tag nähert sich seinem Ende, und damit ist auch das großartige Werk des Schöpfers fast komplett. Fast, denn nun erscheint Adam, Gottes Ebenbild. Mit diesem Geniestreich vollendet Gott sein Werk. Nur von ihm heißt es, dass er ein „Kind Gottes" ist. Nichts in der Schöpfung kommt ihm gleich. Malen Sie sich Michelangelos *David* vor Augen: Er ist ... perfekt. Jetzt fehlt dem Meisterwerk wirklich nichts mehr. Und doch, der Meister ist noch nicht zufrieden. Zumindest er vermisst noch etwas ... Und dieses Etwas ist Eva.

> Da ließ Gott, der Herr, einen tiefen Schlaf
> über den Menschen kommen, entnahm ihm eine Rippe
> und verschloss die Stelle wieder mit Fleisch.
> Aus der Rippe formte er eine Frau und brachte sie zu dem Menschen.
> (1. Mose 2,21-23; HfA)

Sie ist der Schlussakkord, das letzte, erstaunlichste Werk Gottes. Die Frau. Die Schöpfung findet ihren Höhepunkt nicht in der Erschaffung von Adam, sondern von Eva. *Sie* ist der geniale letzte Pinselstrich des Meisters. Schade, dass dies kein illustriertes Buch ist, sonst könnten wir Ihnen einige Reproduktionen von Bildern oder Skulpturen zeigen, die das anschaulich machen. Denken Sie an die antike griechische Skulptur der Nike von Samothrake oder an die geflügelten Schönheiten am Bug von mächtigen Schiffen. Eva ist ... atemberaubend.

Wenn man sich klar macht, wie die Schöpfung sich entfaltet, wie sie immer kunstvollere und edlere Geschöpfe hervorgebracht hat – kann man da anzweifeln, dass Eva die Krone der Schöpfung ist? Kein Postskriptum. Kein verspäteter Gedanke. Nicht nur eine nette Ergänzung, nicht nur eine Verzierung am Gemälde. Sie ist Gottes letztes Werk, der endgültige Beweis seiner Meisterschaft. Ihren Platz in der Welt könnte nichts und niemand sonst ausfüllen. Treten Sie ans Fenster, Ladies, wenn Sie können. Oder noch besser, finden Sie einen Ort mit weitem Ausblick in die

Landschaft. Lassen Sie Ihren Blick über die Erde schweifen und sagen Sie sich: „Diese ganze weite Welt ist unvollkommen ohne mich. Die Schöpfung hat mit mir ihren Zenit erreicht."

Welche Botschaft hat Eva für uns?

Evas Geschichte birgt reiche Schätze, die es zu heben gilt. Das Wesen und die Bestimmung einer Frau werden hier, in der Geschichte von ihrer Erschaffung, erkennbar. Diese grundlegenden, ewigen, mythischen Themen begegnen uns nicht nur hier bei der Erschaffung Evas, sondern in der Seele jeder Frau nach ihr. Die Frau ist die Krone der Schöpfung – das komplexeste, verwirrendste Geschöpf auf Erden. Ihr ist eine ganz wesentliche Rolle zugedacht, eine ganz eigene Bestimmung.

Und auch sie trägt das Antlitz Gottes, aber auf eine Weise, wie es nur das Weibliche vermag. Was können wir von Eva lernen? Gott wollte etwas von sich selbst offenbaren, deshalb hat er uns Eva gegeben. Ein Vorschlag: Wenn Sie mit einer Frau zusammen sind, fragen Sie sich einmal: *Was verrät sie mir über Gott?* Sie werden Entdeckungen machen, die Wundern gleichkommen.

Erstens werden Sie entdecken, dass Gott durch und durch beziehungsorientiert ist. Dass er eine romantische Ader hat. Zweitens sehnt sich auch Gott danach, mit uns zusammen Abenteuer zu erleben – Abenteuer, die Sie ohne ihn nicht bestehen können. Und schließlich möchte Gott seine eigene Schönheit offenbaren. Eine faszinierende, machtvolle und erlösende Schönheit.

Romantik und Beziehungen:
Die Antwort auf die Einsamkeit

Des Mannes Lieb' ist ein ganz eignes Ding.
Erst sie lässt eine Frau recht leben.
LORD BYRON, *Don Juan*

Eva wurde erschaffen, weil ohne sie die Welt nicht in Ordnung war. Etwas stimmte nicht. „Es ist nicht gut, dass der Mensch allein bleibt" (1. Mose 2,18; EÜ). Das macht uns einfach sprachlos. Überlegen Sie mal: Die Welt ist noch jung und makellos. Adam in seiner Unschuld ist ein Prachtkerl. Er ist Gottes Gegenüber, nichts steht zwischen den beiden. Sie teilen etwas, von dem wir nur eine schwache Ahnung haben, wonach wir uns sehnen: eine ungetrübte Freundschaft, von keiner Sünde beeinträchtigt. Und trotzdem soll etwas nicht gut sein? Trotzdem fehlt etwas? Was könnte das sein? Eva. Die Frau. Weiblichkeit. Wow!

Um genau zu sein: „Nicht gut" war die Tatsache, dass der Mann „allein" war. „Es ist nicht gut, dass der Mensch allein bleibt. Ich will ihm eine Hilfe machen, die ihm entspricht" (1. Mose 2,18; EÜ). Wie zutreffend! Ganz gleich, was wir sonst über Frauen wissen – jedenfalls wissen wir, dass Frauen durch und durch beziehungsorientiert sind. Kleine Jungs üben bereits auf dem Spielplatz den Konkurrenzkampf; kleine Mädchen … bauen Beziehungen. Wenn Sie wissen wollen, wie es Leuten in der Nachbarschaft geht und was überhaupt los ist im Ort, kommen Sie nicht zu mir – fragen Sie Stacy. Ich, John, kann Ihnen nicht sagen, wer mit wem etwas hat oder wer gerade deprimiert ist. Ich hänge mich selten stundenlang ans Telefon, um mit Freunden die neuesten Neuigkeiten auszutauschen. Fragen Sie Stacy.

Diese Ausrichtung auf Beziehung ist für Frauen so selbstverständlich, so sehr ihre zweite Natur, dass es ihnen kaum wirklich bewusst ist. Sie interessieren sich mehr für Beziehungen als für irgendetwas sonst. Vergangenen Dezember waren wir in der Nachbarschaft zu einer Weihnachtsparty eingeladen. Regelmäßig einmal im Jahr treffen sich so die Bewohner der Straße – sonst nicht. Die Männer sammelten sich in kürzester Zeit alle in der Küche (in Reichweite der Kartoffelchips) und begannen eine eifrige Debatte über ... Beton. Kein Witz. Das war unser Thema an jenem Abend. Betonierte Hofeinfahrten. In der Zwischenzeit unterhielten sich die Frauen im Wohnzimmer über Sex nach der Menopause.

Die meisten Frauen *definieren* sich über ihre Beziehungen und über die Qualität, die sie diesen Beziehungen zuschreiben: Ich bin eine Mutter, eine Schwester, eine Tochter, eine Freundin. Oder – ich bin allein. Ich treffe mich im Augenblick mit niemandem, oder meine Kinder rufen nicht an, oder meine Freunde gehen auf Distanz zu mir. Das ist keine Schwäche, kein Mangel von Frauen – es ist ihre Würde, ihr Schatz. Ein großartiger Zug, der Gottes Wesen widerspiegelt.

Gottes Herz schlägt für Beziehungen

Das tiefe Verlangen nach Beziehungen und der Raum, den eine Frau vertrauensvollen Beziehungen gibt, erzählen uns etwas über Gottes Verlangen nach Beziehungen und darüber, welche Bedeutung er Beziehungen beimisst. Das ist vielleicht sogar *das Wichtigste überhaupt*, was wir über Gott erfahren können: Er sehnt sich nach Beziehung – nach einer Beziehung zu uns. „Das allein ist ewiges Leben: dich, den einen wahren Gott, zu erkennen" (Johannes 17,3; Hfa). Die Bibel ist eine einzige große Liebesgeschichte zwischen Gott und seinen Leuten. Er verlangt nach uns. Er *sorgt sich* um uns. Er hat ein gütiges Herz.

Jerusalem klagt: „Ach, der Herr hat mich im Stich gelassen, er hat mich längst vergessen!" Doch der Herr antwortet: „Kann eine Mutter ihren Säugling vergessen? Bringt sie es übers Herz, das Neugeborene seinem Schicksal zu überlassen? Und selbst wenn sie es vergessen würde – ich vergesse dich niemals! ... Das verspreche ich dir!"
(JESAJA 49,14F.18; HFA)

Ich gebe ihnen ein verständiges Herz, damit sie erkennen, dass ich der Herr bin. Sie werden mein Volk sein, und ich werde ihr Gott sein, von ganzem Herzen werden sie zu mir umkehren.
(JEREMIA 24,7; HFA)

O Jerusalem! ... Wie oft schon wollte ich deine Bewohner um mich sammeln, so wie eine Henne ihre Küken unter ihre Flügel nimmt. Aber ihr habt es nicht gewollt!
(MATTHÄUS 23,37; HFA)

Wie gut zu wissen, dass das Universum, in dem wir leben, zutiefst auf Beziehungen angelegt ist, dass unser Gott ein mitfühlender Gott ist, der sich nach einem engen Verhältnis zu uns sehnt. Wenn Sie irgendeinen Zweifel daran haben, dann betrachten Sie einfach die Botschaft, die er uns in der Frau übermittelt. Erstaunlich. Gott sehnt sich nicht nur *nach* uns, sondern er möchte zudem auch noch *von* uns geliebt werden. Warum nur haben wir das so lange übersehen? Wie viele von Ihnen sehen in Gott vor allem jemanden, der sich danach sehnt, geliebt zu werden – von Ihnen? Wir sehen ihn als mächtig und stark, aber nicht unbedingt als liebebedürftig, offen und verwundbar, sehnsüchtig. Es ist so, wie ich in *Der ungezähmte Mann* geschrieben habe:

Nachdem ich mir über Jahre die Herzenswünsche von Frauen angehört habe, bin ich überzeugt: Gott möchte geliebt werden. Er will im Leben von Menschen die Hauptrolle spielen. Wie konnten wir das je verkennen? Von der ersten bis zur letzten Seite der Bibel, vom Anfang bis zum Ende, fragt Gottes Herz: „Warum wählst du nicht mich?" Verblüffend, wie schüchtern, wie verletzlich Gott in dieser Hinsicht ist. „Wenn ihr mich von ganzem Herzen suchen werdet", sagt Gott, „so will ich mich von euch finden lassen" (Jer. 29,13; L). Anders ausgedrückt: „Sucht mich, werbt um mich – ich möchte, dass ihr euch um mich bemüht." Höchst erstaunlich. Tozer sagt: „Gott wartet darauf, gewollt zu werden."[3]

Kann es noch einen Zweifel daran geben, dass Gott geliebt werden will? Das erste und größte Gebot lautet: „Liebe Gott" (Markus 12,29f; Matthäus 22,36-38). Gott *möchte*, dass wir ihn lieben. Dass wir von ganzem Herzen nach ihm verlangen. Auch eine Frau möchte, dass der Geliebte von ganzem Herzen nach ihr verlangt. Gott möchte *begehrt* werden, so wie eine Frau sich danach sehnt, begehrt zu werden. Diese tiefe Sehnsucht einer Frau, begehrt zu werden und begehrt zu sein, ist nicht etwa ein Ausdruck von Schwäche oder von Unsicherheit. Alison Krauss singt: *„Take me for longing or leave me behind"* – sehne dich nach mir, oder lass mich in Ruhe.[4] Gott empfindet ebenso. Denken Sie an die Geschichte von Maria und Marta. Maria hat Gott gewählt, und Jesus sagt sinngemäß: *Genau das* will ich. „Maria hat das Bessere gewählt" (Lukas 10,42). Sie hat *mich* gewählt.

Das Leben nimmt eine dramatische Wendung, wenn die Liebe Einzug hält. Auch der christliche Glaube ändert sich dramatisch, sobald wir entdecken, dass es auch hier um eine leidenschaftliche Liebesbeziehung geht. Dass es Gottes Sehnsucht ist, ein Leben voller Schönheit, Intimität und Abenteuer mit uns zu teilen. „Ich habe euch schon immer geliebt" (Jeremia 31,3; Hfa). Diese Welt wurde als Schauplatz einer Romanze erschaffen – die Flüsse und die Täler, die Wiesen und die Strände. Blumen, Musik, ein Kuss. Aber wir schaffen es, all das zu vergessen, uns in Arbeit und Sorgen zu verlieren. Eva – Gottes Botschaft an die Welt in weiblicher Form – lädt uns ein zu einer Liebesbeziehung. In ihr wird deutlich: Gott gibt der zärtlichen Liebe hohe Priorität in seiner Welt.

Gott stattet die Frau mit gewissen Qualitäten aus, die für Beziehungen unentbehrlich sind. Qualitäten, die etwas über Gott aussagen: Die Frau ist einladend. Sie ist verletzlich. Sie ist zart. Sie verkörpert Erbarmen. Sie ist aber auch entschlossen und zu restloser Hingabe fähig. Ein altes Sprichwort sagt: „Keine Raserei der Hölle kommt einer abgewiesenen Frau gleich." Genauso verhält es sich mit Gott, wenn man ihm einen Korb gibt. „Ich, der HERR, dein Gott, bin ein leidenschaftlich liebender Gott und erwarte auch von dir ungeteilte Liebe" (2. Mose 20,5; GN). Die berechtigte Eifersucht einer Frau verweist auf die eifersüchtige Liebe Gottes zu uns.

Zart und einladend, vertraulich und verführerisch, entschlossen und hingebungsvoll. O doch, unser Gott hat ein leidenschaftliches, romantisches Herz. Eva ist der Beweis.

Einladung zum Abenteuer

Evas Würde und Adel besteht in ihrer Beziehungsfähigkeit – aber das ist noch nicht alles, was ihr Wesen ausmacht. Das ergibt sich beim zweiten Blick in die Schöpfungsgeschichte. Unmittelbar nach ihrer Erschaffung gibt Gott seinen Ebenbildern einen Auftrag:

> Dann sagte Gott: „Jetzt wollen wir den Menschen machen, unser Ebenbild, das uns ähnlich ist. Er soll über die ganze Erde verfügen: über die Tiere im Meer, am Himmel und auf der Erde." So schuf Gott den Menschen als sein Ebenbild, als Mann und Frau schuf er sie. Er segnete sie und sprach: „Vermehrt

euch, bevölkert die Erde, und nehmt sie in Besitz! Ihr sollt die Macht haben über alle Tiere: über die Fische, die Vögel und alle anderen Tiere auf der Erde."

(1. Mose 1,26-28; Hfa)

Das könnte man als Daseinszweck des Menschen bezeichnen: All das sein und all das tun, wozu Gott uns beauftragt hat. Und haben Sie es bemerkt: Der Auftrag, sich zu vermehren und die Erde zu erobern und sie zu verwalten, ergeht an Adam *und* an Eva. Gottes Auftrag ergeht im Plural. Er vertraut die Erde *auch* Eva an. Ihr kommt eine entscheidende Rolle zu; sie ist beteiligt an dem großen Abenteuer. Alles, was Menschen hier auf der Erde tun sollen, das sollen sie gemeinsam tun: kreativ sein, erkunden und entdecken, erkämpfen und retten und heranziehen. Genau genommen wird Eva nicht nur eben auch gebraucht; nein, ihr Beitrag ist *unverzichtbar*.

Als Gott Eva erschuf, da bezeichnete er sie als *ezer k'negdo*. „Es ist nicht gut, daß der Mensch allein bleibt. Ich will ihm ein *ezer k'negdo* machen" (1. Mose 1,18). Der Hebraist Robert Alter hat sich jahrelang mit der Übersetzung des 1. Buches Mose beschäftigt und weist darauf hin, dass der Wortsinn genau dieses Begriffspaares „ungemein schwer zu fassen" ist. Als Übersetzung wird uns unter anderem angeboten: „Hilfe", „Gefährtin" oder, am besten vertraut dank Luther, die „Gehilfin". Warum erscheinen uns diese Deutungen so nichtssagend, so platt, so langweilig, so ... enttäuschend? Was ist schon eine Gehilfin? Welches kleine Mädchen tanzt durch die Wohnung und trällert dazu: „Eines Tages werde ich eine Gehilfin sein"? Und Gefährtin? Ein Hund ist ein Gefährte. Hilfe? Das hat etwas von Küchenhilfe – wie Tortenretter, Pfannenwender. Robert Alter schlägt vor: „Stütze, Kraftgeberin an seiner Seite". Das klingt doch schon besser.

Das Wort *ezer* kommt im ganzen Alten Testament nur noch zwanzig Mal vor. An jeder dieser Stellen bezieht es sich auf Gott höchstpersönlich, und zwar wird Gott dort immer ganz dringend als Retter in der Not gebraucht:

Keiner ist wie der Gott Jeschuruns,
der auf den Himmeln einherfährt zu deiner *Hilfe* ...
Glücklich bist du, Israel! Wer ist wie du, ein Volk,
gerettet durch den Herrn, der der Schild deiner *Hilfe* und
der das Schwert deiner Hoheit ist?

(5. MOSE 33,26.29, HERVORHEBUNG DURCH DEN AUTOR)

2~

Ich hebe meine Augen auf zu den Bergen.
Woher kommt mir Hilfe? Meine *Hilfe* kommt vom HERRN,
der Himmel und Erde gemacht hat.

(PSALM 121,1F; L; HERVORHEBUNG DURCH DEN AUTOR)

2~

Der Herr antworte dir, wenn du in großer Not bist,
der Gott Jakobs schütze dich!
Aus seinem Heiligtum auf dem Berg Zion komme er dir zu *Hilfe!*

(PSALM 20,3; HERVORHEBUNG DURCH DEN AUTOR)

2~

Wir setzen unsere Hoffnung auf den Herrn,
er *steht uns bei* und rettet uns.

(PSALM 33,20; HERVORHEBUNG DURCH DEN AUTOR)

2~

Ihr Israeliten, vertraut dem Herrn!
Er allein gibt euch *Hilfe* und Schutz.
Ihr Priester, vertraut dem Herrn!
Er allein gibt euch *Hilfe* und Schutz.
Ihr alle, die ihr den Herrn achtet – vertraut ihm!
Er allein gibt euch *Hilfe* und Schutz.

(PSALM 115,9-11; HERVORHEBUNG DURCH DEN AUTOR)

In den jeweiligen Zusammenhängen geht es übrigens zumeist
um Leben oder Tod, und auf Gott richtet sich die letzte Hoff-

nung. Er ist Ihr *ezer*. Wenn er Ihnen nicht beisteht, dann ist es vorbei. Eine treffende Übersetzung für *ezer* wäre deshalb „Lebensretter". *K'negdo* bedeutet „an der Seite" oder auch „Gegenüber", „Gegenstück".

Sie sehen: Das Leben, zu dem uns Gott beruft, ist kein sicheres Leben. Fragen Sie Josef, Abraham, Mose, Deborah, Esther, fragen Sie, wen sie wollen von den Freunden Gottes im Alten Testament. Fragen Sie Maria und Lazarus, fragen Sie Petrus, Jakobus und Johannes, Priscilla und Aquila – irgendeinen Freund, eine Freundin Gottes aus dem Neuen Testament. Gott beruft uns zu einem Leben, das immer wieder Risiken und Gefahren bereithält. Warum sonst wären wir auf ihn als unseren *ezer* angewiesen? Sie brauchen keinen Lebensretter, wenn Sie zu einem Leben auf der Couch berufen sind. Einen *ezer* brauchen Sie dann, wenn Ihr Leben beständig in Gefahr ist.

Nehmen wir Arwen als Beispiel, eine Gestalt aus dem dreiteiligen Kino-Epos *Der Herr der Ringe*. Arwen ist eine schöne und kühne Prinzessin vom Volk der Elben. Ihren ersten Auftritt hat sie an einer Schlüsselstelle in der Geschichte: Der kleine Hobbit Frodo hat gerade eine Stichwunde erlitten, das Gift der Klinge wandert zu seinem Herzen und droht ihn zu töten.

> Arwen: „Es steht nicht gut um ihn. Wir müssen ihn zu meinem Vater bringen. Seit zwei Tagen suche ich schon nach euch. Fünf Ringgeister sind hinter euch. Wo die anderen vier sind, weiß ich nicht."
> Aragorn: „Bleibe bei den Hobbits – ich schicke euch Pferde."
> Arwen: „Ich reite schneller. Ich nehme ihn."
> Aragorn: „Die Straße ist zu gefährlich."
> Arwen: „Ich habe keine Furcht vor ihnen."
> Aragorn (ergreift ihre Hand und sagt in beschwörendem Ton): „Arwen, reite schnell – und blicke nicht zurück."

Arwen, nicht der Krieger Aragorn, unternimmt den lebensrettenden Ritt. Sie ist Frodos einzige Hoffnung. Sein Leben liegt in ihrer Hand und damit auch die Zukunft von Mittelerde. Sie ist sein *ezer k'negdo*.

Die Sehnsucht im Herzen einer Frau, das Leben und ein großes Abenteuer mit jemandem zu teilen, kommt direkt aus dem Herzen Gottes. Auch er sehnt sich danach. Er möchte nicht eine Option unter anderen für uns sein. Er möchte nicht nur Anhängsel sein, nicht nur Begleitprogramm. Damit wäre auch keine Frau zufrieden. Gott ist wesentlich. Er möchte, dass wir ihn brauchen – unbedingt brauchen. Eva ist wesentlich. Sie übernimmt eine unersetzliche Rolle. Deshalb sind Frauen zu bedingungsloser Hingabe fähig, deshalb sind sie mit erstaunlicher Leidensfähigkeit ausgestattet und mit einer Vision, wie die Welt ein wohnlicherer Ort wird.

Schönheit, die sich zeigen will

Schönheit.

Dieses Wort kann ich (John) nur mit einem tiefen Seufzer aussprechen. Dass es überhaupt einer Erklärung bedarf, wie *unverzichtbar und entscheidend* Schönheit für Gott ist, beweist, wie abgestumpft wir sind. Blind und taub für Gott, für die Welt, in der wir leben, und für Eva. All zu lange Jahre unseres geistlichen Lebens haben wir verbracht, ohne auch nur einen Gedanken auf Schönheit oder auf die zentrale Rolle, die sie für Gott und für unser Leben spielt, zu verwenden. Wir hielten Wahrheit und Rechtschaffenheit hoch. Hätte jemand den Begriff Schönheit ins Spiel gebracht, dann hätten wir vielleicht genickt, aber nicht wirklich verstanden. Wie konnten wir sie derart unterschätzen?

Für Gott ist Schönheit wesentlich. Eigentlich müsste man es noch stärker ausdrücken: Schönheit ist das Wesen Gottes.

Das wird uns erstens durch die Natur bewusst, das Geschenk Gottes an uns. Aus der Bibel wissen wir, dass die ganze Schöpfung erfüllt ist von der Herrlichkeit Gottes (Jesaja 6,3; Hfa). Woran wird das deutlich? Vor allem an ihrer *Schönheit*.

Wir hatten zuletzt einen sehr feuchten Frühling hier in Colorado, und überall zeigten sich Wildblumen – Lupinen und wilde Iris und Margeriten und Dutzende andere Arten. Die Espen hüllten sich wieder in ihre herzförmigen Blätter und zitterten beim leisesten Luftzug. Schwere Gewitterwolken rollten heran, in ihrem Gefolge großartige Sonnenuntergänge. Im Sommer prunkt die Erde geradezu mit ihrer Schönheit, einer so strahlenden und vielgestaltigen Schönheit, so selbstverständlich, so reich, so üppig, so verschwenderisch, dass es schon fast wieder erschreckend ist.

Die Natur dient nicht in erster Linie einem Zweck. Sie ist in erster Linie schön. Halten Sie einen Moment inne und lassen Sie diesen Gedanken in sich hineinsinken. Wir haben uns so daran gewöhnt, alles und jeden nach seinem Nutzwert zu beurteilen, dass es eine Weile braucht, bis es uns zu dämmern beginnt. Die Natur dient nicht in erster Linie einem Zweck. Sie ist in erster Linie *schön*. Das heißt, Schönheit ist an und für sich ein großartiges und herrliches Gut. Etwas, wovon wir täglich eine große Dosis brauchen (warum sonst sollte unser Gott so viel davon bereithalten?). Die Natur in ihrer ursprünglichen Herrlichkeit ruft uns zu: *Schönheit ist wesentlich!*, und macht uns damit deutlich, dass Schönheit das Wesen Gottes ist. Die ganze Welt ist erfüllt von seiner Herrlichkeit.

Zweitens sind da die Visionen des Sehers Johannes. Gottes Geist hat ihm Einblicke in die himmlische Welt gewährt. Wie wir uns leicht vorstellen können, muss Johannes um Worte ringen, als er beschreiben will, was er sah. Oft sucht er nach Vergleichen, um uns wenigstens eine blasse Ahnung von dem zu vermitteln, was er schaute.

Im Himmel stand ein Thron, auf dem jemand saß. Die Gestalt leuchtete wie ein Edelstein, wie ein Jaspis oder Karneol. Und um den Thron strahlte ein Regenbogen, schimmernd wie lauter Smaragde ... Gleich vor dem Thron war so etwas wie ein Meer, durchsichtig wie Glas, klar wie Kristall.

(Offenbarung 4,3.6; Hfa)

Ganz offensichtlich war der Gott, den Johannes geschaut hat, unbeschreiblich schön. Und das ist ja nur einsichtig: Gott muss eher noch herrlicher sein als seine herrliche Schöpfung, denn sie „erzählt" ja nur von seiner Herrlichkeit und „spiegelt" sie. Johannes beschreibt Gott als so strahlend wie Juwelen, als reich geschmückt in Gold und Rot und Grün und Blau, schimmernd wie Kristall. Bezeichnenderweise sind genau das die Dinge, mit denen Aschenputtel beschenkt wird – dieselben Dinge, die Frauen bis zum heutigen Tag gern tragen, wenn sie sich von ihrer besten Seite zeigen wollen. Hmmmh ... Und sind das nicht genau die Komplimente, die auch eine Frau gerne hört? „Du strahlst heute Abend ganz wunderbar. Du siehst atemberaubend aus."

Die Heiligen vergangener Zeiten haben davon gesprochen, dass die größte Seligkeit in der himmlischen Welt darin liegt, einfach die Schönheit Gottes zu betrachten.

> Der Grund dafür, dass Frauen sich danach sehnen, in ihrer eigenen Schönheit entdeckt zu werden, dass sie fragen: „Gefalle ich dir?", ist einfach der, dass Gott dasselbe tut. Gott ist von faszinierender Schönheit. David betet: „Nur eines erbitte ich vom Herrn, danach verlangt mich: ich will im Haus des Herrn wohnen alle Tage meines Lebens und die Schönheit des Herrn schauen" (Psalm 27,4; Hfa). Kann noch ein Zweifel daran bestehen, dass Gott tatsächlich verehrt werden will? Dass er bewundert werden will, dass er uns faszinieren und bezaubern will mit dem, was wir da erblicken?

(Der ungezähmte Mann)[5]

Damit uns das ein für allemal klar wird, hat Gott uns Eva gegeben. Den krönenden Abschluss der Schöpfung. Schönheit ist das Wesen einer Frau. Und um das unmissverständlich deutlich zu machen: Schönheit ist für uns immer beides: körperliche Schönheit *gepaart* mit Schönheit der Seele, der Person, des Wesens. Das eine hängt ab vom und entspringt dem anderen. Ja, die Welt verramscht und prostituiert Schönheit, indem sie sie lediglich auf eine willkürlich definierte perfekte Figur reduziert, mit der nur wenige Frauen dienen können. Aber auch Christen reduzieren Schönheit gern, oder sie vergeistlichen sie in unangemessener Weise, und dann ist nur noch von „Charakter" die Rede. Wir müssen der Schönheit wieder zu ihrem vollen Recht verhelfen. Die Kirche muss sie wiederentdecken. Schönheit ist zu wichtig, als dass wir auf sie verzichten könnten.

Gott hat Eva eine schöne Gestalt *und* einen schönen Geist gegeben. In beidem verkörpert sie Schönheit. Sie bringt Schönheit einfach dadurch zum Ausdruck, dass sie Frau ist. Schönheit ist ihr *Wesen*, so wie Gottes Wesen Schönheit ist.

Stacy und ich haben kürzlich ein Wochenende zusammen in Santa Fe, New Mexico, verbracht. Santa Fe beherbergt die drittgrößte Ansammlung von Kunstgalerien weltweit. Wir lieben es, stundenlang durch diese Galerien zu bummeln auf der Suche nach Kunstwerken, die uns besonders gefangen nehmen. Am frühen Nachmittag des zweiten Tages fragte mich Stacy: „Hast du auch nur eine Darstellung eines nackten Mannes gesehen?" Auffällig, nicht wahr? Nachdem wir uns vielleicht tausend Kunstwerke angesehen hatten, fiel uns auf, dass nicht eines davon der Schönheit des männlichen Körpers gewidmet war. (Tatsächlich gibt es in der Kunstgeschichte einige Beispiele dafür, aber bezeichnenderweise nur sehr wenige). Der Schönheit der Frau wurde dafür fast überall gehuldigt, in Hunderten von Gemälden, Grafiken und Skulpturen. Das hat seinen Grund.

Zum einen wirkt es etwas lächerlich, wenn nackte Männer sich auf einer Liege räkeln. Das trifft nicht so recht das Wesen von Männlichkeit. Etwas in uns ist versucht zu sagen: „Runter vom Sofa, ran an die Arbeit. Mäh den Rasen. *Tu* irgendwas." Denn Adam kommt am besten zur Geltung, wenn er in Aktion ist. Sein Wesen ist *Stärke in Aktion*. Das ist seine Botschaft an die Welt. Er trägt Gottes Antlitz, und Gott ist ein Kämpfer (2. Mose 15,3; Hfa). Im Hinblick auf Gott verkündet Adam: „Gott wird sich durchsetzen. Gott ist schon am Zug." Deshalb wirkt ein passiver Mann so enttäuschend auf uns. Seine Passivität verleugnet sein eigentliches Wesen. Sie verträgt sich nicht mit der Art, wie er Gottes Ebenbild verkörpert. Ein passiver Mann signalisiert: „Gott kommt nicht durch. Er wird sich für dich kein Bein ausreißen."

Zum anderen: Eva passt nicht so recht in eine erbitterte Kampfszene oder in die Pose eines Holzfällers. Zu dieser Vorstellung muss man sich auch erst einmal zwingen. Seit Urzeiten haben Künstler Eva *ruhend* gemalt (oder fotografiert oder in Stein oder in Holz verewigt), wenn sie ihr Wesen zum Ausdruck bringen wollten. Das hat nichts mit einem künstlerischen Programm zu tun oder mit sozialer Diskriminierung, dahinter steckt kein kultureller Druck. Und das gilt quer durch alle Kulturen und Zeitalter. Was haben die Künstler gesehen, was uns verborgen ist? Eva hat eine andere Botschaft für die Welt als Adam. Sie spricht durch ihre Schönheit.

Warum Schönheit zählt

Schönheit ist eine Macht. Womöglich die mächtigste Kraft auf Erden. Schönheit ist gefährlich. Denn Schönheit zählt. Wir wollen versuchen zu erklären, warum das so ist.

Erstens: Schönheit *redet*. Der Bischof von Oxford Richard Harris schrieb: „Die Schönheit der geschaffenen Welt liefert uns eine Antwort auf unsere Fragen nach Gott." Und wir haben Fragen, oder etwa nicht? Fragen, die unseren Enttäuschungen entspringen, unserem Leiden, unseren Ängsten. Augustinus sagte einmal, Antwort auf seine Fragen habe er in der Schönheit der Welt gefunden.

> „Ich sagte zu all diesen Dingen: ‚Ihr habt mir gesagt, dass ihr nicht mit meinem Gott identisch seid. Aber nun erzählt mir etwas über ihn.‘ Und mit lauter Stimme riefen sie aus: ‚Er hat uns geschaffen!‘ Meine Frage war die Aufmerksamkeit, die ich ihnen schenkte, und ihre Antwort war ihre Schönheit.“[6]

Und was ist die Botschaft der Schönheit? Stellen Sie sich vor, wie es ist, wenn Sie seit über einer Stunde im Stau stecken. Ungeduldiges Hupen, Menschen beschimpfen einander. Die Scheiben beschlagen von innen, die Luft ist zum Ersticken. Und nun eine andere Vorstellung: Sie sind an einem schönen Platz, in einem Garten oder auf einer Wiese oder an einem einsamen Strandabschnitt. Dort hat Ihre Seele Raum, kann sich ausdehnen. Sie können wieder atmen. Sie können entspannen. Alles ist gut. Ich sitze an einem Sommerabend draußen und tue nichts – spitze nur die Ohren und sauge alle Eindrücke auf und mein Herz wird still und Friede zieht in meiner Seele ein. Mein Herz sagt mir, dass „alles gut wird“, wie Juliana von Norwich es ausgedrückt hat, „und auch das Wesen aller Dinge wird gut.“

Das ist die Botschaft der Schönheit an uns. *Alles wird gut.*

Und eben diese Botschaft vermittelt auch die Gegenwart einer in sich ruhenden Frau, einer Frau, die sich mit ihrer weiblichen Schönheit wohlfühlt. Man ist gern bei ihr. Sie ist liebenswert. In ihrer Gegenwart hält das Herz nicht länger die Luft an. Sie entspannen sich und können wieder glauben, dass alles gut wird. Und deshalb wirkt eine rastlose, eifernde Frau so verstörend auf uns. Denn eine Frau, die nicht zutiefst in sich selbst ruht, signalisiert der Welt: „Es ist eben nicht alles gut. Die Dinge laufen aus dem Ruder.“ „Ein zornig Weib ist gleich getrübter Quelle“, so drückt es Shakespeare aus, „unrein und sumpfig, widrig, ohne Schönheit.“[7] Wir *brauchen* die Botschaft der Schönheit. Was sie sagt, ist nur schwer in Worte zu kleiden. Aber ein wichtiger Teil dieser Botschaft ist: Alles ist gut. Alles wird gut.

Schönheit ist darüber hinaus *einladend*. Was ist das Besondere an einem wirklich schönen Musikstück? Es nimmt einen gefangen. Man will sich hinsetzen und einfach nur lauschen. Wir kaufen die CD und spielen sie wieder und wieder. (Zur Abwechslung mal kein visuelles Beispiel: Schönheit hat nicht nur mit den Augen zu tun). Eine solche Musik zieht unsere Aufmerksamkeit auf sich, lädt uns ein, uns noch intensiver mit ihr zu befassen. Dasselbe gilt für einen schönen Garten oder eine interessante Landschaft. Man möchte eintreten, entdecken, teilhaben, darin verweilen. Einem guten Buch bescheinigen wir, dass es uns „fesselt". Es nimmt uns in Beschlag, fordert unsere Konzentration. Wir können es kaum aus der Hand legen, so spannend ist es. Genauso einladend und verlockend und fesselnd will auch Gott für uns sein. Genauso will eine Frau sein. Schönheit ist einladend.

Schönheit ist *nahrhaft*. Nach dieser Art Nahrung lechzt unsere Seele. Die weibliche Brust gehört mit zu den entzückendsten Einfällen Gottes, und mit der Brust ernährt die Frau ihr Kind – ein feinsinniges Bild dafür, wie Schönheit ihrerseits uns ernährt. Tatsächlich ist der Körper einer Frau eines der schönsten Kunstwerke, die Gott geschaffen hat. „Ein Vorgeschmack auf die Ewigkeit", so hat es der Dichter William Blake ausgedrückt, „überwältigend für das Auge eines Mannes." Er ernährt und er ermöglicht Leben. Das ist eine so treffende Metapher für das, was Schönheit ausmacht. C. S. Lewis sagt:

> Wir wollen die Schönheit nicht nur *sehen*, obwohl auch das – weiß Gott – schon Belohnung genug wäre. Wir wollen etwas anderes, was sich kaum in Worte fassen lässt – wir wollen uns mit der Schönheit, die wir sehen, vereinigen, in sie eindringen, sie in uns aufnehmen, in ihr baden, Teil von ihr werden.[8]

Schönheit *tröstet*. Sie hat eine überaus heilsame Wirkung. Haben Sie schon einmal überlegt, warum wir Kranken und Trauernden

Blumen bringen? Inmitten von Leid und Verlust etwas Schönes schenken, das sagt genug – und das sagt das Richtige. Nach dem Tod meines besten Freundes Brent Curtis habe ich Monate erlebt, in denen konnte mir nur Schönheit helfen. Ich konnte keine tröstenden Worte ertragen. Ich konnte nicht lesen und noch nicht einmal beten. Nur Schönheit half. Es gibt eine bewegende Anekdote aus dem 2. Weltkrieg. Ein junger Soldat wird schwer verwundet ins Lazarett gebracht. Eine Krankenschwester versorgte ihn und fragte dann, ob sie sonst noch etwas für ihn tun könne. „Ja", sagte er, „können Sie einfach etwas Lippenstift auflegen? Ich möchte Ihnen dabei zuschauen." Schönheit tröstet. Sie tut der Seele gut.

Schönheit *inspiriert*. In seiner Erzählung *Das Wunder von Narnia* lässt C. S. Lewis den Kutscher beim überwältigenden Anblick der entstehenden Welt von Narnia ausrufen: „Ich glaub, ich werd' verrückt! Wenn ich gewusst hätt', dass es so was gibt, wär' ich ein viel besserer Mensch gewesen."[9] Und der griesgrämige Jack Nicholson bekennt der bezaubernden Helen Hunt am Ende der Kinokomödie *Besser geht's nicht*: „Ihretwegen möchte ich ein besserer Mensch sein." Oder stimmt das etwa nicht? Stellen Sie sich vor, wie es in der Gegenwart einer Frau wie Mutter Teresa gewesen sein muss. Ihr Leben war so schön, und es verwies uns auf etwas Höheres. Ein Lehrer an einer Innenstadtschule hat uns erklärt, warum er darauf besteht, dass im Schulhof ein Springbrunnen installiert und Blumen gepflanzt werden: „Diese Kinder brauchen Inspiration. Sie sollen wissen, dass es ein besseres Leben gibt." Schönheit inspiriert.

Schönheit ist *transzendent*. Schönheit ermöglicht die vielleicht unmittelbarste Erfahrung von Ewigkeit. Denken Sie nur an das Erlebnis eines Sonnenuntergangs oder an einen Ozean in der Dämmerung. Erinnern Sie sich an das Finale einer großartigen Geschichte. Wir sehnen uns danach, zu verweilen; wir wollen so etwas am liebsten täglich erleben. Manchmal ist die Schönheit so überwältigend, dass die Sehnsucht fast körperlich schmerzt.

Sehnsucht wonach? Nach dem Leben, wie es eigentlich sein sollte. Schönheit erinnert uns an den Garten Eden, den wir nie gekannt haben, aber irgendwie weiß unser Herz, dass wir für diesen Ort geschaffen sind. Schönheit verweist auf das kommende Reich Gottes, wo alles schön sein wird. Schönheit verfolgt uns mit dem Gedanken an die Ewigkeit. Sie sagt: *Auf euch wartet eine Herrlichkeit.* Und wenn es so etwas wie Herrlichkeit gibt, dann hat sie auch einen Ursprung. Was für eine unermessliche Güte, die sich so etwas ausgedacht hat! Was für eine Großzügigkeit, die uns diesen Vorgeschmack gönnt! Schönheit zieht uns zu Gott.

All das trifft auf jede Erfahrung von Schönheit zu. *Erst recht* trifft es zu, wenn uns die Schönheit in Gestalt einer Frau begegnet – ihre Augen, ihre Gestalt, ihre Stimme, ihr Herz, ihr Geist, ihr Leben. Sie drückt all das viel unmissverständlicher aus als irgendetwas sonst in der Schöpfung, denn sie ist die *Inkarnation* von Schönheit, sie ist eine Person. In ihr spiegelt sich ein unsterbliches Wesen. Sie ist Schönheit durch und durch. „Denn welcher Autor in der ganzen Welt lehrt solche Schönheit wie ein Frauenauge?" (Shakespeare[10]).

Schönheit ist fraglos die *wesentlichste* und zugleich die am meisten *missverstandene* von allen Eigenschaften Gottes (und von allen weiblichen Eigenschaften ebenfalls). Wir wissen, dass Schönheit im Leben von Frauen unendliches Leid verursacht hat. Aber selbst in solchen Fällen hat sie eine Botschaft. Warum verursacht Schönheit so viel Kummer? Wir machen uns nicht verrückt, um genial zu sein oder um fabelhaft Hockey spielen zu können. Frauen machen sich verrückt wegen ihres Aussehens. Sie wollen unbedingt schön sein, sie wollen glauben, dass sie schön sind, und sie quälen sich ständig mit der Frage, ob sie das jemals von sich sagen können. Kürzlich saß ich in einem Café und bekam zufällig die Unterhaltung am Nachbartisch mit. Was war das Thema der zwei Mittfünfzigerinnen? Diäten und das Körpergewicht. Auf diesem Terrain kämpften sie um Schönheit.

Eine Frau weiß auf dem Grund ihrer Seele, dass sie sich danach sehnt, Schönheit in die Welt zu bringen. Vielleicht irrt sie in der Methode, die sie anwendet (mit dieser Frage plagt sich wohl jede Frau herum), aber sie sehnt sich danach, dass sie in der ihr eigenen Schönheit erkannt wird. Das hat nichts mit Kulturzwängen zu tun oder mit dem Ehrgeiz, einen Mann abzukriegen. Es ist in ihrem Herzen angelegt, es gehört zu ihrer Bestimmung.

Warum muss Schönheit entschleiert werden?

Einer der tiefsten Wesenszüge, in denen eine Frau das Bild Gottes verkörpert, ist ihr Geheimnis. Mit diesem Wort soll nicht gesagt sein, dass Frauen eben auf ewig undurchschaubar und rätselhaft sind. Vielmehr will das Geheimnis erkundet werden. In den Sprüchen Salomos heißt es: „Gottes Ehre ist es, eine Sache zu verhüllen, des Königs Ehre ist es, eine Sache zu erforschen" (25,2; EÜ). Gott möchte erkannt werden, und zwar auf dem Weg, dass ihn die Menschen *suchen*, die ihn erkennen wollen. Er sagt: „Wenn ihr mich sucht, werdet ihr mich finden. Ja, wenn ihr mich von ganzem Herzen sucht, will ich mich von euch finden lassen" (Jeremia 29,13). Es geht hier um Würde; Gott wirft sich nicht jedem an den Hals, der zufällig des Wegs kommt. Er prostituiert sich nicht. Wer ihn erkennen will, muss ihn lieben und von ganzem Herzen suchen. Und das gilt genauso für die Seele einer Frau, ganz zu schweigen von ihrer Sexualität. „Du kannst mich nicht einfach haben. Du musst mich suchen, um mich werben. Ich lasse dich nicht ein, bevor ich weiß, dass du mich liebst."

Ist nicht die Dreifaltigkeit Gottes ein großes Geheimnis? Kein Rätsel, das man einfach „knacken" könnte, sondern ein Geheimnis, in das man mit wachsendem Respekt und Entzücken eindringt und sich daran freut. Entsprechend ist auch eine Frau kein Problem, das es zu lösen gilt, sondern ein unglaubliches Wunder, an dem man sich freuen soll. Das gilt erst recht für ihre Sexualität. Die wenigsten Frauen können oder wollen „es einfach machen". Nicht umsonst bedeutet Frauen das Vorspiel so viel, das Flüstern und Streicheln und wechselseitige Erforschen, das dann schließlich in der Vereinigung gipfelt. Das ist ein Bild dafür, was es heißt, die *Seele* einer Frau zu lieben. Sie möchte erkannt und verstanden werden, und das erfordert Zeit und Vertrautheit. Es erfordert ein behutsames Enthüllen. Der Schleier muss erst fallen. Je mehr sie gesucht und begehrt wird, umso mehr offenbart sie von ihrer Schönheit. Und indem sie ihre Schönheit an den Tag legt, ermutigt sie uns, sie noch besser zu erkennen.

Was immer Weiblichkeit sonst noch bedeutet, sie ist in jedem Fall Tiefe und Geheimnis und Vielschichtigkeit, und im Kern ihres Wesens ist sie Schönheit. Aber damit nun keine Verzweiflung ausbricht, sei an dieser Stelle unmissverständlich gesagt:

Jede Frau hat Schönheit zu offenbaren.

Jede Frau.

Denn sie trägt das Bild Gottes. Sie muss diese Schönheit nicht beschwören, nicht im Kosmetiksalon kaufen, ihr nicht durch plastische Chirurgie oder Implantate nachhelfen. Warum nicht: Weil Schönheit das *Wesen* ist, das jeder Frau bei ihrer Erschaffung verliehen wird.

Richtig gehört

Es ist an dieser Stelle wichtig, dass Sie einen Moment innehalten und sich fragen: *Was habe ich da gerade vernommen?*

Wir haben *nicht* gesagt, dass eine Frau nur wegen ihres guten Aussehens geschätzt wird. Wir haben *nicht* gesagt, dass eine Frau letztlich nur einen Mann komplettieren soll, dass folglich eine alleinstehende Frau an ihrer Bestimmung vorbei lebt.

Vielmehr haben wir gesagt: Eva ist die Krone der Schöpfung. Eine Frau ist eine einzigartige, erstaunliche und machtvolle Erscheinung. Wir haben hingewiesen auf die unschätzbare Würde, auf die Heiligkeit Ihres weiblichen Herzens, indem wir dargelegt haben: Es ist *Gott*, der sich nach leidenschaftlicher, zärtlicher Liebe sehnt. *Gott* möchte unser *ezer* sein. *Gott* selbst macht klar, dass Schönheit für das Leben wesentlich ist. Sie tragen das Bild dieses Gottes. Deshalb sehnen Sie sich nach all diesen Dingen.

Ihr Herz birgt einen Glanz, den diese Welt dringend braucht.

3

Eine quälende Frage

Sie ist treulos,
spitzfindig, falsch, lüstern und böse genug,
um eine Frau zu sein.

JOHN DONNE[1]

❦

O höchst verderblich Weib!

WILLIAM SHAKESPEARE[2]

Ich stand im Drogeriemarkt in der Schlange vor der Kasse, um kurz vor Ladenschluss noch ein paar Sachen zu besorgen. Da hörte ich hinter mir eine Frauenstimme bellen: „Das ist hier die Schnellkasse – nur für bis zu fünfzehn Artikel!" Ich blickte mich um, rätselnd, wen sie wohl meinte. Mein Einkaufswagen enthielt die geforderten fünfzehn Artikel. Ich wusste es. Ich hatte zweimal nachgezählt, um sicher zu gehen. Sie winkte ihrem Mann, um auf jenes unbelehrbare Subjekt aufmerksam zu machen, und da ging mir auf, dass es tatsächlich um *mich* ging. Ich konterte: In meinem Wagen seien exakt die vorgeschriebenen fünfzehn Artikel! Verärgert entfernte sie sich.

Bald war sie zurück, mit ihrem Gatten im Schlepptau. Sie meckerte laut und anklagend, in sarkastischem Tonfall: „Sie *behauptet*, das seien nur *fünfzehn* Artikel!" Zu sagen, dass ich an diesem Punkt in Verteidigungsstellung ging, wäre eine massive Untertreibung. Eine maßlose Wut wallte in mir auf. Mir wurde heiß, und ich war von der Stärke meiner Reaktion selbst überrascht. Ich beugte mich über die Süßwarenauslage vor und zischte ihr wütend zu: „In diesem Wagen sind fünfzehn Artikel,

Madame. Wollen sie rüberkommen und *nachzählen*?" Ihr Mann hob beschwichtigend die Hände und bedeutete mir, mich nicht so aufzuregen und seine Frau nicht so ernst zu nehmen.

Empört verstummte ich und zahlte für meinen Einkauf – in der triumphierenden Überzeugung, dass ich tatsächlich nur fünfzehn Sachen im Wagen hatte. Oh, wie gerne hätte ich ihr den Einkaufsbon unter die Nase gehalten. Auf der Heimfahrt war ich immer noch so erregt, dass ich eine Pause machen musste. Ich zitterte regelrecht. Da hatte ich mich doch tatsächlich mit einer wildfremden Person auf ein Gefecht über die Berechtigung zur Benutzung der Schnellkasse eingelassen. Was war da abgelaufen? Was ging da *wirklich* vor?

Was ist passiert, Eva?

Eva ist der Welt als Verkörperung eines schönen, verführerischen Gottes geschenkt worden – eine lebenspendende, lebensrettende Liebende, eine Spezialistin für Beziehungen, voller Mitgefühl, voller Erbarmen, voller Hoffnung. Ja, sie hat auch Stärke in die Welt gebracht, aber keine ständig konkurrierende, scharfkantige Stärke. Sie war einladend, bezaubernd, fesselnd.

Erleben Sie die Frauen in Ihrer Umgebung so? Erleben die Menschen in Ihrer Umgebung *Sie* so?

Warum erleben so wenige Frauen etwas, das einer leidenschaftlichen Liebesaffäre auch nur annähernd nahekommt? Stattdessen erfahren Frauen weitaus häufiger Einsamkeit und Leere. Die meisten Frauen haben ihre Sehnsucht nach einer großen Liebe schon vor langer Zeit abgehakt und konzentrieren sich inzwischen aufs bloße Überleben, wollen einfach nur die Woche überstehen. Fehlanzeige nicht nur in Sachen Liebe. Warum sind die meisten Beziehungen von Frauen mit Problemen belastet? Bekannte, die Familien, die besten Freundinnen scheinen allesamt von einer Art Virus infiziert, der sie grundsätzlich unverfügbar macht, und so verbringen viele Frauen die Abende allein. Und selbst wenn die Beziehungen funktionieren, reichen sie uns doch niemals aus. Woher kommt dieses abgrundtiefe Loch in unserer Seele?

Außerdem sind Frauen müde. Wir sind abgekämpft. Nicht etwa von gemeinsam bestandenen Abenteuern. Nein, die Erschöpfung vieler Frauen ist die Folge eines Lebens, das von Routine, langweiligen Pflichten und Hunderten von Anforderungen geprägt ist. Der Dichter Anton Tschechow hat es so formuliert: „Eine Krise kann jeder Idiot haben. Was uns zu schaffen macht, ist der Alltag." Irgendwie, irgendwo zwischen unserer Kindheit und heute, hat sich die *Effektivität* an die Stelle des Abenteuers in unser Leben geschlichen. Die meisten Frauen haben nicht gerade das Empfinden, dass sie eine unersetzliche Rolle in einer großen Geschichte wahrnehmen. Oh nein. Wir fragen uns viel mehr, ob unser Dasein überhaupt eine Bedeutung hat. Zuhause schämen wir uns dafür, dass wir nichts vom „wirklichen Leben" in der Welt da draußen mitbekommen. Wir ersticken unter Schmutzwäsche. Wenn wir im Beruf Karriere machen, fühlen wir uns, als ob uns die wirklich wichtigen Dinge versagt bleiben: eine erfüllte Partnerschaft, Kinder. Und unsere Sitzungstermine fressen uns auf.

Die geheime Frage einer Frau

Schließlich bezweifeln die meisten Frauen sehr stark, dass es an ihnen eine Schönheit zu entdecken gibt. Das ist in der Tat die Frage, die uns am meisten quält. In Sachen Schönheit schwanken wir ständig zwischen Ehrgeiz und Resignation. Neue Diäten, ein neuer Look, neue Haarfarbe. Tu was für deinen Körper; stell deine Gewohnheiten um, versuch's mal mit diesen Übungen oder mit jenem neuen Programm. Ach, vergiss es. Und überhaupt – wen interessiert es schon? Leg dir einen Schutzschild zu und sieh zu, dass du im Leben klar kommst. Versteck dich. Vergrabe dich in Arbeit, verbirg dich in ehrenamtlichen Aktivitäten, versinke in Depressionen. – Was ist schon bezaubernd an mir? Erst recht nichts *in* mir. Ich wäre ja schon froh, wenn ich die Fassade einigermaßen hinbekäme.

Wenn ich zu einer Party oder Versammlung oder auch nur zum Abendessen bei Freunden ausgehe – ungelogen, jedesmal, wenn ich unter Leute komme –, dann werde ich nervös. Oft mache ich mir nicht klar, was da in mir vorgeht, aber ich ertappe mich dabei, wie ich unterwegs im Auto nochmal den Lippenstift nachziehe. Je unsicherer ich bin, umso mehr Lippenstift geht drauf. Kurz vor dem Ziel: noch mal ein Strich, sicher ist sicher. Wenn ich in die Straße einbiege: noch eine Lage Sunset Rose oder was der Kosmetikkoffer eben hergibt. Ich bin mir dieser seltsamen „Angewohnheit" erst vor einiger Zeit bewusst geworden. Beim Auflegen einer weiteren überflüssigen Schicht fragte ich mich plötzlich: Was mache ich da eigentlich? *Ich hatte Angst.* Wenn wenigstens mein Make-up gut aussieht, argumentierte etwas tief in mir, dann werde ich vielleicht nicht bloßgestellt. Dann durchschaut mich vielleicht keiner. Dann werde ich nicht erkannt.

Jede Frau wird im tiefsten Innern von Eva verfolgt. Jede Frau weiß, sobald sie an einem Spiegel vorbeigeht, dass sie nicht ihrer ursprünglichen Bestimmung entspricht. Unsere Mangelhaftigkeit ist uns selbst vermutlich schmerzlicher bewusst als irgendjemandem sonst. Die Erinnerung an die Herrlichkeit, die uns einmal eigen war, weckt in meinem Herzen ein schmerzhaftes Verlangen, das schon viel zu lange ungestillt ist. Der Verlust ist überwältigend, die Hoffnung, diese Herrlichkeit je wiedergewinnen zu können, erscheint unerfüllbar.

Jedes kleine Mädchen – und jeder kleine Junge – stellt eine grundlegende Frage. Aber diese Frage fällt ganz unterschiedlich aus, je nachdem, ob sie ein Junge stellt oder ein Mädchen. Kleine Jungen wollen wissen: *Hab ich es drauf? Habe ich das Zeug dazu, ein echter Mann zu werden?* All das raue Gehabe, die Angeberei und das Supermann-Gebaren sind nichts anderes als der Versuch des Jungen zu beweisen, dass er ein ganzer Kerl ist. Er ist das Ebenbild eines kämpferischen, tatkräftigen Gottes. Fast alles, was ein Mann tut, entspringt seiner Suche nach Bestätigung, jenem Verlangen nach einer befriedigenden Antwort auf seine Frage aller Fragen.

Kleine Mädchen wollen wissen: *Bin ich liebenswert?* Die schwingenden Röcke, das Verkleiden, der Wunsch, sich hübsch zu machen und zu zeigen – all das provoziert geradezu diese Frage. Und wir brauchen unbedingt eine Antwort darauf. Ich erinnere mich, dass ich mit vielleicht fünf Jahren im Wohnzimmer meiner Großeltern auf dem Kaffeetisch stand und mir das Herz aus dem Leib sang. Ich gierte nach Aufmerksamkeit – vor allem nach der Aufmerksamkeit meines Vaters. Ich wollte bezaubernd sein. Wir alle wollen das. Aber die meisten von uns haben, als sie klein waren, auf die Frage aller Fragen eine frustrierende Antwort bekommen: „Nein, was soll an dir schon entzückend sein." Runter vom Kaffeetisch. Fast alles, was eine Frau im Erwachsenenalter tut, speist sich aus ihrer Sehnsucht, dass jemand von ihr entzückt ist, aus ihrem Wunsch, schön zu sein, unersetzlich, aus dem Verlangen, auf die Frage aller Fragen die Antwort zu vernehmen: „Ja, du bist zauberhaft!"

Warum quält uns diese Frage so? Warum waren wir offensichtlich nicht in der Lage, eine wunderbare, persönliche, befriedigende Antwort für unser Herz zu bekommen?

Evas Fall

Es gab eine Zeit, da war die Welt noch jung, und wir – Mann und Frau – waren noch unschuldig. Wir waren nackt und kannten keine Scham (1. Mose 2,25; Hfa). Es gab nichts zu verbergen. Einfach herrlich! Wie gesagt, die Welt war noch jung, und auch wir waren jung und schön und voller Lebensfreude. Aber dann muss etwas passiert sein. Wir haben alle davon gehört, haben es aber nie wirklich verstanden, andernfalls würden wir die Konsequenzen in unserem täglichen Leben wiedererkennen. Wichtiger noch: Wir würden *auch* erkennen, dass wir Tag für Tag die Möglichkeit haben, das verhängnisvolle Geschehen rückgängig zu machen.

> Die Schlange war listiger als alle anderen Tiere, die Gott, der Herr, gemacht hatte. „Hat Gott wirklich gesagt, dass ihr von keinem Baum die Früchte essen dürft?", fragte sie die Frau.
> „Natürlich dürfen wir", antwortete die Frau, „nur von dem Baum in der Mitte des Gartens nicht. Gott hat gesagt: ‚Esst nicht von seinen Früchten, ja – berührt sie nicht einmal, sonst müsst ihr sterben!'"
> „Unsinn! Ihr werdet nicht sterben", widersprach die Schlange, „aber Gott weiß: Wenn ihr davon esst, werden eure Augen geöffnet – ihr werdet sein wie Gott und wissen, was Gut und Böse ist."
> Die Frau schaute den Baum an. Er sah schön aus! Seine Früchte wirkten verlockend, und klug würden sie davon werden! Sie pflückte eine Frucht, biss hinein und reichte sie ihrem Mann, und auch er aß davon.
>
> (1. Mose 3,1-6; HFA)

O weh.

Es fehlen die Worte.

Weinen Sie, schlagen Sie sich an die Brust, fallen Sie auf die Knie, lassen Sie einen langen, einsamen Seufzer schmerzhafter Reue hören.

Die Frau hat sich beschwatzen lassen. Das soll es gewesen sein? Dieser eine Augenblick? Und was hat sie sich überhaupt einreden lassen? Schauen Sie in Ihr eigenes Herz, dann werden Sie ihn entdecken: den Verdacht, dass Gott den Menschen etwas vorenthält. Etwas nicht gönnt. Das Misstrauen, dass es nicht weit her ist mit Gottes Zuneigung zu Eva. Die Überzeugung, dass

Eva die Dinge selbst in die Hand nehmen muss, um das Beste aus dem Leben herauszuholen. Folglich hat Eva gehandelt. Sie versagt als Erste. Sie misstraut Gott und zieht damit letztlich auch ihr eigenes Wesen in Verdacht. Eva sollte Adams *ezer k'negdo* sein, also jemand, der zu seiner *Rettung* kommt. Sie soll ihm Leben bringen, ihn zum Leben einladen. Stattdessen lädt sie ihn zum Tod ein.

Nun muss man fair sein und feststellen, dass Adam sich auch nicht gerade darin hervorgetan hat, sie vor dem Absturz zu bewahren.

> Lassen Sie mich eine Frage stellen: Wo ist Adam, als Eva von der Schlange versucht wird? Er steht direkt neben ihr: „Sie nahm von seinen Früchten und aß; sie gab auch ihrem Mann, der bei ihr war, und auch er aß" (1. Mose 3,6; EÜ). Das hebräische Wort für „bei ihr" meint unmittelbar neben ihr, Ellbogen an Ellbogen, sozusagen. Adam ist nicht sonstwo in einem anderen Teil des Waldes; er hat kein Alibi. Er steht direkt daneben und beobachtet den Vorgang. Was unternimmt er? Nichts. Absolut nichts. Er sagt kein Wort, er rührt keinen Finger. Er riskiert nichts, er kämpft nicht, er rettet Eva nicht. Unser Stammvater – der erste echte Mann – ist erstarrt. Er hat seine wahre Natur verleugnet und ist tatenlos geblieben. Jeder Mann nach ihm, jeder Sohn Adams, trägt in seinem Herzen nun dasselbe Versagen mit sich herum. Jeder Mann begeht die Sünde Adams, jeden Tag. Wir riskieren nichts, wir kämpfen nicht, und wir rühren keinen Finger, um Eva zu retten. Wie der Vater, so die Söhne.
>
> (DER UNGEZÄHMTE MANN)[3]

Dasselbe Drama spielt sich Tag für Tag auch vor Ihren Augen ab. Genau dann, wenn wir auf die Hilfe von Männern dringend angewiesen wären, machen sie sich aus dem Staub. Verschwinden. Verstummen. Werden passiv. „Er redet nicht mit mir", klagen viele Frauen. Die Männer kämpfen nicht für uns.

Und wir Frauen? Wir neigen dazu, andere zu vereinnahmen, mit Beschlag zu belegen, kontrollieren zu wollen. Oft lassen wir uns bezirzen, genau wie Eva, und so gehen wir allzu leicht den Einflüsterungen des Feindes auf den Leim. Unser Vertrauen zu Gott haben wir über Bord geworfen, und nun glauben wir, dass wir selbst die Zügel in die Hand nehmen müssen, um das ersehnte Leben zu bekommen. Und wir winden uns angesichts der Leere, die augenscheinlich niemand ausfüllen kann.

Der Fluch

Zur Frau sagte Gott: „Du wirst viel Mühe haben in der Schwangerschaft. Unter Schmerzen wirst du deine Kinder zur Welt bringen. Du wirst dich nach deinem Mann sehnen, aber er wird dein Herr sein!"
Zu Adam sagte er: „Deiner Frau zuliebe hast du mein Verbot missachtet. Deshalb soll der Ackerboden verflucht sein! Dein ganzes Leben wirst du dich abmühen, um dich von seinem Ertrag zu ernähren. Du bist auf ihn angewiesen, um etwas zu essen zu haben, aber er wird immer wieder mit Dornen und Disteln übersät sein."

(1. MOSE 3,16-18; HFA)

Nun wären wir gut beraten, sorgfältig auf jede hier genannte Einzelheit zu achten – insbesondere auf den Fluch, den Gott verhängt hat. Denn diese Geschichte erhellt vieles, was wir hier und heute, jenseits von Eden, erleben. Zum einen beschränkt sich der Fluch über Adam natürlich *nicht ausschließlich* auf Dornen und Disteln. Wenn das so wäre, dann wäre jeder Mann aus dem Schneider, der nicht gerade Landwirt geworden ist. Such dir einfach einen Bürojob, und du bist fein raus. Nein, die Bedeutung des Fluchs reicht tiefer, und jeder Sohn Adams ist davon betroffen. Der Mann lebt unter dem Fluch der *Vergeblichkeit* und der *Fehlschläge*. Das Leben wird von jetzt an für einen Mann schwer sein, und zwar gerade dort, wo es am meisten weh tut. Denn vor nichts fürchtet sich ein Mann mehr als davor, zu versagen.

Zum andern beschränkt sich aber auch der Fluch über Eva und ihre Töchter *nicht nur* aufs Kinderkriegen und auf die Ehe. Denn andernfalls würden ja alleinstehende und kinderlose Frauen dem Fluch entkommen. So ist es aber nicht. Die Bedeutung des Fluchs und seine Konsequenzen betreffen *jede* Tochter Evas. Die Frau lebt unter dem Fluch der Einsamkeit (Beziehungskummer), der zwanghaften Neigung, kontrollieren zu wollen (insbesondere ihren Mann), und sie leidet unter der Dominanz der Männer (was ursprünglich nicht im Sinne des Erfinders war und was wir nicht rechtfertigen wollen – männliche Dominanz ist ein Resultat des Sündenfalls und eine traurige historische Tatsache).[4]

Sie können es gern überprüfen: Haben nicht Ihre tiefsten Sorgen und Probleme mit Beziehungen zu tun – hängen sie nicht mit *irgendjemandem* zusammen? Und auch wenn die Dinge gut laufen, füllt das jemals Ihre Bereitschaft für – und Ihr Bedürfnis nach Vertrautheit auch nur annähernd aus? Es *gibt* diese Leere in uns, die wir unablässig zu füllen versuchen. Und ist Ihnen der unselige Kontrollzwang wirklich so fremd? Können Sie Projekte oder Aufgaben in der Gemeinde oder Ihre Ehe einfach und vertrauensvoll laufen lassen? Können Sie sorglos Ihr Wohlbefinden in die Hände eines anderen Menschen legen? Schließlich: Würden Sie nicht auch unterschreiben, dass diese Welt von Männern dominiert ist? Haben Sie als Frau in Verantwortung noch nie Ihre Verletztlichkeit gespürt? Die meisten Frauen hassen ihre Verwundbarkeit. Wir sind nicht einladend – wir verwenden viel Energie darauf, uns *abzuschirmen*. Wir verstecken unser wahres Ich und versuchen unsere Umgebung zu kontrollieren, damit wir uns etwas sicherer fühlen.

Wenn ein Mann sich zum Schlechten entwickelt, so wie seit dem Fall praktisch jeder Mann sich in bedenklicher Weise entwickelt hat, dann leidet darunter zuerst seine Stärke. Entweder wird er passiv und schwach – er streckt die Waffen. Oder er wird gewalttätig und unbeherrscht – er hat seine Stärke nicht mehr unter Kontrolle. Wenn dagegen eine Frau ihre Bestimmung aus dem Blick verliert, dann leidet darunter vor allem ihre Offenheit und Empfindlichkeit, die Schönheit, die zum Leben einlädt. Sie entwickelt sich entweder zu einer dominanten, zwanghaft kontrollsüchtigen Frau – oder zu einem verzweifelten, bedürftigen, kleinlauten Mäuschen. Manchmal auch zu einer Mischung aus beidem.

Dominante Frauen

Denken Sie für einen Moment an weibliche Filmcharaktere, die Sie nicht mögen, vielleicht sogar verabscheuen. (Dieser Zugang ist vielleicht barmherziger; schließlich handelt es sich um erfundene Gestalten.) In Robert Redfords Film *Der Pferdeflüsterer* lernen wir Annie MacLean (gespielt von Kristin Scott Thomas) kennen, eine erfolgsgewohnte, scharfzüngige Frau, Chefredakteurin einer namhaften Frauenzeitschrift. Zudem ist sie eine unglaublich kontrollierende Person. Annies Tochter liegt nach einem furchtbaren Reitunfall in kritischem Zustand im Krankenhaus, unterschenkelamputiert, ihre beste Freundin ist tot und ihr Pferd schwerstens verletzt. Verständlicherweise ist Annie zutiefst erschüttert. Wie geht sie mit dieser Krise um? Sie kommandiert andere herum – die Ärzte, die Krankenschwestern, ihren Mann und sogar ihre hilflos ans Bett gefesselte Tochter. Bei einer Gelegenheit fällt ihr auf, dass der Infusionsbeutel ihrer Tochter nahezu leer ist. Ihr Mann versucht sie zu beruhigen:

> „Die bringen sicher gleich 'nen neuen.“
> „Willst du dich darauf verlassen?“
> (Sie geht auf den Flur und spricht die erstbeste Schwester an.)
> „Entschuldigung – meine Tochter braucht eine neue Infusion.“

„Ich weiß, sie steht auf der Liste ..."

„Ich hätte gern, dass Sie sich sofort darum kümmern."

(Das ist eine kaum verhohlene Drohung, fehlt eigentlich nur noch der Nachsatz „andernfalls ...".)

Annie geht zurück ins Zimmer und wendet sich an ihren peinlich berührten Mann mit den Worten: „Diesen Leuten muss man permanent hinterher sein."

Sie braucht niemanden. Sie ist der Boss – sie ist immer auf Ballhöhe. Sie ist eine Frau, die weiß, was sie anstellen muss, um sich durchzusetzen. (Manche von uns werden diese Fähigkeit sogar bewundern!) Aber um welchen Preis: Sie kennt kein Erbarmen, sie kann nicht sanft sein und macht sich schon gar nicht verwundbar. Sie verleugnet wesentliche Aspekte ihrer Weiblichkeit.

Da ist die verabscheuungswürdige Mrs. Dashwood in der Jane-Austen-Verfilmung *Sinn und Sinnlichkeit*. Ihr Schwiegervater stirbt zu Beginn der Geschichte; seine Frau und drei Töchter bleiben zurück und sind von Stund an von seinem Sohn abhängig, dem er sein gesamtes Vermögen vermacht hat. Aber noch in seiner Sterbestunde hat der Alte angeordnet, dass die Frauen ihr finanzielles Auskommen haben sollen und der Sohn dafür verantwortlich ist. Schon auf der Kutschfahrt von der Beerdigung nach Hause beginnt Mrs. Dashwood, die intrigante und habgierige Schwägerin, ihren Mann nach Strich und Faden zu manipulieren, und als die Gesellschaft zu Hause angelangt ist, stehen sowohl die Mutter als auch die Schwestern ohne einen Penny da.

Denken Sie an die Verlobte von Tom Cruise in *Jerry Maguire – Spiel des Lebens*. „Ich lass mir nicht von dir wehtun, Jerry! Ich bin zu stark für dich, du Versager!" Oder an die Mutter von Rose in *Titanic*, die sich selbst im Moment der Katastrophe nur darum sorgt, dass sie ja auch im Rettungsboot Erster Klasse sitzt (ähnlich die garstige Mutter in *Strictly Ballroom – Die gegen alle Regeln tanzen*). Und an all die weiblichen Bösewichte vom Schlag einer Cruella da Ville (*101 Dalmatiner*). „Spieglein, Spieglein an der Wand ...": Es ist doch bezeichnend, dass die meisten bösen Charaktere mit Zauberkräften Frauen sind. Oder Stiefmütter. Und haben Sie sich je gefragt, warum über Jahrzehnte – ironischerweise bis die Frauenbewegung aufkam – Wirbelstürme mit Frauennamen belegt wurden? Zweifellos gibt auch ein berechnender, herzloser Mann einen üblen Bösewicht ab. Aber wenn der Bösewicht eine Frau ist, macht das die Sache nur noch schlimmer.

Die Eva nach dem Sündenfall kontrolliert ihre Beziehungen. Sie will eben *nicht* verletzlich sein. Und wenn sie sich ihrer Beziehungen nicht sicher sein kann, dann tötet sie das Verlangen ihres Herzens nach Intimität ab. So, glaubt sie, kann sie die Dinge im Griff behalten. Sie wird zu einer Frau, die auf niemanden angewiesen ist – schon gar nicht auf einen Mann. Wie sich das im Lauf ihres Lebens auswirkt und wie die in der Kindheit erlittenen Verletzungen ihre tiefsten Überzeugungen prägen, das ist oft eine komplexe Geschichte, die ein genaueres Hinsehen lohnt. Aber neben und hinter all dem steht eine einfache Tatsache: Frauen dominieren und kontrollieren, weil ihnen ihre Verwundbarkeit Angst macht. Weit entfernt von Gott, weit jenseits von Eden erscheint diese Art Leben nur vernünftig. Freilich gilt hier: „Alles, was nicht aus Glauben geschieht, ist Sünde" (Römer 14,23; EÜ). Diese auf Selbstschutz bedachte Art von Beziehungen hat weder etwas mit echter Liebe zu tun noch mit tiefem Vertrauen zu Gott. Es ist unsere instinktive Antwort auf eine gefährliche Welt.

Damit soll freilich nicht gesagt sein, dass eine Frau nicht stark sein kann. Wir behaupten allerdings, dass allzu viele Frauen ihre Weiblichkeit verleugnen, nur um sich sicher zu fühlen und die Oberhand zu behalten. Ihre Stärke mutet eher männlich als weiblich an. Nichts an ihnen ist einladend oder verführerisch, nichts zärtlich oder barmherzig. Der Archetyp dieser Art Frau wäre die infame Lady Macbeth, die die Götter bittet, sie geschlechtslos zu machen, ihre Weiblichkeit zu beseitigen, damit sie das Schicksal des Mannes in ihrem Leben kontrollieren und ihr Geschick in die eigenen Hände nehmen kann.

Kontrollierende Frauen sind wir dann, wenn wir niemandem zutrauen, dass er unser Auto steuern kann. Oder uns in der Küche helfen. Oder in unseren Treffen oder Seminaren sprechen. Niemand darf uns eine Arbeit abnehmen. Niemand darf Entscheidungen treffen, die „uns" zustehen. Niemand soll sich unterstehen, uns im Hinblick auf Kleidung, Tagesablauf, Fahrtroute oder Restaurant einen Rat zu geben. Auf Reisen buchen wir stets Einzelzimmer. Wir planen perfekte Geburtstagsparties für unsere Kinder. Nach außen wirkt das vielleicht so, als würden wir uns einfach bemühen, eine „gute Mutter" zu sein oder eine „gute Freundin", aber in Wirklichkeit regieren wir in anderer Leute Leben hinein. Kontrollierende Frauen sind C. S. Lewis zufolge „die Sorte Frauen, die ‚für andere leben'. Man erkennt diese ‚Anderen' an ihrem gequälten Gesichtsausdruck."

Kontrollierende Frauen verstehen es, in unserer gefallenen Welt viel Anerkennung zu kassieren. Wir sind diejenigen, die stellvertretend für andere Preise entgegen nehmen. Uns überträgt man die Verantwortung für die Frauenangebote in Kirche und Gemeinde. Alleskönnerinnen, ergebnisorientiert, unbedingt zuverlässig. Es würde uns im Traum nicht einfallen, dass unser Perfektionismus womöglich gar keine Tugend ist. Wir haben uns nie klar gemacht, dass die zwanghafte Neigung zu kontrollieren und dominieren in unauflösbarem Widerspruch steht zum Vertrauen auf Gott. Es hat uns nie gedämmert, dass wir auf diese Weise etwas Wertvolles verspielen. Etwas, das die Welt von uns braucht.

Trostlose Frauen

Wenn die gefallenen Evas an einem Ende des Spektrums hart, unduldsam und kontrollierend werden, dann finden wir am anderen Ende Frauen, die elend, hilflos, *allzu* verletzlich sind. Frauen wie Ruth Jamison in *Grüne Tomaten*. Sie ist naiv, orientierungslos, ohne einen Funken Selbstwertgefühl. Sie gerät unter die Fuchtel eines gewalttätigen Mannes und bringt nicht den Willen auf, ihm zu entkommen. Wenn man die Missbrauchskomponente weglässt, dann findet man eine Frau wie Marianne in *Sinn und Sinnlichkeit*. Sie hat keine Bedenken, sich einem wenig vertrauenswürdigen Mann auszuliefern. Sie sehnt sich verzweifelt nach Liebe. Und sie endet mit einem gebrochenen Herzen.

Trostlose Frauen werden beherrscht von dem gähnenden Abgrund in ihrem Innern. Solche Frauen kaufen Bücher wie *Liebe als Leid. Warum Männer ihre Frauen hassen und Frauen gerade diese Männer lieben*[5] oder *Wenn Frauen zu sehr lieben*[6] oder *Die Sucht gebraucht zu werden*[7]. Sie verzehren sich in ihrem Hunger nach Beziehungen. Ein Freund von uns, ein junger Mann Mitte Zwanzig, beklagte sich darüber, das ihn seine Mutter zu oft anruft. „Wie oft meldet sie sich denn?", fragte ich und erwartete, dass er erstmal überlegen müsste. „Täglich." Oups! Täglich ist dann doch ein wenig oft bei einem Sohn, der längst auf eigenen Beinen steht.

Traurigerweise neigen trostlose Frauen auch noch dazu, ihr wahres Ich zu verbergen. Sie sind sicher, dass andere sie nicht mögen würden, wenn sie wüssten, wie sie wirklich sind – und das können sie nicht riskieren. Das können Frauen sein wie Tulah im Film *My Big Fat Greek Wedding – Hochzeit auf Griechisch*. Sie versteckt sich buchstäblich hinter dem Tresen, sobald ein attraktiver Mann ihr Café betritt. Ihre Schönheit maskiert sie mit einer dicken Brille (das im Zeitalter der Kontaktlinsen!), ungepflegten Haaren und sackartigen Kleidern – und das alles nur, weil sie *keine* Aufmerksamkeit auf sich ziehen will. Trostlose Frauen können sehr aktiv auftreten und sich hinter ihrem „Ich hab' so viel zu tun"-Gebaren verstecken. Das war die Weise, wie die Frauen in meiner (Stacys) Familie das Leben zu bewältigen versuchten.

Meine Mutter ist im ländlichen North Dakota aufgewachsen. Ihre Eltern haben das ganze lange Leben in ein und demselben Haus verbracht. Ihr Vater war ein distanzierter, gleichgültiger

Mann. Die Worte, die kleine Mädchen gerne hören wollen, um nicht zu sagen hören *müssen*, kamen in seinem Wortschatz nicht vor. Sie hat nie aus dem Mund ihres Vater gehört, wie wundervoll oder wie niedlich sie sei oder oder dass sie ein Schatz sei. Er sagte ihr auch nie, dass er sie liebte. Nicht ein einziges Mal. Nach einem schrecklichen Schultag, als sie tränenüberströmt nach Hause kam, tief verletzt, schluchzend, das Herz tief erschüttert, da riskierte sie es, bei ihrem Vater Trost zu suchen. Er stieß sie zur Seite.

Dass ihre Mutter sie liebte, das wusste sie. Aber ihrer Liebe Ausdruck verleihen konnte auch sie nicht. Dafür war sie sauber ... und unglaublich kontrollierend. Meine Mutter durfte nie Freundinnen ins Haus einladen, weil die ja Unordnung machen würden. Das Wohnzimmer war nicht zum Wohnen da, sondern nur zum Bestaunen. Alle Dinge im Haus gehörten ihrer Mutter, und man durfte sie nicht berühren oder gar bewegen – der Himmel bewahre! Sie können sich vorstellen, dass es in diesem Haus kein Herumtollen gab. Kein Burgenbauen, keine wilden Spiele, nichts. Immer alles ordentlich, nett ... und tödlich für die Seele.

Eines Tages hatte ihre Mutter Gäste zu Besuch, und meine Mutter benutzte das Badezimmer im Obergeschoss. Als braves Mädchen wusch sie ihre Hände nur, nachdem sie den Stöpsel in den Ablauf gesteckt hatte, so hatte sie es gelernt. Dann passierte das Unglück. Sie konnte den Wasserhahn nicht mehr schließen, und auch der Stöpsel steckte fest. In einem Haus mit derart rigiden Regeln unterbricht man die Eltern nicht, wenn sie mit anderen Erwachsenen sprechen. Meine Mutter wusste nicht, was sie tun sollte. Das Wasser lief und lief. Etwas war kaputt. Und schuld daran war meine Mutter. Das würde Ärger geben. Das Wasser stieg weiter. Also tat meine Mutter das, was wir alle tun, wenn wir fürchten, versagt zu haben und bestraft zu werden: Sie versteckte sich.

Sie verließ das Bad, ging in ihr Zimmer, krabbelte unter die Decke, und dort blieb sie – versteckt, verängstigt. Das Wasser im

Becken floss inzwischen über, rann auf den Boden, suchte sich einen Weg durch die Dielen und tropfte schließlich den Gästen auf den Kopf. Autsch! Ihr Versteckspiel hatte die Sache nur noch verschlimmert – und so geht es uns oft auch.

> Ich hatte Angst, weil ich nackt bin.
> Deshalb habe ich mich versteckt.
> (1. Mose 3,10; Hfa)

Eine meiner Zimmergenossinnen im College war eine junge, sehr hübsche Frau, aber das war ihr nicht bewusst. Sie war nett und lustig, intelligent und schulisch erfolgreich. Zugleich war sie schüchtern und ängstlich. Sie verbrachte ihre Abende vor dem Fernseher. Einladungen zum Ausgehen wimmelte sie ab, blieb lieber im Haus, Abend für Abend, wochen- und monatelang. Verletzt, mit gebrochenem Herzen, über die Gründe konnte ich nur spekulieren, tröstete sie sich mit Seifenopern und Snacks. Zu unsicher, um sich der Welt zu stellen, versteckte sie sich stattdessen und wagte sich nur aus dem Haus, um die Vorlesungen zu besuchen und ihre Nahrungsmittelvorräte aufzufüllen.

Solche „unsichtbaren Frauen" sind diejenigen unter uns, die sich nie zu Wort melden – weder im Hauskreis noch beim Klassenelternabend oder in sonst einer Versammlung. Wenn wir im Schaufenster ein schönes Kleid sehen, sagen wir uns: *Das kann ich nie im Leben tragen.* Bei Festen und Familientreffen machen wir uns nützlich, wenn wir ihnen schon nicht ausweichen können. Wir gehen lieber ins Kino, als dass wir uns mit Freunden zum Essen verabreden. Wir ergreifen beim Sex niemals die Initiative. Wir wehren jedes Kompliment ab. Wichtige Entscheidungen überlassen wir gern anderen.

Genau wie Eva, nachdem sie von der verbotenen Frucht gekostet hatte, verstecken wir Frauen uns. Wir verstecken uns hinter unserem Make-up oder hinter unserem Humor. Wir verstecken uns in grollendem Schweigen und in strafendem Rück-

zug (die Frage ist nur, wen wir damit bestrafen). Wir verstecken
unser wahres Ich und zeigen nur das von uns, was wir für erwünscht halten und was uns sicher erscheint. Wir riskieren lieber keine Zurückweisung, wir wollen uns nicht blamieren. Wir
haben früher mal gesagt, was wir dachten, und haben erstaunte
Blicke und gehässiges Tuscheln geerntet. Das soll uns nicht noch
einmal passieren. Wir verstecken uns, weil wir uns fürchten. Wir
sind verletzt worden, tief verletzt. Menschen sind an uns schuldig geworden, und auch wir sind schuldig geworden. Wer sich
versteckt, lebt sicherer und leidet weniger – jedenfalls bilden wir
uns das ein. Und so nehmen wir die Zügel unseres Lebens in die
Hand, indem wir uns verstecken. Wir wenden uns mit unseren
wunden und verzweifelten Herzen nicht an unseren Gott. Und
nie würde es uns einfallen, dass durch unser Versteckspiel etwas
Kostbares verloren geht – etwas, das die Welt so sehr braucht
und von uns erwartet.

Ersatzbefriedigung

Ob wir nun eher dominant und kontrollsüchtig sind oder uns zu-
rückziehen und in selbst gewählter Einsamkeit verharren – der
Schmerz bleibt. Die tiefen Sehnsüchte in unserem Frauenherzen
verschwinden nicht einfach. Also bedienen wir sie mit Genüssen.

Wir kaufen uns etwas Hübsches, wenn wir uns missachtet
fühlen. Wir „genehmigen" uns ein paar Bällchen Eis mehr oder
sonst eine Extraportion Irgendwas, wenn wir einsam sind. Wir
tauchen ein in Phantasiewelten, um etwas Wasser für unsere
durstigen Seelen zu finden. Frauenromane (eine Milliarden-
industrie), Seifenopern, Talkshows, Klatsch und Tratsch, Myriaden von Frauenillustrierten – das alles bedient ein Innenleben
voller Träume von erfüllten Beziehungen und einen Voyeuris-
mus, der uns als Ersatz für die echte Liebe dient, wenigstens zeitweise. Aber nichts davon befriedigt uns wirklich, und so ertappen

wir uns bei dem Versuch, die bleibende Leere zu füllen, indem wir uns „mal was gönnen" (wir sprechen dann von „schlechten Gewohnheiten"). Brent Curtis nennt sie die „kleinen Affären des Herzens". Und meint all das, woran wir unser Herz hängen, anstatt dass wir damit zum Herzen Gottes gehen.

Wir tagträumen uns durch den Straßenverkehr. Wir malen uns bedeutungsvolle Gespräche oder beeindruckende Vorträge, in denen wir intellektuell glänzen können, aus. Wir verschwenden unsere Vorstellungskraft auf Groschenromane, in denen wir uns als Heldin erleben – gewinnend, begehrt, schön. Wir sind unglaublich schöpferisch, was unsere kleinen Zerstreuungen angeht, den Treuebruch unseres Herzens. Denn natürlich belassen wir es nicht bei dem einen Mal.

Gehen Sie einen Moment in sich. Wohin wenden Sie sich, wenn nicht zu Gott, sobald die Sehnsucht im Herzen sich schmerzlich bemerkbar macht? Geld verprassen, Zocken, Fressgelage, Abführmittel, Shoppen gehen, Trinken, Arbeiten, Putzen, Sport treiben, Filme am Fließband – in all dem kann man schwelgen, ja selbst im Trübsinn, in Selbstmitleid und negativen Emotionen. Wenn wir unser Herz in Selbstzweifeln und Verachtung oder in Scham baden, weil selbst ein solches Gefühl vertraut und damit tröstlich werden kann, dann verlieren wir uns heillos in unsere Ersatzbefriedigungen. Dabei könnten wir unsere Sehnsüchte ja auch zu Gott bringen – aber das gestatten wir uns nicht.

Die Tragik dieser Strategie liegt darin, dass derartige Ablenkungsmanöver uns tatsächlich Erleichterung verschaffen ... für eine Weile. Sie scheinen zu funktionieren, aber in Wirklichkeit führen sie in eine Abwärtsspirale: Wir brauchen den Kick immer wieder. Damit beginnt der Alptraum der Abhängigkeit. Und das betrifft längst nicht nur klassische Drogen. Wir hängen unser Herz an alle möglichen Arten von „Liebhabern", die unsere Aufmerksamkeit fordern, und immer mehr davon. Wir kosten etwas, finden es gut, unsere Sehnsüchte verstummen für eine Minute, aber später fühlen wir uns erneut leer und hungrig danach, dass diese Leere wieder gefüllt wird.

Täuschen wir uns nicht: Die Methoden, die wir ersinnen, um unseren Schmerz zu betäuben und unser Verlangen zu unterdrücken, sind nicht heilsam. Sie sind bösartig wie Krebs. Sie breiten sich in unserer Seele aus und fordern dann ihren Preis. Sie sind grausam und unbarmherzig. Sicher, wir haben sie freiwillig gewählt in der Hoffnung, dass sie uns die Sorgen des Alltags vergessen lassen. Aber dann wenden sich die Abhängigkeiten gegen uns. Sie trennen uns sowohl von Gott als auch von anderen Menschen. Es ist ein einsames Gefängnis, das wir uns da selbst bauen, und durch jede kleine Ersatzbefriedigung schmieden wir ein neues Glied an der Kette, die uns gefangen hält. „Unsere Liebhaber haben sich so sehr mit unserer Identität verflochten, dass die Vorstellung, sie aufzugeben, uns vorkommt, als ob ein Teil von uns sterben müsste. Wir fragen uns, ob es überhaupt möglich ist, ohne sie zu überleben."[8]

Wir müssen uns nicht dafür schämen, dass unser Herz diese schmerzhafte Sehnsucht nicht los wird. Und auch nicht dafür, dass wir nach Erfüllung hungern und dürsten. Denn diese Sehnsucht wohnt in jedem Herzen. Jedes Herz spürt diese Leere und diesen Schmerz. Es ist unser unstillbares Verlangen nach mehr, das uns zu Gott treibt. Wir müssen allerdings eines begreifen: All unsere Kontrollbemühungen, all unser Versteckspiel, alle Ersatzgenüsse entfremden uns nur noch mehr von unserem Herzen. Schließlich verlieren wir das Gespür für gerade jene tiefen Wünsche, die uns zu Frauen machen. Und Ersatzbefriedigungen werden es nie schaffen, die tieferen Bedürfnisse unserer Seele zu stillen.

Evas bleibende Furcht

Jede Frau weiß nun, dass sie nicht dem entspricht, wozu sie ursprünglich bestimmt war. Und sie hat nur eine Furcht: Dass eben diese Tatsache bald allgemein bekannt ist – wenn es sich nicht längst herumgesprochen hat –, und dass sie dann verstoßen wird. Allein gelassen mit einem todkranken Herzen. Das ist die größte Furcht einer Frau: Verlassen zu werden. Verlassen zu sein. Anstatt uns wieder an Gott zu wenden und die Haltung zu überprüfen, die uns in diese trostlose Lage gebracht hat (Eva hat damit angefangen, und wir kopieren sie bis zum Erbrechen), folgen wir weiter jener Abwärtsspirale, indem wir alles tun, was in unserer Macht steht, um uns in einer gefährlichen und unvorhersehbaren Welt abzusichern.

Und tief unten auf dem Grund unseres Herzens bleibt die Frage aller Fragen. Unbeantwortet. Genauer gesagt: Sie hat bisher nur jene verstörenden Antworten gefunden, die wir in unserer Kindheit gehört haben. „Bin ich liebenswert? Siehst du mich? Möchtest du mich sehen? Bist du entzückt von dem, was du an mir siehst?" Die Frage verfolgt und bedrängt uns wie eh und je, nur ist uns nicht bewusst, dass sie immer noch nach einer Antwort verlangt.

Als wir klein waren, wussten wir nichts von Eva und davon, wie ihr Handeln uns alle beeinflusst. Wir legen die Frage unseres Herzens nicht zuerst Gott vor, und allzu oft erhalten wir Antworten auf sehr schmerzliche Art und Weise, bevor wir sie Gott stellen konnten. Verletzende Antworten, die uns schlimme Dinge über uns glauben machen. Und so beginnt jede Frau ihren Weg durch diese Welt unter Bedingungen, die herzzerreißenden Kummer bereithalten.

4

Verletzt

Wie Stacheln trifft dies Wort mein wundes Herz.
WILLIAM SHAKESPEARE[1]

❧

Oh, dass ihr hier, Frauen, einhergeht,
hier unter uns, leidvoll,
nicht geschonter als wir.
RAINER MARIA RILKE[2]

Carla wurde an ihrem sechsten Geburtstag mit Gesang geweckt. Augenblicklich war ihr klar, dass es *ihr* großer Tag war. Als sie die Augen öffnete, sah sie ihr Bett ringsum dekoriert mit bunten Luftballons. Das Fest hatte begonnen. Ihre Mutter stand mit einem kerzengekrönten Geburtstagskuchen am Bett, auch ihr Vater war da, und beide sangen für sie: „Wie schön, dass du geboren bist …" – Ungetrübte Freude, Küsse, Umarmungen, „Hoch soll sie leben!": all das hieß sie an diesem Tag willkommen, genauso, wie man sie sechs Jahre zuvor in dieser Welt willkommen geheißen hatte. Ihr Vater flüsterte seiner „kleinen Prinzessin" zu, dass sie sein Schatz sei. Ihre Mutter sagte ihr nicht zum ersten Mal, wie glücklich sie sei, eine so wunderbare Tochter zu haben.

Keine Frage, dieses kleine Mädchen erlebte, dass es seine Umgebung in Entzücken versetzen konnte.

Carlas Leben kam dem ziemlich nah, was Gott eigentlich jedem kleinen Mädchen zugedacht hat. Sie *wusste*, dass sie der Goldschatz ihres Vaters war. Seine Prinzessin. Und er war ihr Held. Er nahm sich gern Zeit für sie. Carla *wusste*, dass ihre Mutter sie liebte und schätzte. Sie erlebte eine Welt voller väterlicher

Liebe, voller mütterlicher Fürsorge, eine Welt, in der Menschen sich *an ihr freuten*. Einen so fruchtbaren Wurzelboden sollten eigentlich alle kleinen Mädchen haben; in einer solchen Umgebung kann ihr Herz aufblühen. Eigentlich sollte jedes Mädchen so geliebt, so willkommen sein – beachtet, in seiner Eigenart anerkannt, geschätzt. An einem solchen Ort hätte es beste Chancen, zu einer starken und schönen und selbstbewussten Frau heranzuwachsen.

Wenn nur wir alle es so erlebt hätten.

Mütter, Väter und ihre Töchter

Seit Jahrhunderten lebten Frauen in enger Gemeinschaft mit anderen Frauen – sie trafen sich am Brunnen oder am Fluss, sie buken zusammen Brot. Es gab jede Menge Gelegenheiten, bei denen ältere Frauen ganz selbstverständlich jüngere Frauen in die Geheimnisse der Weiblichkeit einführen konnten. Die weibliche Intuition, der klare Blick für Beziehungen, die Fähigkeit, Herzensdinge zu begreifen, das alles machte eine eher formelle Initiation ins Frausein überflüssig. Heutzutage sind derartige Gelegenheiten selten geworden. Wenn wir uns mit anderen Frauen treffen, dann zumeist in stressbeladenen Situationen: Arbeitstreffen mit Terminen, Gemeindeversammlungen mit Tagesordnungen, Elternabende, an denen Probleme auf den Tisch kommen. Bleibt oft als einziger Ort für diese lebenswichtige Vermittlung von weiblicher Identität die Wohnung.

Wie Sie sich selbst heute, als erwachsene Frau, wahrnehmen, das wurde früh in Ihrem Leben angelegt, in den Jahren, als Sie ein kleines Mädchen waren. Was weiblich sein heißt und *ob* wir weiblich sind, das haben wir in jungen Jahren erfahren. Frauen lernen von ihren Müttern, was es bedeutet, eine Frau zu sein. Und von ihren Vätern lernen sie, welchen Wert eine Frau hat – und den Wert, den *sie* als Frau haben. Wenn eine Frau ein unproblematisches Verhältnis zu ihrer eigenen Weiblichkeit, ihrer Schönheit, ihrer Stärke hat, dann stehen die Chancen gut, dass das einmal auch für ihre Tochter gelten wird.

Von unseren Müttern empfangen wir sehr viele unterschiedliche Dinge, und zum Wichtigsten gehören Mitleid und Zärtlichkeit. Wenn meine kleinen Söhne sich die Knie aufgeschlagen haben, hat ihr Vater sie zumeist mit einer Bemerkung wie „Die Schramme sieht aber cool aus!" aufgemuntert. Ich nahm sie in den Arm und verarztete die Wunden. Unsere Mütter zeigen uns das barmherzige Gesicht Gottes. Mit ihren Brüsten nähren sie uns, in ihren Armen halten sie uns. Sie wiegen und singen uns in den Schlaf. Unsere ersten Lebensjahre hängen wir ihnen buchstäblich am Rockzipfel, und sie sorgen für uns – in jeder Hinsicht. Wenn wir uns wehgetan haben, macht ein Kuss von Mami alles wieder gut.

Mütter sind für kleine Mädchen einerseits etwas Geheimnisvolles, andererseits gehören Mütter zu einem Club, dem sie selbst eines Tages beitreten werden. Folglich beobachten kleine Mädchen ihre Mütter und lernen von ihnen. Lernen als Frau zu leben, indem sie ihre Mütter und Großmütter beobachten; lernen unzählige Lektionen von all den anderen Frauen in ihrer Umgebung.

Was allerdings unsere entscheidende Frage angeht – die wird in aller Regel von unseren Vätern beantwortet.

Carlas Vater war für sie da. Er nahm sie wahr und zeigte ihr offen seine Freude über das, was er da sah. Er zeigte ihr seine Zuneigung, indem er sich Zeit für sie nahm, ihr Schutz gewährte, sich an ihr freute. Er hatte Namen für sie – geheime Namen, die nur er und sie kannten. Er nannte sie „Kätzchen" und „Prinzessin" und „Mein kleiner Schatz". Kleine Mädchen müssen die zärtliche Stärke ihrer Väter erleben. Sie müssen wissen, dass ihre Papas stark sind und sie beschützen werden; sie müssen wissen, dass ihre Väter *für* sie sind. Und vor allem erwarten sie von ihren Vätern eine Antwort auf die Frage aller Fragen.

Wie war das mit den schwingenden Röcken? Wir haben unsere Väter zu beeindrucken versucht. „Papa, bin ich liebenswert? Bin ich bezaubernd?" Von den Vätern erfahren wir, dass wir Freude bereiten, dass wir etwas Besonderes sind ... oder eben nicht. Wie ein Vater zu seiner Tochter steht, das hat einen enormen Einfluss auf ihre Seele – zum Guten oder zum Schlechten. Zahllose Forschungsarbeiten haben das nachgewiesen. Frauen mit einer engen und liebevollen Beziehung zu ihren Vätern, die in ihrer Kindheit Bestätigung, Lob und Anerkennung von ihnen erfahren haben, leiden seltener an Depressionen oder Essstörungen und entwickelten ein starkes Bewusstsein für ihre eigene Identität und ein positives Selbstwertgefühl.[3]

Aber Adam hat versagt, genau wie Eva, und unsere Väter und Mütter haben die traurige Geschichte zumeist fortgeschrieben. Sie haben uns nicht das gegeben, was unser Herz brauchte, damit wir zu liebenswerten, empfindsamen, starken, abenteuerlustigen Frauen werden konnten. Vielmehr hat unsere Lebensgeschichte zumeist ein anderes Thema.

Verletzte Herzen

Meine Freundin Sandy ist mit einem gewalttätigen Vater und einer schwachen Mutter aufgewachsen. Wenn ihr Vater die Mutter schlug, meinte die Mutter, sie müsse etwas falsch gemacht haben und habe es verdient. Als die Prügel immer mehr ausarteten, ging Sandy dazwischen. Sie versuchte, die Grausamkeiten des Vaters zu beenden und ihre Mutter zu schützen und steckte die Schläge selbst ein. Dann begann der Vater, Sandy und ihre Schwester sexuell zu missbrauchen. Die Mutter unternahm nichts zu ihrem Schutz; sie wandte sich einfach ab. Sandys Vater begann, seine betrunkenen Freunde mit nach Hause zu bringen, und auch sie vergingen sich an seinen Töchtern. Wieder tat die Mutter nichts. Was glauben Sie wohl, was Sandy daraus über Männlichkeit, über Weiblichkeit, über sich selbst gelernt hat?

Tracey war die zweite Tochter ihrer Eltern und bekam von der herzlichen Nähe zwischen ihrem Vater und ihrer älteren Schwester nichts ab. Sie war sich unsicher über sich selbst und über seine Gefühle ihr gegenüber. Bei einem Ausflug in einen Wasserpark wollte sie mit ihrem Papa spielen. Sie bat ihn, mit ihr die Wasserrutsche im Kinderbecken hinunter zu fahren. Er wollte nicht. Tracy *bettelte* geradezu, er solle mitkommen. Sie traute sich nicht allein. Sie wünschte sich, er solle sie unten auffangen. Schließlich gab er nach. Strahlend marschierte sie zur Rutsche, Hand in Hand mit ihm, und wie geplant rutschte er zuerst. Aber es war nun mal eine Kinderrutsche, nicht für Erwachsene gedacht, und das Wasser im Becken war nicht tief genug für ihn. Er kam mit einer solchen Wucht unten an, dass er sich den Fuß brach. Er hatte Schmerzen, und *sie war schuld.* Davon war sie zutiefst überzeugt. Was lernt ein Mädchen daraus im Hinblick auf ihre Wünsche und darüber, welchen Einfluss sie auf andere Menschen hat?

Eine Frau, nennen wir sie Melissa, sagte uns: „Ich habe meine Wunde schon bei meiner Geburt erlitten. Meine Eltern hatten bereits ein Mädchen und hatten sich sehnlichst einen Jungen gewünscht." Sie ahnen, was jetzt kommt. „Sie zeigten mich meinem Vater, und er wollte mich nicht einmal halten, so enttäuscht war er darüber, dass ich ein Mädchen war. Ich habe mich als Kind bemüht, ein guter Sohn zu werden. Jeden Abend habe ich gebetet, ich möchte einen Penis haben und ein Junge werden. Jeden Morgen beim Aufwachen habe ich nachgesehen und geheult, weil ich immer noch ein Mädchen war." Wir wünschten sehr, nun sagen zu können, dass Fälle wie dieser selten sind. Sicher, die erlittenen Verletzungen mögen unterschiedlichster Natur sein. Aber es gibt deshalb so viele Frauen, die an sich selbst leiden, weil so erschreckend viele Mädchen derart verletzt sind.

Rahels Vater war auf seine Weise gewalttätig: er verletzte mit Worten. „Ich musste mir alles anhören, was man sich nur denken kann. ,Du bist so dumm. Du bist nichts wert. Ich wünschte, du

wärst nie geboren. Du machst mich krank.' Ich bin in der Überzeugung aufgewachsen, dass ich abstoßend auf meinen Vater
wirke, und ich habe alles Mögliche versucht, damit er mich
mag." Solche Väter, die ihre Töchter schädigen und missbrauchen, sind leider nicht die Ausnahme. Und ihre Komplizen,
kraftlose Mütter, sind ebenfalls schmerzhafte Wirklichkeit. Bös-
artige Väter wie schwache Mütter entstammen zumeist selbst
problematischen Elternhäusern. Oft wird der erbarmungslose
Erziehungsstil geradewegs weitervererbt.

Man kann nicht sehr lange in dieser Welt leben, ohne Verletzungen davonzutragen. Das scheint fast ein Naturgesetz zu sein.
Die Sonne geht auf, die Sterne folgen ihrer Bahn, Wellen brechen sich am Strand, und Menschen werden verletzt. In der
schönen, aber gefährlichen Welt, in der wir leben, sind verwundete Herzen alltäglich. Dies ist nicht der Garten Eden. Nicht im
Entferntesten. Wir leben nicht in der Welt, für die unsere Seele
geschaffen wurde. Wir bewegen uns durch das unbekannte Terrain der Sekunden und Monate, die unser Leben ausmachen,
und ahnen: Etwas ist faul im Staate Dänemark – und auch in unserem eigenen Hinterhof.

Wagen Sie einen tiefen Blick in die Augen oder hinter das Lächeln irgendeines Menschen, und Sie werden dort auf Schmerz
stoßen. Und die meisten Menschen leiden an einem tieferen
Schmerz, als ihnen selbst bewusst ist. Viele von uns sind bestens
vertraut mit Kummer, aber nur wenige haben begriffen, dass
Kummer und Leid nicht unsere Feinde sind. Wir sind geliebt
vom König der Könige, von Jesus, der kam, um verwundete Herzen zu heilen und Gefangene zu befreien, und deshalb können
wir den Rückblick wagen. Wir können seine Hand ergreifen und
uns erinnern. Ja, wir *müssen* uns erinnern, wenn wir nicht länger
Gefangene der erlittenen Verletzungen und der fatalen Botschaften sein wollen, die wir in unserer Kindheit und Jugend gehört haben.

Der Schrecken, den gewalttätige Väter ihren Töchtern zufügen, verletzt ihre Seele bis ins Innerste. Er bricht ihnen das Herz, stürzt sie in Scham und Unsicherheit und provoziert Verteidigungstrategien, die unser weibliches Herz vor der Welt verschließen. Aber in diesem Fall ist die Gewalt wenigstens offensichtlich. Abwesende oder teilnahmslose Väter fügen ihren Töchtern ebenfalls schwersten Schaden zu, aber diese Wunde ist ungleich schwerer zu erkennen.

Passive Väter

Wie schon weiter oben gesagt: Männer werden an ihren Familien zumeist in einer von zwei Weisen schuldig. Entweder äußert sich das in Gewalttätigkeit und unbeherrschtem Auftreten – ihre Stärke gerät außer Kontrolle. Oder sie werden passiv und verstummen (so wie Adam) – sie haben ihre Stärke eingebüßt. Loris Vater war zwar körperlich anwesend, aber in jeder anderen Hinsicht abwesend. Ein kleines Mädchen möchte, dass Papa von ihm entzückt ist, aber Loris Vater wollte nichts mit ihr zu tun haben. Als in der Grundschule ein Vater-Kind-Frühstück geplant war, wollte Lori *unbedingt* dort hin. Sie bat ihren Vater, mitzugehen. Sie beschwor ihn geradezu – ohne Erfolg. Lori machte sich ihren eigenen Reim darauf: Offensichtlich wollte er nicht mit ihr zusammen gesehen werden.

Wie viele andere Mädchen bekam auch Lori Ballettstunden. Sie fühlte sich so hübsch in ihrem pinkfarbenen Trikot und ihren Ballettschuhen, dass sie ihren Vater bat, ihr beim Training zuzusehen. Er antwortete ihr, sobald sie auf einer richtigen Bühne stünde, würde er kommen und zusehen. Nun führen Ballettklassen ja regelmäßig Aufführungen durch, und so kam der Tag, an dem die kleine Lori auf einer richtigen Bühne tanzte. Bildhübsch stand sie da in ihrem schimmernden Kostüm und wartete und hielt sehnsüchtig Ausschau nach ihrem Vater. Vergebens. Spätabends mussten ihn Freunde ins Haus schleppen, so betrunken war er. Loris junges Herz verinnerlichte die Botschaft: Ihr Papa tat alles, um ihr *nur nicht* beim Tanzen zusehen zu müssen.

Debbies Vater hatte eine Affäre, als sie noch klein war. Er war kein gewalttätiger Mann. Er hatte nichts Bösartiges an sich. Vielmehr war er freundlich zu ihrer Mutter wie auch zu Debbie und ihrer Schwester. Sie genossen die gemeinsamen Mahlzeiten, gingen zusammen zur Kirche. Nur bemühte er sich eben um diese andere Frau. Über ihre Mutter sagte Debbie: „Vermutlich hatte sie nicht genug zu bieten, um ihn zu halten." Dann, nach einer Pause: „Vermutlich hatten *wir* nicht genug zu bieten." Seitensprünge und eine drohende Scheidung treffen eine Frau am empfindlichsten Punkt: ihrer Furcht, schutzlos und allein zu sein. Neben der Ehefrau leiden gerade auch die Töchter. Die Verletzung ist manchmal nur schwer auszumachen, denn die Attacke schien ja vor allem die Ehefrau zu betreffen. Aber was lernt ein Mädchen daraus?

Laurie war sechs, als sich der Vater von ihrer Mutter scheiden ließ. In Lauries Bewusstsein hatte er sich auch von *ihr* scheiden lassen. „Sie versuchten mit uns darüber zu reden, es sollte so klingen, als ob alles vernünftig geregelt sei. Dabei hat er uns doch verlassen." Ihr Vater kam zwar weiterhin zu Besuch und nahm sie auf Ausflüge mit. Aber sie begann sich ihm gegenüber zu verschließen. „Ich habe gelernt, unter Wasser zu weinen. Ich wollte nicht, dass er mich heulen sieht, wenn wir im Schwimmbad sind." So viele Mädchen verfallen auf derartige Tricks. Versteck deine Verwundbarkeit. Versteck dein Herz. Es ist sonst nicht sicher.

Mein (Stacys) Vater war die meiste Zeit meiner Kindheit über abwesend. Er war dazu erzogen worden, ein guter und starker Mann zu sein. In seiner Generation bedeutete das: Ein Mann hatte seine Familie ordentlich zu versorgen. Aber das hieß für meinen Vater wie für so viele andere Männer, dass er endlos Überstunden machte, damit wir gut über die Runden kamen. Dabei hat er uns das vorenthalten, was wir am meisten brauchten: ihn selbst. Mein Vater war Vertreter. Er war oft zwei Wochen am Stück unterwegs, kam für ein Wochenende heim und machte sich dann wieder auf den Weg. Er war Alkoholiker. Oft hat er sich in der örtlichen Kneipe oder bei einem Nachbarn einige Drinks genehmigt, bevor er nach Hause kam. Wenn er körperlich da war, war er emotional abwesend. Oft zog er das Fernsehen oder ein Glas Scotch unserer Gesellschaft vor. Er kannte mich eigentlich gar nicht. Weil er es nicht wollte, wie ich schloss.

Wie Mütter verletzen

Meine Mutter war eine einsame und geschäftige Frau. Als ich noch ein Kind war, musste ich mich schon krank stellen, um ein wenig Aufmerksamkeit von ihr zu bekommen. Ich erinnere mich, dass ich als kleines Mädchen am Küchentisch saß und ihr beim Kochen zusah, als sie mir zum ersten – aber nicht zum letzten – Mal erzählte, wie niedergeschlagen sie gewesen war, als sie erfuhr, dass sie mit mir schwanger war. Ich war das jüngste von vier Kindern, alle altersmäßig sehr nah beieinander, und sie hatte geweint, als man ihr sagte, dass sie, die überarbeitete Frau eines ständig abwesenden Mannes, schon wieder ein Kind bekam. Sie können sich vorstellen, was das im Herzen eines kleinen Mädchens auslöst.

Der Vater von Christine war nicht abwesend. Er spielte eine geradezu außergewöhnliche Rolle in ihrem Leben. Sie liebte Pferde, hatte ein natürliches Talent für den Umgang mit den Tieren, und ihr Vater war darauf sehr stolz. Er freute sich an ihren Reitkünsten und ermutigte sie, ihre Fähigkeiten auszubauen. Er hatte Zeit für sie und unterstützte sie, er freute sich ungemein an ihr, und sie wusste das. Und ihre Mutter war neidisch. Sie erzählte Christine, dass ihr Vater sie nur „benutzen" würde. Sie versuchte ihr einzureden, dass ihr Vater selbstsüchtig und gemein war und seine Aufmerksamkeit nur gespielt. Die Mutter hatte auch keinerlei Verständnis für Christines Liebe zu Pferden. Sie kam nie zu einer Vorführung oder zu einem Turnier, und sie behauptete, Christine sehe in ihren Reithosen unattraktiv und männlich aus.

Dana wurde regelmäßig zusammen mit ihren Geschwistern in einer Kammer eingesperrt, oft stundenlang. Danas Mutter traute weder den Kindern, noch traute sie Babysittern, und so sperrte sie die Kinder eben weg, wenn sie aus dem Haus ging. Die Familie war nicht arm, aber die Mutter kaufte stets die billigsten Nahrungsmittel – klumpiges Brot, überreife Früchte. Sie setzte Dana immer nur wenig zu essen vor, weckte sie dafür mitten in der Nacht und verlangte, sie solle ein Stück matschiges, unappetitliches Obst essen. Mit einundzwanzig kostete Dana zum ersten Mal eine perfekt reife Birne und staunte über diesen Geschmack.

Die Lebensgeschichten dieser Frauen und die Verletzungen, die sie schon in früher Kindheit erlitten haben, sind sehr unterschiedlich. Was sich auf schmerzliche Weise gleicht, sind die verheerenden Folgen, die diese Verletzungen bei ihnen und bei uns anrichten. Manche dieser Geschichten klingen außergewöhnlich. Ganz und gar nicht außergewöhnlich ist das Gefühl von Unsicherheit und Wertlosigkeit, das sie hinterlassen. Wie sah es in Ihrer Kindheit aus? Was für Lektionen haben Sie als kleines Mädchen gelernt? Was haben Ihre Eltern von Ihnen erwartet? Haben sie sich an Ihnen gefreut? Konnten Sie sich tief im Herzen sicher sein, dass Sie geliebt, geschätzt, gewollt und schützenswert sind? Ich wünsche es Ihnen. Aber ich fürchte, dass für viele von Ihnen ein himmelweiter Unterschied bestand zwischen der Kindheit, die Ihnen zu gönnen gewesen wäre, die Sie verdient und die Sie sich gewünscht haben – und der Kindheit, die sie tatsächlich *erlebt* haben.

Was unsere Verletzungen sagen –
und wie uns diese Botschaft geprägt hat

Die Verletzungen, die wir als junge Mädchen erlitten haben, waren nicht einfach nur schmerzhaft. Stets haben sie eine Botschaft transportiert, und diese Botschaft hat uns mitten ins Herz getroffen, genau dahin, wo sich unsere entscheidende Frage verbirgt. Die Wunden treffen uns im Zentrum unserer *Weiblichkeit*. An unserem weiblichen Herzen richten sie einen ungeheuren Schaden an, weil sie uns schlimme Dinge über uns selbst glauben machen. Als Kinder waren wir nicht in der Lage, das zu analysieren und zu bewerten, was uns angetan worden ist. Unsere Eltern waren wie Götter. Wir dachten, dass sie stets Recht haben. Wenn wir uns überwältigt oder eingeschüchtert oder verletzt oder missbraucht fühlten, dann haben wir geglaubt, dass es an *uns* lag – *wir* waren das Problem.

Loris Vater kam nicht zu ihrem Auftritt. Er hat sich ihr bewusst entzogen. Das war so verletzend. Die *Botschaft* war klar: Lori war seine Zeit nicht wert. Sie war nicht liebenswert. Sie empfand, dass etwas an ihr schrecklich falsch sein müsse. Traceys Vater brach sich den Fuß. Sie hatte ihm ihr Herz weit geöffnet, und das Ergebnis war eine Katastrophe. Die Botschaft? „Dein Wunsch nach persönlicher Nähe verursacht Schmerzen. Du überforderst andere." Und so hat Tracey in den folgenden zwanzig Jahren versucht, weniger zu verlangen, ihre Sehnsüchte zu minimieren und Liebe zu bekommen, ohne viel Aufhebens von ihren Bedürfnissen zu machen. Im Endeffekt hat sie große Teile ihrer wunderbaren Persönlichkeit unterdrückt.

Debbies Vater hatte eine Affäre. Dabei war er eigentlich ein guter Mann, und das macht die Sache umso verwirrender. Die Botschaft, die im Herzen eines weiblichen Teenagers verankert wurde, lautete: „Du musst dich mehr anstrengen als deine Mutter. Nur dann kannst du einen Mann halten." Dann kam ein junger Mann und zeigte Interesse an Debbie, nur um sie ohne erkennbaren Grund wieder zu verlassen. Wir kennen diese schöne junge Frau nun schon seit einigen Jahren. Was uns bis heute verblüfft: Warum arbeitet sie immer noch an ihrem Leben? Warum versucht sie ständig, sich weiter zu „verbessern"? Debbie ist immer auf der Suche nach etwas, an dem sie feilen kann. Ihr Gebetsleben, ihre Figur, ihr Umgang mit Geld, ihre Haarfarbe, ihre Disziplin. Warum macht sie sich so verrückt? Merkt sie nicht, wie attraktiv sie ist? Genau genommen hat sie keine Ahnung, was eigentlich nicht in Ordnung ist mit ihr, und das macht ihre Suche so frustrierend. Sie fürchtet, dass sie irgendwie unzureichend sein könnte.

Und so empfinden viele Frauen. Wir können es nicht in Worte fassen, aber tief im Innern fürchten wir, dass etwas an uns katastrophal verkehrt sein muss. Wenn wir wirklich Prinzessinnen wären, dann wäre unser Prinz längst aufgetaucht. Wenn wir Königstöchter wären, dann hätte er um uns gekämpft. Wir können nicht anders, wir müssen uns einreden, dass wir selbst schuld sind. Wenn wir anders, wenn wir *besser* wären, dann wären wir so sehr geliebt worden, wie wir das ersehnen. Es muss an uns liegen.

Sandy wurde von ihrem Vater missbraucht, und ihre Mutter sah weg. Beides hat in der Seele des Mädchens großes Unheil angerichtet. Aus all ihren bitteren Erfahrungen hat Sandy zwei grundlegende Dinge über Weiblichkeit gelernt: 1. Frau sein heißt machtlos sein. Empfindsamkeit ist nichts Gutes, sondern ein Ausdruck von Schwäche. 2. Eine Frau, die zu ihrer Weiblichkeit steht, provoziert nur unerwünschte und schmerzhafte Intimität. Kein Wunder, dass Sandy nicht zu ihrer Weiblichkeit stehen kann. Wie so viele sexuell missbrauchte Frauen sehnt sich Sandy verzweifelt nach Liebe und Zärtlichkeit (dafür ist sie geschaffen worden). Aber gleichzeitig versucht sie krampfhaft zu vermeiden, dass sie auf einen Mann einladend wirkt. Sie ist geradezu prädestiniert, eine Frau vom Typ „kompetent und effektiv" zu werden, immer kontrolliert, immer zugeknöpft, niemals auf Hilfe angewiesen, niemals „schwach".

Manche Frauen mit Missbrauchserfahrungen schlagen einen anderen Weg ein. Oder vielleicht sollte man besser sagen: sie fühlen sich regelrecht in eine andere Richtung gedrängt. Sie haben niemals Liebe empfangen, aber sie haben in der Erfahrung des sexuellen Missbrauchs eine Art Vertrautheit erlebt, und nun werfen sie sich einem Mann nach dem andern an den Hals. Sie hoffen, die verzerrte Fratze von Sexualität, die ihnen im Missbrauch begegnet ist, vergessen zu machen durch „richtigen" Sex.

Melissas Mutter war eine harte Frau, die ihre Kinder mit einer Rute verprügelte. „Ich hatte furchtbare Angst vor meiner Mutter", vertraute sie uns an. „Sie hatte wohl eine Psychose und dachte sich ganz üble Sachen aus. Meistens wussten wir nicht, warum wir Schläge bekamen. Mein Vater hat bei ihren Ausbrüchen nichts unternommen. Ich wusste jedenfalls eines: mit jedem Schlag wurde mein Hass auf sie noch größer. Sie hat aus meiner Schwester jedes Stück Rückgrat herausgeprügelt, und ich habe mir geschworen, dass mir das nie passieren wird. Ich wollte abweisend und hart werden wie ein Fels." Genauso ist Melissa als erwachsene Frau geworden.

Die bitteren Eide, die wir als Kinder schwören, sind allzu verständlich – und richten unermesslichen Schaden an. Damit sperren wir unser Herz ein. Genau betrachtet ist ein solcher Eid eine Art Arrangement mit der Botschaft, die die Verletzung begleitet hat. Eine Einverständniserklärung mit dem Fluch, der uns ereilt hat. „Also gut. Wenn das so ist, dann ist es eben so. Ich werde mein Leben von nun an folgendermaßen führen: ..."

Ich habe etliche Jahre gebraucht, um die Verletzungen und Botschaften zu verstehen, die mein Leben geprägt haben. Mit der Zeit wuchs die Klarheit, mit der Zeit verstand ich und allmählich wurde etwas heil. Erst kürzlich, als ich mit John über dieses Kapitel sprach, wurde mir noch einmal deutlich, was der Kern der Botschaft war, die mich durch meine Verletzungen erreichte. Meine Mutter war überfordert von der Aussicht, noch ein Kind zu bekommen – nämlich mich. In meinem Herzen landete die Botschaft: Schon meine bloße Existenz verursacht Kummer und Sorgen. Von einem Vater, der offenbar keinerlei Interesse an mir hatte, bekam ich die Botschaft: „Wozu brauchst du überhaupt so etwas wie Schönheit, um mich zu bezaubern? Du bist eine einzige Enttäuschung."

Als kleines Mädchen habe ich mich oft im Badezimmer versteckt – auch ohne dass mich jemand suchte. Es war einfach nur so, dass ich mich dort sicherer fühlte. Ich war zehn Jahre alt, als ich damit anfing – in dem Jahr, als unsere Familie auseinander fiel. Wir hatten bis dahin in Kansas gelebt, in einem Stadtviertel, wie man es sich nur wünschen kann. Meine Schwestern, mein Bruder und ich hatten Spielkameraden in der Nachbarschaft. Die Grundstücke waren nicht eingezäunt, alles war offen und einladend. In der Schule blühte ich auf. Ich wurde zum „Einwohner des Jahres" gewählt. Meine älteste Schwester wurde für den Schüleraustausch mit Frankreich ausgewählt. Mein Bruder war sehr beliebt und heimste Preise für seine Leistungen ein. Alles war perfekt.

Dann wurde mein Vater befördert, wir mussten umziehen – und auf einmal schien es, als sei ein Sprengsatz über unseren Köpfen explodiert. In Kansas waren wir in ein dichtes Netz von stützenden Beziehungen eingebettet gewesen, viel ausgedehnter und stärker, als uns das bewusst gewesen war. Freunde, Nachbarn, Lehrer – all diese Beziehungen boten Halt. Nach dem Umzug waren wir plötzlich auf uns allein gestellt, und meine Familie erwies sich als nicht stabil genug für diese Herausforderung. Sie brach zusammen wie ein Kartenhaus. Obwohl mein Vater nicht mehr so viel unterwegs sein musste, arbeitete er endlos lange, verließ das Haus oft schon, bevor wir wach waren, und kam erst heim, wenn wir schon wieder schliefen. Ich dachte oft, er sei weit weg auf Geschäftsreise, dabei war er nur eine Autostunde weit entfernt. Dad war Alkoholiker und hatte zudem eine Persönlichkeit mit zwei Gesichtern. Wenn er dann mal zu Hause war, wusste man nie, wen man gerade vor sich hatte: den glücklichen Daddy oder den aufbrausenden Vater?

Unser Haus war nicht länger ein Zufluchtsort; es wurde zum Schlachtfeld. Gemeinsame Mahlzeiten endeten oft mit hässlichen Worten und bitteren Tränen. Die Trinkerei meines Vaters wurde schlimmer, im selben Maß wuchsen der Kummer und die Reizbarkeit meiner Mutter. Wenn die beiden zusammen waren, flogen die Gehässigkeiten durchs Zimmer wie giftige Pfeile. Mein Bruder versuchte der Situation zu entkommen, indem er ein Auto stahl. Er wollte zurück nach Kansas, wo das Leben gut gewesen war. Meine Mutter zog für einige Zeit zu ihren Eltern zurück, und eine meiner Schwestern lief einfach davon. Eines Abends ging ich mit meinem Vater aus. Er trank wieder mal zu viel, dann begann er mit der Bedienung zu flirten und fragte sie nach ihrer Telefonnummer. Das war zu viel für mein junges, einsames Herz. Zurück zu Hause ging ich an den Medizinschrank und schluckte so viele Pillen, wie es mir nötig schien, um mein Leben zu beenden und den Schmerz gleich mit. Ich erwachte am nächsten Morgen, dankbar, dass ich doch nicht gestorben war, aber mit der schmerzlichen Erkenntnis, dass meine Welt nicht länger sicher war.

Und so legte ich einen Eid ab. Ohne genau zu wissen, was ich da tat, schwor ich mir, mich selbst zu schützen, indem ich nie Ärger verursachen und niemals Aufmerksamkeit erregen würde. In der Familie machte ich mich von da an unsichtbar – nur keine Wellen schlagen. Wenn ich je für Aufregung sorgen würde, dann würde das Schiff vollends sinken. Also begann ich mich zu verstecken. Ich versteckte meine Bedürfnisse, meine Wünsche, mein Herz. Ich verbarg mein wahres Ich. Und wenn es ganz schlimm kam, dann versteckte ich mich im Badezimmer.

Im Zeitraffer vierzehn Jahre später: Ich bin inzwischen frisch verheiratet mit einem starken Mann, der ziemlich geradeheraus ist und keine Auseinandersetzung scheut, ganz im Gegenteil. Wir sitzen am Küchentisch. Irgendwann wird das Gespräch anstrengend. Ich verdünnisiere mich. Er macht sich auf die Suche. „Stacy, wo steckst du?" Ja, wo wohl? Ich war im Badezimmer. Kein Witz.

Natürlich war mir mein kindliches Verhalten peinlich. Ich fühlte mich sowas von dumm angesichts meiner Unfähigkeit, eine Auseinandersetzung bis zum Schluss auszufechten. Aber ich hatte das bis dahin nie erlebt und wusste nicht, wie ich es hätte anstellen sollen. Es dauerte noch viele Monate, bis Johns Liebe und Bestätigung mein eingefrorenes Herz aufgetaut hatten. Ich erinnere mich noch genau an den ersten Streit, bei dem ich bis zum Schluss im selben Zimmer mit John ausgeharrt und nicht die Flucht ergriffen habe. Es kostete mich alle Mühe, die Füße still zu halten und den Impuls abzuwehren, mich eine Treppe höher im Bad in Sicherheit zu bringen. Das war der Wendepunkt. Seither habe ich mich nie wieder *so* versteckt.

Dafür habe ich an Gewicht zugelegt, in einem Tempo, das Sie nicht für menschenmöglich halten werden. Unbewusst hatte ich einen neuen Weg gefunden, um mich zu verstecken. Ich fürchtete vom Beginn meiner Ehe an, dass ich für John im Grunde eine Enttäuschung sein müsse; es schien nur eine Frage der Zeit, bis er das merken würde. (Das ist die Botschaft, die meine Verletzung überbrachte.) Das kleine verletzte Mädchen in mir dachte, es sei klüger, sich zu verstecken. Und mein Versteckspiel machte die Dinge noch viel, viel komplizierter. John und ich hatten viele schmerzliche Jahre. Jesus sagt zu Recht: Wer sein Leben erhalten will, der wird es verlieren (Matthäus 16,25). Die Schwüre, die wir ablegen, und die Maßnahmen, die wir ergreifen, um uns vor weiteren Verletzungen zu schützen, sind die Dinge, die alles nur noch schlimmer machen.

Verletzte Weiblichkeit

Die in der Kindheit und Jugend erlittenen Verletzungen nähren in uns die Überzeugung, dass etwas an uns, vielleicht alles an uns, gänzlich verdorben sein muss. Scham macht sich breit und nistet sich in unseren Herzen ein. Scham lässt uns die Augen niederschlagen, so vermeiden wir den Blickkontakt mit Fremden und Freunden. Scham ist das quälende Gefühl, dass die anderen sich kopfschüttelnd von uns abwenden werden, wenn sie uns erst einmal durchschauen. Scham hält das Gefühl, nein, die *Überzeugung* in uns wach, dass wir es niemals schaffen können – nicht nach weltlichen Maßstäben, nicht nach geistlichen Maßstäben, und selbst gegenüber unseren eigenen Anforderungen werden wir versagen.

Andere scheinen ihr Leben zu meistern, aber unser Herz ist im Klammergriff der Scham gefangen und wird davon zu Boden gedrückt. Stets ist die Scham bereit, uns unsere Fehler vorzuhalten und unseren Wert zu taxieren. Wir sind ungenügend. Wir wissen, dass wir alle nicht so sind, wie wir gerne sein wollen, nicht so, wie Gott uns gerne haben will. Aber anstatt bei ihm im frischen Wind der Barmherzigkeit aufzuatmen und ihn zu fragen, was er von uns hält, bleiben wir unter der Knute der Scham und lassen uns einreden, dass wir es verdienen zu ersticken. Wenn wir schon als Kinder offensichtlich nicht der Liebe wert waren, dann wird es uns als Erwachsenen unglaublich schwer fallen zu glauben, dass wir liebenswert sind. Die Scham sagt, dass wir wertlos und kaputt sind – Wegwerfware, für die eine Reparatur nicht lohnt.

Scham zwingt uns zum Versteckspiel. Wir fürchten, unser wahres Ich zu zeigen, und so verbergen wir es und bieten nur das von uns an, was unserer Überzeugung nach erwünscht ist. Die Dominanten unter uns präsentieren ihren „Sachverstand". Wenn wir eher trostlose Frauen sind, dann machen wir uns „nützlich". Wir sind schweigsam und halten mit unserem Wissen hinterm Berg, jedenfalls dann, wenn es von den Aussagen anderer abweicht, denn wir sind davon überzeugt, dass im Zweifelsfall wir falsch liegen. Aus Furcht vor Ablehnung weigern wir uns, uns anderen mit dem vollen Leben zuzumuten, zu dem Gott uns bestimmt hat.

Scham verleidet uns unsere Schönheit. Wir Frauen sind

schön, jede einzelne von uns. Das ist eines der großartigsten Merkmale unserer Gottebenbildlichkeit. Aber nur wenige von uns glauben, dass wir schön sind, und noch weniger sind mit sich selbst zufrieden. Entweder denken wir, dass zumindest an uns nichts schön ist, oder wenn doch, dann ist es gefährlich und schlecht. Also verstecken wir unsere Schönheit unter zusätzlichen Pfunden und überflüssigen Schichten Kosmetika. Oder aber wir neutralisieren unsere Schönheit, indem wir Schutzwälle um uns errichten und anderen signalisieren, dass sie gefälligst auf Abstand bleiben sollen.

Eine unheilige Allianz

Im Lauf der Jahre sind wir zu der Einsicht gelangt, dass nur eines *noch* tragischer ist als die Dinge, die uns widerfahren sind: nämlich das, was wir aus diesen Erfahrungen gemacht haben.

Worte sind gefallen, schlimme Worte. Dinge sind geschehen, böse Dinge. Sie haben uns geprägt. Etwas in uns hat sich *verschoben*. Wir haben die Botschaften unserer Wunden verinnerlicht. Wir haben ein verzerrtes Bild von uns selbst akzeptiert. Und von diesem so bestimmten Standort aus haben wir unser Verhältnis zur Umwelt bestimmt. Wir haben uns geschworen, niemals wieder so verletzlich zu sein. Wir haben uns Strategien überlegt, wie wir neuerliche Angriffe abwehren können. Eine Frau, die aus einem verletzten, wunden Herzen heraus lebt, führt ein Leben, das vor allem dem Selbstschutz dient. Sie ist sich dessen nicht immer bewusst, aber es ist so. Das ist unsere Art, uns selbst zu retten.

Darüber hinaus haben wir Methoden entwickelt, um doch noch etwas von der Liebe abzubekommen, nach der sich unser Herz so sehnt. Unsere verzweifelte Sehnsucht nach Liebe und Anerkennung, unser Verlangen nach wenigstens einem Quäntchen Romantik und Abenteuer und Schönheit ließen sich nicht verleugnen. Und so haben wir unser Interesse auf Männer gerichtet oder aufs Essen oder auf Liebesromane; wir sind in unserer Arbeit oder im Gemeindeleben oder in sonst einer Art von Engagement aufgegangen. All das zusammengenommen hat uns zu den Frauen gemacht, die wir heute sind. Viel von dem, was wir für unsere „Persönlichkeit" halten, entspringt in Wirklichkeit den vielen Entscheidungen, uns selbst zu schützen, plus unserem Plan, wie wir etwas von der Liebe abbekommen, für die wir geschaffen sind.

Das Problem ist nur: Unser Plan hat nichts mit Gott zu tun.

Die erlittenen Verletzungen und die Botschaften, die wir daraus gelesen haben, sind eine Art unheilige Allianz mit unserer Natur als Frauen nach dem Fall eingegangen. Seit Eva leben wir mit einem tiefen Misstrauen gegenüber Gott – und gegenüber seinen Absichten mit uns. Es scheint doch klar, dass er uns etwas vorenthält. Wir müssen uns also selber um das Leben kümmern, das wir ersehnen. Wir werden unsere Welt schon in den Griff bekommen. Aber da ist noch dieses Verlangen tief in uns, ein Verlangen nach Nähe, Zärtlichkeit und Leben. Wir müssen eine Methode finden, um dieses Loch aufzufüllen. Eine Methode, die eines nicht von uns verlangt: Verletzlichkeit. Vertrauen zu irgendjemandem. Schon gar nicht Vertrauen zu Gott.

In gewisser Weise ist das die Geschichte jedes kleinen Mädchens hier in dieser Welt jenseits von Eden.

Aber mit dem Erwachsenwerden hört unsere Verwundbarkeit nicht auf. Manche der verheerendsten Verletzungen werden uns überhaupt erst im fortgeschrittenen Lebensalter zugefügt. Die Pfeile, die uns im Lauf unseres Lebens getroffen haben, kommen nicht aus dem Nichts. Sie lassen ein gewisses Muster erkennen. Und sie wurden allesamt verursacht von einem, der Ihre ursprüngliche Bestimmung ganz genau kennt – und der Sie deshalb fürchtet.

5

Eine besondere Feindschaft

Alle, die mich hassen, tun sich zusammen und tuscheln hinter meinem Rücken. Sie planen Böses gegen mich und verfluchen mich.

PSALM 41,8

Nimm diesen mörderischen Hass fort
und gewähre uns deine ewige Liebe.

SEAN O'CASEY[1]

Der Sturm ist jetzt abgeflaut. Und Stacy weint. Sie hat über die Jahre so viel Liebe und Arbeit in ihren Garten gesteckt. Viele, viele Stunden und sorgfältige Überlegungen hat sie investiert, um einen Ort von einmaliger Schönheit zu schaffen. Mit Sorgfalt wurden die Pflanzen ausgewählt; Sämlinge vorsichtig gepflanzt, gedüngt, gemulcht, bewässert. Stacy hat Bäume ausgelichtet und gegen Schädlinge besprüht; Pflanzen umgetopft oder versetzt, was jeweils geboten war. Mit beeindruckendem Resultat. Wenn Leute zu uns kamen, blieben sie auf dem Weg durch den Garten stehen, um sich daran satt zu sehen – so bezaubernd war der Anblick. Wilde Rosen, Lavendel, Rittersporn, Ziergräser, Blumen in allen Farben und Formen, die man sich ausdenken kann. Ein Ort zum Ausruhen und Auftanken, ein Refugium. Ein Hauch von Eden.

Bis gestern.

Der Hagel setzte gegen sechs Uhr abends ein. Anfangs schien alles nicht so bedrohlich. Der Sommer in den Rocky Mountains bringt jedes Jahr einige Hagelschauer, die maximal zehn Minuten dauern und aus erbsengroßen Kügelchen bestehen. Aber diesmal waren die ersten Hagelkörner so groß wie Murmeln; nach einer Viertelstunde wurden sie so groß wie Golfbälle und prasselten herunter wie die eisgewordene Sintflut. Vierzig lange Minuten ging das so, ohne Pause, riss ganze Zweige von den Bäumen und Sträuchern und bedeckte alles wie eine alttestamentliche Plage. Als der Sturm sich schließlich über die Berge verzogen hatte, war von Stacys Garten nichts mehr übrig.

Ich stand am Fenster und schaute fassungslos nach draußen. Der Sommer ist hier so kurz; es bleiben immer nur ein paar Monate, in denen man sich überhaupt an Blumen und frischem Grün freuen kann. Aber das hier – das war ein *Anschlag*. Schönheit verunstaltet bis zur Unkenntlichkeit. Wir sprachen über die Verwüstung und unsere Gedanken wanderten ... zu Eva. Die Zerstörung unseres Gartens erschien uns wie ein Bild, eine erschreckend passende Metapher für das, was mit der Krone der Schöpfung passiert ist. Wie viel größer muss die Trauer sein, wie viel schmerzlicher der Verlust, wenn eine solche Verwüstung im Leben und im Herzen einer Frau passiert.

Ja, Frauen sind aus der Gnade herausgefallen. Ja, sie sind verletzt worden. Wenn Sie allerdings verstehen wollen, warum Sie sich im Hinblick auf Ihre Weiblichkeit so unsicher sind und warum man so selten einer wahrhaft lebendigen und vor Weiblichkeit nur so sprühenden Frau begegnet, dann müssen Sie die ganze Geschichte hören.

Die Angriffe gehen weiter

In meinen Teenagerjahren hatte ich mich bereits weitgehend von meiner Familie abgesetzt. Meine älteste Schwester war nach Europa übergesiedelt. (Sie ging für drei Monate „Ferien". Sie blieb sieben Jahre. Das mag etwas über die Verhältnisse bei uns zu Hause aussagen.) Mein Bruder war ausgezogen, ebenso meine andere Schwester. Also war nur noch ich übrig, weil ich die High School noch nicht beendet hatte. Meine Eltern begannen mir etwas von der Aufmerksamkeit zu schenken, die ich schon als Kind gebraucht hätte, aber es war zu wenig und zu spät. Mein Herz hatte sich bereits verabschiedet. Es war gut versteckt. Meinen Eltern spielte ich die „nette, fleißige Schülerin" vor. Außerhalb ihres Gesichtsfeldes führte ich ein ganz anderes Leben.

Ich probierte Alkohol und Drogen aus, um den Schmerz meiner Wunden zu betäuben. Und wie so viele andere junge Frauen, deren Herzen von ihren Vätern vernachlässigt oder absichtlich verletzt worden sind, holte ich mir Liebe bei Jungen, später bei Männern. Endlich, so redete ich mir ein, wurde ich wenigstens für *irgendwas* begehrt, wenn auch oft nur für eine Nacht.

Ich ging für mein letztes Collegejahr nach Europa. Sowohl die geschichtsträchtige Schönheit als auch die grenzenlose Freiheit, die ich dort genoss, begeisterten mich. Aber wenn man eine junge, rebellische, naive Frau mit einem Eurail-Pass und einem sehnsüchtigen Herzen von der Kette lässt, dann zieht sie auch falsche Blicke auf sich. Während eines Abstechers nach Italien wurde ich sexuell belästigt, und obwohl ich zornig war auf den Mann, hatte ich tief im Herzen den Eindruck, ich hätte diesen Angriff wohl verdient. Ich glaubte, ich hätte es mir selbst zuzuschreiben. Ich stimmte mit dem Feind meiner Seele darin überein, dass ich eine haltlose Person war und vollkommen zu Recht litt und auch nichts Besseres verdiente. Später brachte ich mich in Südfrankreich unwissentlich in eine gefährliche Lage. Nach ein paar Cocktails zu viel in einer Bar ließ ich mich mit einer Freundin von zwei jungen Männern, die mit uns getrunken hatten, ins Hotel zurückfahren. Sie werden den Kopf schütteln – und mit Recht: Anstatt ins Hotel ging es an einen einsamen Platz, und dort wurde ich vergewaltigt.

Danach verfiel ich in eine Art Starre. Ich erinnere mich, dass ich mit einer Art ungläubiger Verwunderung die Prellungen und Striemen an mir wahrnahm. Aber ich geriet nicht in Zorn, ich war nur zu Tode erschrocken. Gegenüber den Vergewaltigern empfand ich Empörung, aber stärker waren Scham und Selbsthass. Ich wollte eine gute Frau sein. Ich wollte eine tapfere Frau sein. Ich wollte eine starke Frau sein. Aber ich fühlte mich ganz und gar anders. Ich kaufte mir ein Kettchen mit Anhänger und trug es von da an ständig. Der Anhänger zeigte das Venussymbol mit einer Faust in der Mitte. Als aufrechte Feministin trug ich den Anhänger mit Stolz, um meine Unabhängigkeit und Stärke zu demonstrieren – gut versteckt im Hotelzimmer. Ich hatte Angst vor Männern und vor meiner Schönheit. Schönheit war gefährlich. Ich war mir sicher, dass sie diese Übergriffe provoziert hatte; sie hatte unsagbaren Schmerz ausgelöst und, wie leider viele Frauen bestätigen können, erbarmungslose Scham.

Als ich ans College zurückkehrte, erzählte ich meinem damaligen Freund, was passiert war. Seine Antwort war: „Du hast es vermutlich verdient." Unsere Beziehung war, wie Sie sich vorstellen können, alles andere als liebevoll. Er wurde oft ausfällig und zornig. Für mich hatte er kein Mitgefühl übrig, kein tröstendes Wort. Er war noch nicht einmal wütend auf die Vergewaltiger. Die Botschaften aus meiner Kindheit wurden dadurch schmerzhaft verstärkt: Versteck dein Herz. Du bist eine einzige Enttäuschung. Du bist wertlos. Keiner schert sich um dich. Niemand will sich um dich kümmern. Du bist allein.

Hören Sie einmal aufmerksam auf die Geschichte irgendeiner beliebigen Frau. Sie werden immer wieder auf ein Thema stoßen: der Angriff auf ihre Seele, auf ihr tiefstes Inneres, auf ihr Herz. Er mag offensichtlicher sein, wie in den Berichten über körperlichen, verbalen oder sexuellen Missbrauch. Er kann sich aber auch sehr subtil darstellen: in Form einer teilnahmslosen Welt, die sich um eine Frau nicht kümmert, sie aber *ausnutzt*, bis sie nicht mehr kann. Vierzig Jahre ganz alltäglicher Nicht-Beachtung können das Herz einer Frau sehr wohl ruinieren. In welcher Form sie auch kommen – Verletzungen erleiden wir auch noch lange, nachdem wir „erwachsen" sind. Aber sie alle scheinen dieselbe Sprache zu sprechen. Immer wieder erscheinen sie als Antwort auf unsere entscheidende Frage, und dabei wird uns die Botschaft mitten ins Herz getrieben wie ein Pfahl.

Melissa war das junge Mädchen, das von seiner Mutter mit einem Stock verprügelt worden war. Im Alter von neunzehn Jahren verließ sie schließlich das Elternhaus.

> Ich heiratete einen angehenden Pastor. Ich dachte, ich müsste diesen Mann heiraten, weil ich so abstoßend sei und eh keine andere Chance bekommen würde. Niemand hatte mich je begehrt. Ich war Jungfrau, als ich heiratete, und ich dachte, ich würde mich meinem Mann schenken - als das ultimative Geschenk. Am Morgen nach unserer Hochzeit schmiegte ich mich an ihn und wollte ihn küssen. Er schubste mich weg und sagte, er sei nicht in Stimmung. Nach unserer Hochzeitsnacht hatten wir mindestens eine Woche lang keinen Sex. Er berührte mich nicht und zeigte auch sonst keinerlei Interesse an mir. Ich war am Boden zerstört. Und erneut war meine Frage ebenso beantwortet worden wie zuvor.

Als Frauen neigen wir zu dem Empfinden, dass „es wohl an mir liegt." Das ist das Ergebnis früh erlittener Verletzungen. „An mir ist etwas grundlegend verkehrt." So viele Frauen empfinden so. (Warum geben wir uns so viel Mühe, besser zu werden? Warum schaufeln wir uns derart mit Arbeit zu, dass das, was uns wirklich am Herzen liegt, niemals an die Oberfläche kommen kann?) Wir haben das Gefühl, dass wir im Grunde von aller Welt verlassen sind. Und dass das eine mit dem anderen irgendwie zusammenhängt: Wir sind allein, weil wir nicht die Frauen sind, die wir sein wollten. So denken wir.

Wir haben den Eindruck, wir seien es nicht wert, dass man sich um uns bemüht. Also hängen wir das „Bitte nicht stören"-Schild an die Türklinke unserer Persönlichkeit und signalisieren der Welt: „Abstand halten!" Oder aber wir suchen verzweifelt nach Liebe, verlieren dabei alle Selbstachtung und geraten in emotionale und körperliche Promiskuität. Wir empfinden uns nicht als einmalig und unersetlich, also arbeiten wir hart an unserer äußeren Erscheinung – oder aber wir lassen uns gehen und werden zu einer Person ohne jeden Charme. Wir strengen uns wirklich an und sind dabei sehr erfindungsreich, nur um unserem Herzen weiteren Kummer zu ersparen.

Was geht hier eigentlich vor?

Ich schlief gerade, als der Angriff auf Disa begann. Ich wurde von den Angreifern verschleppt. Sie trugen alle Uniform. Sie nahmen noch Dutzende anderer Mädchen mit. Wir mussten drei Stunden lang marschieren. Tagsüber wurden wir geschlagen, und sie sagten uns: „Ihr schwarzen Weiber, wir werden euch ausrotten. Ihr kennt keinen Gott." In der Nacht wurden wir mehrmals vergewaltigt. Die Araber hielten uns mit Waffen in Schach, und sie gaben uns drei Tage lang nichts zu essen.

(BERICHT EINER SUDANESISCHEN FRAU)[2]

Wie Männer durch die Jahrhunderte hindurch mit Frauen umgegangen sind, das ist noch nie ein Ruhmesblatt der Geschichte gewesen. Fraglos gibt es auch noble Beispiele, aber seit der Vertreibung der Menschheit aus dem Garten Eden sind Frauen immer wieder Opfer eines ganz augenfälligen Hasses geworden. Die zitierte Begebenheit ist nur eine von Tausenden, wie sie nicht nur aus dem Sudan berichtet werden, sondern auch aus vielen anderen, ähnlich vom Krieg zerrütteten Ländern. Sexuelle Übergriffe sind ein allzu alltägliches Thema in diesen „Bürger"kriegen. Nun wollen wir hier keine politische Axt schwingen, und Stacys Zeiten als militante Feministin sind längst vorbei. Aber es stellt sich die Frage: Wie verstehen wir all die entwürdigenden, gewalttätigen und offen feindseligen Attacken, denen Frauen in aller Welt ausgesetzt waren – und bis heute ausgesetzt sind?

Bis vor etwa 70 Jahren wurden in China kleinen Mädchen, wenn man sie schon nicht im Straßengraben verhungern ließ (Jungen waren dagegen stets willkommen), oft die Füße fest eingewickelt, damit sie klein blieben. Kleine Füße galten als Zeichen weiblicher Schönheit und wurden von angehenden Ehemännern geschätzt. Sie erschwerten den Frauen freilich auch das Gehen beträchtlich, und das mag ein anderer Grund sein, warum Männer dachten, das sei eine gute Sitte. Frauen, denen man von klein auf die Füße bandagiert hatte, humpelten unter Schmerzen durchs Leben, unfähig, frei oder schnell zu laufen. Obwohl die Praxis 1930 offiziell verboten wurde, hielt sie sich noch lange.

Vielleicht ist Ihnen bekannt, dass jüdische Frauen in alttestamentlichen Zeiten als Eigentum ohne verbriefte Rechte galten (so wie in vielen Kulturen damals und heute). Sie durften weder das Gesetz studieren noch formell die Erziehung der Kinder beanspruchen. Im Tempel und später in den Synagogen war ihnen ein separater Raum zugewiesen. Aus einem jüdischen Gebet ist der Satz überliefert: „Ich danke dir, Herr, dass du mich nicht als Heiden, als Frau oder als Sklaven erschaffen hast."

Einem chinesischen Sprichwort zufolge soll „eine Frau wie Wasser sein: sie soll keine Form annehmen und keine Stimme haben." Ein indisches Sprichwort besagt: „Einer Frau Bildung zukommen zu lassen, ist so, als würde man den Garten des Nachbarn wässern." Sprich: Bildung für Frauen ist sowohl sinnlos als auch Zeitverschwendung. Im Hinduismus gilt eine Frau weniger als eine Kuh. Nach islamischem Recht braucht eine Frau drei Männer als Zeugen, damit ihre Aussage berücksichtigt wird. Das Wort eines Mannes ist also dreimal so viel wert wie das der Frau.

Und wenn es nur um ungleiche Bildungschancen und verweigerte Rechte ginge. Die Beschneidung von Frauen ist vor allem in Afrika immer noch eine weit verbreitete Sitte. Dabei werden die weiblichen Genitalien verstümmelt. Eine schmerzhafte, furchtbare Praxis, die bei Mädchen durchgeführt wir, sobald sie fünf Jahre alt sind. Oft wird die Beschneidung nicht unter klinischen Bedingungen durchgeführt, sondern in der Wildnis mit einer Steinklinge. Entzündungen sind fast unausweichlich. Manche Mädchen überleben die Prozedur nicht. Eine beschnittene Frau ist für immer gezeichnet und wird sexuelle Gemeinschaft nie genießen können. Und genau das ist der Punkt. Eine sexuell empfindungsfähige Frau gilt in den betreffenden Kulturen als gefährlich. Weiblichkeit muss im Zaum gehalten werden.

Sexuelle Gewalt gegen Frauen grassiert überall auf der Welt, und sie richtet sich auch und gerade gegen kleine Mädchen. Mehr als eine Million minderjährige Mädchen werden alljährlich als Sexsklavinnen verkauft. Herr im Himmel – wer ist verantwortlich für diese systematischen, oft brutalen, fast universellen Anschläge auf die Weiblichkeit? Wo liegt die Ursache? Machen Sie nicht den Fehler und glauben, dass die Männer der Feind sind. Unverkennbar haben stets Männer ihre Hand im Spiel gehabt und werden sich eines Tages dafür vor ihrem Schöpfer verantworten müssen. Aber Sie werden diese Geschichte – auch *Ihre* persönliche Geschichte – nicht verstehen, solange Sie nicht die wirksamen Kräfte dahinter identifizieren und ihre Motive durchschauen.

Woher kommt diese Feindschaft gegenüber Frauen, die wir rund um den Globus beobachten können? Warum ist diese Feindschaft so *diabolisch*?

Abgrundtiefer Hass

Wir kämpfen nicht gegen Menschen,
sondern gegen Mächte und Gewalten des Bösen,
die über diese gottlose Welt herrschen
und im Unsichtbarenihr unheilvolles Wesen treiben.
(Epheser 6,12; Hfa)

Wir können den Angriff auf die Weiblichkeit – seine lange
Geschichte, seine bittere Grausamkeit – nicht verstehen, wenn
wir die Warnungen in der Bibel vor widergöttlichen Mächten
und Gewalten außer Acht lassen. Damit soll nicht gesagt werden,
dass Männer (und Frauen, denn auch sie verletzen und beschä-
digen andere Frauen) nicht dafür verantwortlich sind, wie sie
Frauen behandeln. Ganz und gar nicht. Nur gilt es zu erkennen:
Keine Erklärung für die Attacke auf Eva und ihre Töchter ist aus-
reichend, solange wir dabei den Fürsten der Finsternis und seinen
besonderen Hass auf Weiblichkeit unberücksichtigt lassen.

Kommen wir noch einmal zurück auf das, was sich im Garten
Eden abgespielt hat. Wen hat der Böse zuerst aufs Korn ge-
nommen? Wen hat sich der Feind herausgepickt für seinen
Schachzug gegen die Menschheit? Er hätte ja auch Adam wäh-
len können ... hat er aber nicht. Er hatte es auf *Eva* abgesehen.
Sie war sein bevorzugtes Opfer. Haben Sie sich schon einmal ge-
fragt, warum? Es könnte sein, dass er sich wie jeder Beutejäger
zuerst das in seinen Augen schwächere Opfer vornimmt. Diese
Überlegung hat durchaus etwas für sich. Er ist bekannt für seine
Ruchlosigkeit. Aber wir glauben, dass mehr dahinter steckt.
Warum hat der Feind bei seinem Attentat auf die Menschheit
gerade Eva ins Visier genommen?

Sie werden wissen, dass der Widersacher ursprünglich den
Namen Luzifer trug (= Lichtträger). Der Name stand für die
Herrlichkeit oder die Würde, die ihn auszeichnete. In den Tagen
dieser früheren Herrlichkeit war er einer der Erzengel. Einige

Ausleger glauben sogar, dass Luzifer der Befehlshaber der himmlischen Heerscharen war. Der Hüter der Herrlichkeit des Herrn.

> Du warst das Abbild der Vollkommenheit, voller Weisheit und über die Maßen schön. In Eden warst du, im Garten Gottes, geschmückt mit Edelsteinen jeder Art, mit Sarder, Topas, Diamant, Türkis, Onyx, Jaspis, Saphir, Malachit, Smaragd. Von Gold war die Arbeit deiner Ohrringe und des Perlenschmucks, den du trugst; am Tag, als du geschaffen wurdest, wurden sie bereitet. Du warst ein glänzender, schirmender Cherub, und auf den heiligen Berg hatte ich dich gesetzt; ein Gott warst du und wandeltest inmitten der feurigen Steine.
>
> (HESEKIEL 28,12-14; L)

Der Inbegriff der Schönheit. Das erklärt alles. Luzifer war hinreißend. Atemberaubend schön. Und das wurde ihm zum Verhängnis. Stolz schlich sich in sein Herz ein. Der Engel gewann die Überzeugung, dass ihm noch ein bisschen mehr zustünde: Er wollte auch etwas abhaben von der Anbetung, die bisher ausschließlich Gott galt. Er wollte nicht nur eine herausragende Rolle in der Geschichte spielen; wenn es nach ihm gegangen wäre, dann wäre *er* das Thema der Geschichte gewesen. Er wollte der Star sein. Er beanspruchte die Aufmerksamkeit, die Verehrung für sich selbst („Spieglein, Spieglein an der Wand ...")

> Deine Schönheit ist dir zu Kopf gestiegen,
> deine prachtvolle Erscheinung
> ließ dich handeln wie ein Narr.
>
> (HESEKIEL 28,17; HFA)

Wegen seiner *Schönheit* stürzte Satan, vormals Luzifer, aus der Herrlichkeit Gottes. Nun sinnt sein Herz auf Rache, und die zielt worauf? Auf Schönheit. Er zerstört sie in der natürlichen

Welt, wo immer er kann. Schlägt Narben in die Landschaft (Tagebau ...), verseucht die Meere (Ölpest ...) und die Luft (Tschernobyl ...). Er kratzt an der Herrlichkeit Gottes, wo immer sie ihm in der Schöpfung begegnet, wie ein Psychopath, der Kunstwerke verschandelt.

Aber *ganz besonders* gilt seine Feindschaft Eva.

Weil sie bezaubernd ist, unvergleichlich herrlich, und er nicht mehr. Sie spiegelt die Schönheit Gottes. Mehr als jedes andere Geschöpf ist sie ein Bild für die Herrlichkeit Gottes. Ein unmissverständlicher Fingerzeig auf den Schöpfer.

Das ist noch nicht alles. Der Feind hasst Eva auch deshalb, weil sie Leben gibt. Frauen gebären Kinder, Männer nicht. Frauen nähren das beginnende Leben. Wo Frauen sind, geht es lebhaft zu – in Beziehungen, in seelischer und geistlicher Hinsicht. „Der Teufel", sagt das Johannesevangelium, „war schon von Anfang an ein Mörder" (Johannes 8,44; Hfa). Er bringt den Tod. Er herrscht über ein Reich des Todes. Rituelle Menschenopfer, Völkermord, der Holocaust, Abtreibungen – das sind die pervertierten Ausgeburten des Bösen. Eva muss für ihn die größte menschliche Bedrohung sein, denn sie bringt Leben. Sie ist Lebensspenderin und Lebensretterin. Der Name Eva bedeutet „Leben spenden" oder „ins Leben rufen". „Adam nannte seine Frau Eva (Leben), denn sie wurde die Mutter aller Lebendigen" (1. Mose 3,20; EÜ).

Man muss nur eins und eins zusammenzählen. Eva verkörpert die Schönheit Gottes, *und* sie bringt Leben in die Welt. Deshalb verfolgt sie der Feind mit einer tödlichen Feindschaft. Zu spekulativ? Schauen Sie sich die Weltgeschichte an.

Denken Sie an die großen Erzählungen: Regelmäßig richtet der Bösewicht seine üblen Anstrengungen auf die wahre Liebe des Helden. Er nimmt *die Schöne* ins Visier. In *Der letzte Mohikaner* hat es Magua auf Cora abgesehen. In *Braveheart* wird Murron auf Veranlassung von Robert the Bruce umgebracht. In *Gladiator* lässt Commodus die Frau des Maximus töten. Die böse

Hexe will Schneewittchens Tod. Die Stiefschwestern intrigieren gegen Aschenputtel. Der Versucher attackiert Eva.

Das erklärt so manches. Nicht, dass Sie deshalb in Panik ausbrechen müssten. Aber es wirft bestimmt auch ein Licht auf einiges in Ihrem Leben, wenn Sie den Gedanken zulassen. Nicht unwahrscheinlich, dass Sie bisher gedacht haben, alles, was Ihnen bisher widerfahren ist, sei *Ihr Fehler* gewesen – und Sie hätten es wohl verdient. Wenn Sie nur etwas hübscher oder cleverer gewesen wären oder mehr getan oder die anderen zufrieden gestellt hätten, dann wäre das vermutlich nicht passiert. Dann hätten Sie die ersehnte Liebe bekommen. Dann wären Sie nicht verletzt worden.

Und vielleicht leben Sie auch mit dem Gefühl, dass es an Ihnen selbst liegt, wenn Sie nicht ernsthafter begehrt und geliebt werden. Selbst schuld, dass Sie keine entscheidende Rolle in einem großen Abenteuer spielen. Selbst schuld, dass an Ihnen keine Schönheit offenbar wird. Die Botschaft ist fast immer dieselbe: „Es liegt an dir. Du verdienst es nicht anders." Völlig anders sieht es aus, sobald Sie begreifen: Das alles passiert Ihnen, weil Sie *herrlich* sind. Sie sind eine ernsthafte Bedrohung für das Reich der Finsternis, denn Sie tragen auf einzigartige Weise die Herrlichkeit Gottes in die Welt.

Sie sind Zielscheibe des Widersachers, gerade *weil* Sie über Schönheit und Stärke verfügen.

Auf der menschlichen Ebene

Ich (John) muss an dieser Stelle etwas eingestehen: Ich wollte nicht Co-Autor dieses Buches sein.

Dabei dachte ich, es müsse *unbedingt* geschrieben werden. Es war nötig. Nur glaubte ich nicht, dass gerade ich daran mitwirken sollte. Denn das würde bedeuten, dass ich mich in die Welt von Frauen hineindenken müsste – und in die Welt *meiner* Frau.

Und zwar sehr viel gründlicher, als das in meinem alltäglichen Leben nötig ist. Um irgendeinen ernsthaften Beitrag zu einem Buch für Frauen leisten zu können, würde ich tiefer einsteigen, noch sorgfältiger zuhören, mehr lernen müssen – und mich in das geheimnisvolle Land (okay: den Irrgarten) der weiblichen Seele hineinbegeben müssen (woran schon weit Größere gescheitert sind). Ich wollte mich darauf nicht einlassen. Ich entwickelte eine Art Allergie gegen das Thema. Finger weg. Rückzug.

Ich war mir leidlich klar darüber, was in mir vorging, und ich kam mir wie ein Trottel vor. Aber ich wusste inzwischen auch genug über mich selbst und über den Kampf im Herzen einer Frau, dass ich die Sache nicht einfach auf sich beruhen lassen konnte. Wie kommt's, dass ich – und es geht auch anderen Männern so – mich so dagegen sperre, mich auf die Welt einer Frau einzulassen? *Du bist zu kompliziert. Es ist zu anstrengend. Es kostet zu viel Arbeit. Männer sind einfacher gestrickt. Leichter zu verstehen.* Ist das nicht eine Botschaft, die Sie Ihr ganzes Leben hindurch immer wieder gehört haben? „Du verlangst zu viel und bringst zu wenig. Du bist den Einsatz nicht wert." (Und warum kostet es eine solche Anstrengung? Weil etwas an dir grundverkehrt ist.)

Nun rührt diese grundlegende Zurückhaltung eines Mannes, sich in die Welt der Frauen hineinzudenken, zum Teil von seiner tiefsten Sorge her: von der Angst vor dem Versagen. Was einen Mann natürlich nicht hindert, Witze zu reißen über die Unterschiede von Frauen und Männern. Männer kommen vom Mars, Frauen von der Venus usw. Aber in Wirklichkeit hat er Angst. Könnte ja sein, dass er, einmal eingetaucht in die Welt seiner Frau, sich als Schwächling erweist und ihr gar nicht helfen kann. Und da liegt seine Sünde. In dieser Feigheit. Und weil die Frau gefangen ist in ihrer Scham, kommt ein Mann mit dieser Haltung zumeist ungeschoren davon. In den meisten Ehen (und langjährigen Beziehungen) gibt es, was das angeht, eine Art stillschweigende Vereinbarung. „Ich komm dir nicht noch näher. Bis hierher und nicht weiter. Aber ich werde dich nicht verlassen, und darüber solltest du eigentlich froh sein." So viel Nähe, aber auch kein Bisschen mehr.

Ein Grund mehr, warum so viele Frauen einsam sind.

Zum Teil liegt es schlicht an der Selbstsucht der Männer. Männer sind weiß Gott egoistisch und kreisen um sich selbst. Als Eva das erste Mal in Schwierigkeiten geriet, hat Adam sich vornehm zurückgehalten. Männer werden durch Passivität ebenso schuldig wie durch Gewalttätigkeit. So einfach ist das ... und so widerwärtig.

Wenn es nur das wäre. Aber hier geht etwas in der Tat Diabolisches vor sich. Wir hatten vor einigen Monaten eine erstaunliche Begegnung, bei der mir jedenfalls schlagartig klar wurde, was.

Stacy und ich hatten uns mit den Mitarbeiterinnen und Mitarbeitern von Ransomed Heart Ministries zusammengesetzt, die für die Männer- und Fraueneinkehrtage zuständig sind. Das Frauenteam hatte eine größere Veranstaltung vor sich, und das Männerteam bot Rat und Unterstützung und Fürbitte an. Das gab den Frauen – allesamt großartige Persönlichkeiten – Gelegenheit, uns einen Blick in ihre Herzen zu gestatten und uns zu erzählen, wie die Dinge liefen.

Das Gespräch wanderte rasch von den eher formalen Aspekten – wie lang die einzelnen Veranstaltungsblöcke sein sollten und logistische Fragen – hin zur Innenwelt der Frauen im Team. Als das Gespräch persönlicher wurde, überkam es mich auf einmal. Nur eine Empfindung, ein unerklärlicher, aber starker Eindruck.

Sofortiger Rückzug.

Das war mein Empfinden. Niemand hatte es ausgesprochen, niemand hatte etwas getan, was diesen Gedanken befördert hätte. Nur ein sehr starker Eindruck. Ich war mir nicht sicher, woher er kam, aber dieses starke Zögern, dieses Gefühl von *wir sollten uns besser nicht darauf einlassen*, dieses drängende *Rückzug* verstärkte sich in mir, oder über mir, mit jedem Moment, in dem wir tieferen Einblick in das Leben der Frauen bekamen. Mit jedem Schritt, den wir uns ihren Herzensanliegen näherten, wurde der Impuls in mir stärker, das Gespräch zu beenden. Schluss der Debatte. Runter von diesem Minenfeld. Als ich darüber nachdachte, wurde mir klar: Ich war etwas Bedeutendem auf der Spur.

Ich wusste, dass diese Regung *nicht* der wahren Haltung meines Herzens gegenüber diesen Frauen entsprach. Ich liebe sie. Ich möchte für sie einstehen. Ich habe es viele Male getan. Ich wusste auch, dass *sie* sich so etwas nicht wünschen würden. Sie begrüßen unser Mitdenken und -fühlen. Also unterbrach ich das Gespräch mit einer Frage, die eigentlich nicht in den Zusammenhang zu passen schien: „Fühlt ihr euch in dieser Sache allein gelassen?" – Schweigen. Dann Tränen, Tränen aus einer tiefen Quelle. „Ja", bestätigten sie allesamt, „so ist es." Ich hatte den Verdacht, dass das nicht nur die Einkehrtage betraf. „Fühlt ihr euch in eurem Leben genauso, ich meine: ganz allgemein, als Frauen?" „Absolut. Ich fühle mich die meiste Zeit allein gelassen."

Nun muss man wissen, dass jede dieser Frauen tiefe und erfüllte Beziehungen pflegt. Wenn *sie* sich schon allein gelassen fühlen, mein Gott – was müssen dann all die anderen Frauen empfinden? Und dieser starke Eindruck von wegen *Rückzug* – wenn ich diesen Eindruck hatte, nach all den Jahren Einsatz mit diesen Frauen und für sie, was denken dann wohl all die Kerle da draußen? Ich wette, sie haben das Gefühl noch nie dingfest gemacht oder in Worte gefasst, aber garantiert kennen sie es … und waren vermutlich der Meinung, das sei ihr eigener Wunsch, oder der ihrer Frauen, oder von beiden.

Zieh dich zurück oder: *Lass sie allein* oder: *Du willst dich doch nicht wirklich damit befassen – sie verlangt zu viel von dir –* dieses Geschütz hat der Feind vom Tag ihrer Geburt an gegen jede Frau in Stellung gebracht. Das ist das emotionale Gegenstück zu der Praxis, kleine Mädchen am Straßenrand auszusetzen und verhungern zu lassen. Und jeder Frau hat er eingeflüstert: *Du bist allein.* Oder: *Wenn sie erfahren, wie du wirklich bist, dann wenden sie sich von dir ab.* Oder: *Niemand hat ernsthaft Interesse an dir.*

Schauen Sie einen Moment lang in sich hinein. Stellen Sie sich die Frage: „Kenne ich diese Art Botschaften? Habe ich sie geglaubt? Mich davor gefürchtet?" Die Furcht der meisten Frauen vor dem Verlassenwerden richtet sich dabei nicht nur auf die Männer in ihrem Leben; sie befürchten es genauso von Frauen. Dass Freunde sie aufgeben könnten und sie allein zurücklassen. Höchste Zeit, diese allgegenwärtige Drohung, diese lähmende Furcht, diese schreckliche Lüge zu entlarven.

Ich muss an eine Szene aus dem Film *Die zwei Türme* denken, aus dem zweiten Teil der *Herr der Ringe*-Trilogie. Schauplatz ist die Halle des Königs im Reich Rohan und dort die Kammer der liebreizenden Éowyn. Sie ist die Nichte des Königs, die einzige Dame am Hof. Ihr Cousin Théodred, der Sohn des Königs, ist gerade an den Folgen einer Verwundung, die er im Kampf erlitten hat, gestorben. Éowyn betrauert diesen Verlust, als Schlangenzunge ihre Kammer betritt, angeblich der Berater des Königs, in Wirklichkeit ein verschlagenes, verräterisches Subjekt. Er versucht das schutzlose Mädchen mit falschen Worten zu umgarnen.

> Schlangenzunge: „Äh ... Er muss wohl im Laufe der Nacht verschieden sein. Wie tragisch für den König, den einzigen Sohn und Erben zu verlieren! Ich weiß – solch Abschied ist nicht leicht hinzunehmen. Insbesondere jetzt, da Euer Bruder Euch im Stich gelassen ..."
>
> Éowyn: „Lasst mich allein!"
>
> Schlangenzunge: „Aber Ihr *seid* allein! Wer weiß, was Ihr der Dunkelheit anvertraut in den bitteren Stunden der Nacht, wenn Euer ganzes Dasein zu schrumpfen scheint, Euch die Wände Eures Gemachs sich nähernd umdrängen. In einen Käfig gesperrt wie ein wildes Tier!" (Er streckt seine Hand aus und be-

rührt ihre vor Erregung zitternde Wange.) „So schön, so kühl wie ein blasser Morgen im Frühling, noch durchhaucht von Winterkälte."

Éowyn (endlich entzieht sie sich seiner Berührung): „Eure Worte sind wie Gift!"

Aber Ihr *seid* allein! Mit dieser Strategie setzt der Böse jeder Frau zu. Er spielt mit der schlimmsten Furcht einer Frau: verlassen und schutzlos zu sein. Er unternimmt alles, damit sie tatsächlich verlassen wird, und er sorgt dafür, dass alles, worauf er Einfluss hat, zumindest nach Verlassenheit aussieht.

Es gibt Hoffnung

Männer sollten sich nicht einbilden, sie seien damit aus dem Schneider. Wir haben weiß Gott eine Menge Buße zu tun für das, was wir Frauen antun oder an ihnen versäumen. Ich sage freilich auch: Die unablässigen Attacken auf die Weiblichkeit und auf Frauen werden nur verständlich, wenn man sie als Teil von etwas viel Größerem begreift. Als Teil der übelsten Kampagne, die die Welt bisher gesehen hat. Der Feind hegt einen besonderen Hass gegen Eva. Wer ihm überhaupt eine Rolle in der Weltgeschichte zugesteht, kommt an dieser Erkenntnis nicht vorbei.

Der Böse hat seine Finger in all dem Schlimmen, was Ihnen passiert ist. Wenn er nicht selbst den Angriff geführt hat (offensichtlich gehen die meisten Attacken auf das Konto menschlicher Sünden), dann hat er zumindest Ihr Herz mit seinen verlogenen Botschaften bearbeitet. Er versucht Ihnen unablässig Scham und Selbstzweifel und Anklagen einzuflüstern. Er macht Sie auf falsche Tröster aufmerksam, damit Sie noch tiefer in Abhängigkeit geraten. Und warum macht er sich diese Mühe: Weil er verhindern will, dass Sie heil werden. Davor hat er Angst. Er fürchtet sich vor Ihnen, vor dem, was Sie sind und was Sie noch werden können. Er fürchtet Ihre Schönheit und Ihr Leben spendendes Herz.

Und nun hören Sie auf die Stimme Ihres Königs. So denkt Gott von Ihnen:

> Mein Herz schlägt für Jerusalem, darum kann ich nicht schweigen. Ich halte mich nicht zurück, bis Gottes Hilfe über der Stadt aufstrahlt wie die Morgensonne, bis ihre Rettung aufleuchtet wie ein heller Schein in der Nacht.
>
> Dann sehen alle Völker, wie der Herr dir Recht verschafft, Jerusalem, und ihre Könige bestaunen deinen neuen Glanz *[deine Schönheit]*.
>
> Du wirst einen neuen Namen tragen, der Herr selbst wird ihn dir geben.
>
> Ein Schmuckstück wirst du sein, das der Herr in seiner Hand hält wie ein König seine Krone *[die Krone der Schöpfung]*.
>
> Man nennt dich nicht länger „die verstoßene Frau" und dein Land nicht „die Verlassene".
>
> Nein, du heißt dann „meine Liebste" und dein Land „die glücklich Verheiratete".
>
> Denn der Herr wird dich lieben und sich über dich freuen, und dein Land wird nicht mehr vereinsamt sein …
>
> Wie ein Bräutigam sich an seiner Braut freut *[er umwirbt sie, sie genießt]*, so wird dein Gott sich über dich freuen.
>
> (JESAJA 62,1-5; HFA – ERGÄNZUNGEN DURCH DEN AUTOR)

> Doch alle Völker, die dich ausrotten wollen, sollen auch ausgerottet werden. Deine Feinde werden wie du in die Gefangenschaft ziehen. Sie haben dich beraubt – nun fallen sie selbst anderen zur Beute; dich haben sie ausgeplündert, nun gebe ich auch sie der Plünderung preis. Aber zu dir sage ich, der Herr: Ich will dich wieder gesund machen und deine Wunden heilen, auch wenn deine Feinde meinen, du seist von mir verstoßen worden.
>
> (JEREMIA 30,16-17; HFA)

Sie werden Ihr Dasein als Frau erst wirklich verstehen, wenn Sie dies verstanden haben:

- Sie sind leidenschaftlich geliebt von Gott, dem Herrscher des Alls.
- Sie werden leidenschaftlich bekämpft von seinem Gegenspieler.

Und damit kommen wir zu Ihrer Rehabilitation. Denn es gibt einen, der stärker ist als der Feind. Einen, der bereits vor Anbeginn der Zeit seinen Anspruch auf Sie angemeldet hat. Er ist gekommen, um Ihr verwundetes Herz zu heilen und Ihre weibliche Seele wieder aufzubauen. Ihm wenden wir uns im Folgenden zu.

6

Heilung für die Wunde

Ich wusste nicht, was los war mit mir,
Bis dein Kuss mir half, es zu benennen.
ARETHA FRANKLIN, NATURAL WOMAN

Diese ehrwürdigen alten Straßen entlang,
Diesen oft beschrittenen Pfaden
Müssen wir gemeinsam folgen, Liebste,
Bis wir endlich wieder heil sind.
VAN MORRISON, TILL WE GET THE HEALING DONE

Kürzlich hat sich ein Kolibri in unsere Garage verirrt.

Sie kommen im Sommer hier nach Colorado, suchen sich ein Weibchen, bauen ein Nest und schlemmen sich quer durch die Blütenpracht in unserem Garten. Wir lieben es, die Kolibris zu beobachten, ihre akrobatischen Flugkünste, ihr Stillstehen in der Luft, ihr Schwirren. Erst steigen sie senkrecht nach oben, zehn Meter und mehr, wie ein Hubschrauber oder wie die Propeller, mit denen wir als Kinder gespielt haben. Dann stürzen sie sich abwärts, stecken im letztmöglichen Moment ihre Schnäbel in einen Blütenkelch, und dann geht es wieder von vorne los. Verspielte Geschöpfe im Miniaturformat.

Wenn man sie näher betrachtet, dann schimmert das Federkleid dieser entzückenden kleinen Vögel wie Edelsteine. Manche haben eine strahlend grüne Brust, nicht dicker als ein Daumen, aber leuchtend wie Kronjuwelen. Andere haben eine tiefrote Kehle, die in der Sonne wie ein Rubin funkelt. Sie sind gleichsam lebende Regenbogen, die sich unseren Garten als Reich erkoren haben – Wesen aus einer Märchenwelt, sorglos und liebenswert. Und dann, eines Tages, hält einer irrtümlich das offene Garagentor für eine neue Einflugschneise, fliegt hinein und findet den Rückweg nicht mehr. Das arme kleine Ding flog immer wieder gegen das Fenster an und geriet zunehmend in Panik bei dem Versuch, in die Welt zurückzugelangen, die es vor sich sehen konnte, die aber durch eine Art unsichtbare Mauer versperrt war.

Mein Sohn Blaine ging in die Garage, um den Vogel zu retten. Seinem Bruder Sam war es bereits mehrmals gelungen, ein paar andere Gefangene auf das Ende eines langen Stocks zu locken und ins Freie zu bringen, wo sie – *wusch!* – davonflogen. Nur dieser eine geriet noch mehr durcheinander, taumelte verzweifelt gegen ein anderes Fenster, knallte dagegen und fiel benommen auf den Boden. Blaine sammelte ihn vorsichtig mit Handschuhen auf und trug ihn nach draußen, um zu sehen, ob er wieder zum Leben erwachen würde. Etwa eine Viertelstunde lang sah es gar nicht gut aus, aber dann kam der Kolibri wieder zu sich und schwirrte davon.

Mir gab zu denken, wie viel Mitleid und Fürsorge wir für die Rettung dieses kleinen Juwels aufgebracht hatten. Die ganze Familie hatte alles stehen und liegen gelassen, um zu helfen. (Tat es Ihnen nicht auch Leid um den Vogel, als Sie das eben gelesen haben?) Jesus hat einmal sinngemäß gesagt: Glaubt ihr nicht, dass Gott sich um euch noch mehr kümmert? „Ihr seid ihm doch viel mehr wert als Vögel!" (Matthäus 6,26; GN). In der Tat. Ich. Sie. Viel mehr wert. Ja, auch Sie. Sie sind die Krone der Schöpfung, sie tragen Gottes Bild. Und Gott wird alles unternehmen, um Sie zu retten und Ihr Herz zu befreien.

Das Angebot

Seit wir Christen sind, haben Stacy und ich zu vielen unterschiedlichen Gemeinden gehört, guten Gemeinden, in denen wir viel gelernt haben: über Gottesdienst und Opfer, über Glaube und Leiden. Und wir haben dort gelernt, das Wort Gottes zu lieben. Aber in all den Jahren ist uns etwas ganz Zentrales aus der Lehre Jesu nie nah gebracht worden. Wie die meisten Christen haben wir begriffen, dass Jesus kam, um uns von Sünde und Tod zu erlösen; dass er am Kreuz unsere Übertretungen auf sich nahm und wir nun Vergebung erlangen und heimkommen können zu Gott, der unser Vater ist.

Alles wahr. Wunderbar wahr. Und doch … es ist nicht die *ganze* Wahrheit.

Die Mission Jesu ist nicht damit zu Ende, dass ein Mensch Vergebung erfährt. Noch lange nicht. Würde sich ein Vater damit abfinden, dass seine Tochter nach einem Autounfall zwar überlebt hat, aber nun auf der Intensivstation liegt? Wird er nicht alles daransetzen, dass sie auch wieder gesund wird? Entsprechend hat auch Gott mehr für uns im Sinn. Betrachten wir einen Abschnitt aus dem Buch des Propheten Jesaja (es kann sinnvoll sein, dass Sie sich den Abschnitt laut vorlesen, sehr langsam und aufmerksam):

> Der Geist des Herrn ruht auf mir, weil er mich berufen hat.
> Er hat mich gesandt, den Armen die frohe Botschaft zu bringen und die Verzweifelten zu trösten.
> Ich rufe Freiheit aus für die Gefangenen, ihre Fesseln werden nun gelöst und die Kerkertüren geöffnet.
> Ich rufe ihnen zu: „Jetzt erlässt Gott eure Schuld!"
> Doch nun ist auch die Zeit gekommen, dass der Herr mit seinen Feinden abrechnet.
> Er hat mich gesandt, alle Trauernden zu trösten. Vorbei ist die Leidenszeit der Einwohner Jerusalems!

Statt der Trauergewänder gebe ich ihnen duftendes Öl, das sie
erfeut. Ihre Mutlosigkeit will ich in Jubel verwandeln, der sie
schmückt wie ein Festkleid.

(JESAJA 61,1-3; HFA)

Diesen Abschnitt hat Jesus zitiert, als er mit seiner öffentlichen
Tätigkeit begann. Von all den Bibelstellen im Alten Testament
hat er bei seinem ersten öffentlichen Auftritt ausgerechnet diese
vorgelesen. Das muss Gründe haben. Dieser Text ist ihm offensichtlich wichtig. Was bedeutet das? Zum einen geht es um eine
erfreuliche Nachricht, so viel ist klar. Es geht um die Heilung
von Herzen, um eine Befreiungsaktion. Ich möchte versuchen,
den Abschnitt in eine Sprache zu übertragen, die uns inzwischen
vertrauter ist:

> Gott hat mir einen Auftrag erteilt.
> Ich habe großartige Neuigkeiten für dich.
> Gott schickt mich, damit ich etwas wiederherstelle und freisetze.
> Und dieses Etwas bist du.
> Ich bin hier, um dir dein Herz zurückzugeben und dich zu be-
> freien. Ich bin hier, um mich dem Feind entgegenzustellen,
> der dir das angetan hat. Lass dich von mir trösten.
> Denn, Geliebte, ich werde dir Schönheit verleihen, wo du bis-
> her nur Verwüstung kanntest; Freude, wo bisher tiefe Sorge war.
> Und ich werde dein Herz anstelle der bisherigen Verzweiflung
> und des Kleinmuts in Dankbarkeit kleiden.

Das ist doch ein Angebot, das eine nähere Prüfung lohnt. Was,
wenn das wahr wäre? Was, wenn Jesus das tatsächlich für Ihr verletztes Herz, für Ihre verwundete weibliche Seele tun *könnte* und
tun *würde*? Lesen Sie das Angebot noch einmal, und dann wäre
mein Vorschlag: Fragen Sie ihn direkt. *Jesus – gilt das auch mir?
Würdest du das für mich tun?*

Er kann es, und er tut es ... wenn Sie ihn lassen.

Sie sind das herrliche Ebenbild Gottes. Die Krone der Schöpfung. Sie sind Opfer eines Angriffs geworden. Und nun müssen Sie sehen, wie Sie damit klar kommen. Der Feind hält Ihnen unablässig Ihre Sünden vor, um Ihr Herz klein zu halten. Nun aber ist Gottes Sohn gekommen, um Sie zu erlösen *und* Ihr verletztes, blutendes Herz zu heilen *und* um Sie aus dem Verließ zu befreien. Er kam gerade für die verzweifelten Gefangenen. Für Leute wie Sie und mich. Er kam, um das herrliche Geschöpf wieder herzustellen, das Sie sind. Er befreit Sie ... damit Sie die Frau sein können, die Sie wirklich sind.

> An jenem Tag wird Gott, der Herr, sein Volk retten. Er sorgt für sie wie ein Hirte für seine Herde. Wie funkelnde Edelsteine in einer Königskrone schmücken sie sein Land.
>
> (SACHARJA 9,16; HFA)

Das ist der Hauptgrund, warum dieses Buch entstanden ist: damit Sie erfahren: Es gibt Heilung für das Herz einer Frau. Damit Sie die Befreiung und Heilung finden, die ganz wesentlich zum Auftrag von Jesus gehört. Lassen Sie sich von ihm führen. Er wird sie durch den Prozess geleiten, der Ihr ursprüngliches Wesen in Ihnen wiederherstellt und ans Licht bringt.

In die Enge getrieben

Warum hat Gott Eva mit dem Fluch der Einsamkeit und des Kummers belegt? Warum diese Leere, die nichts und niemand ausfüllen kann? Würde ihr Leben jenseits von Eden nicht hart genug werden – verbannt aus dem Garten, der ihr wahres und einziges Zuhause war, ohne eine Chance, je zurückzukehren? Es erscheint sehr hart. Grausam geradezu.

Gott musste so handeln, um Eva zu *retten*. Denn wir wissen alle – aus eigenem Erleben –, dass sich infolge des Sündenfalls etwas in Evas Herz verschoben hat. Jener Argwohn gegenüber

Gott und seinen Absichten, jener Entschluss, das Leben in die eigenen Hände zu nehmen, hat seine Wurzeln tief in Evas – und in unsere – Seele gesenkt. Folglich muss Gott ihr einen Strich durch die Rechnung machen. Aus Liebe blockiert er ihre Bemühungen so lange, bis sie sich endlich mit ihren Wunden und ihrem Hilfeschrei an ihn und nur an ihn wendet.

> Darum versperre ich ihr den Weg mit Mauern und lasse ihn mit Dornengestrüpp überwuchern, sodass sie nicht mehr weiter weiß. Vergeblich läuft sie hinter ihren Liebhabern her. Sie wird sie suchen, aber nicht finden.
>
> (HOSEA 2,8-9; HFA)

Gott durchkreuzt auch unsere Pläne – unsere Selbsterlösungsversuche, unseren Kontrollzwang und unser Versteckspiel, durchkreuzt die Wege, auf denen wir die Leere in uns auszufüllen versuchen. Andernfalls würden wir nie so weit kommen, dass wir uns ihm restlos anvertrauen. Wir würden ihn vielleicht um „Errettung" bitten, um eine Eintrittskarte für den Himmel, wenn wir sterben. Wir wenden uns ihm womöglich zu, indem wir moralisch einwandfrei leben, regelmäßig zur Kirche gehen oder uns christlich engagieren. Aber dabei bleibt unser *Herz* tief innen doch gefangen und beschädigt und weit entfernt von dem Einen, der uns helfen könnte.

Deshalb werden Sie im Leben einer Frau oft die sanfte, aber feste Hand Gottes entdecken, die sie ausbremst. Er kann aus einer erfüllenden Tätigkeit einen erbärmlichen Job machen, falls sie die Karriere als Versteck genutzt haben sollte. Falls sie ihr Heil in der Ehe gesucht hat, wird er diese Verbindung belasten, mitunter bis sie zerbricht. Wo immer wir abseits von ihm Rettung gesucht haben, vereitelt er unsere Pläne, verleidet uns das Leben, das nicht wirklich eines ist. So war es auch bei Susan.

An meinem Arbeitsplatz wurde es immer schwieriger. Das zwang mich regelrecht in eine Verteidigungshaltung hinein. Ich argumentierte etwa so: „Sie können das nicht verstehen – Sie kennen meine Geschichte nicht. Ich muss mich verteidigen, weil es sonst niemand tut." Ich bin bei einem Vater mit Alkoholproblemen und einer emotional völlig unausgeglichenen Mutter aufgewachsen. Als Mädchen mit acht Jahren musste ich bereits dazwischen gehen, wenn mein Vater meine Mutter geschlagen hat, und umgekehrt: Wenn sie ihn fertig gemacht hat, dann habe ich ihn verteidigt. Bis ich sechzehn war, habe ich all die Beleidigungen und Verwünschungen meiner Mutter geschluckt.

Aber dann eines Tages konnte und wollte ich es nicht mehr ertragen. Mein Vater sagte mir, ich müsse wieder reingehen und es mir sagen lassen. Dieser Pfeil hat mein Herz tief getroffen. In der Folge habe ich einen undurchdringlichen Schutzwall aufgebaut. Viele Jahre lang habe ich nicht zugelassen, dass irgendetwas an diese Wunde rührt.

Gott hat mir klar gemacht, was mich diese Verteidigungshaltung gekostet hat: mein Herz. Das weibliche Herz, das sich so nach Liebe und Wertschätzung und Komplimenten sehnt, das zärtlich und freundlich und mitfühlend sein will. Gott hat mir gezeigt, was das für meine Ehe bedeutet hat: Ich habe Dave nie Gelegenheit gegeben, für mich zu kämpfen. Das tut mir Leid. Gott hat mich aufgefordert, das meinem Mann gegenüber auszusprechen und das Risiko einzugehen, dass ich mich wieder verwundbar mache. Genau an diesem gefährlichen Punkt bin ich nun, mit einem wunden, bangen Herzen, und warte und bete. Von Tag zu Tag muss ich mich erneut zwingen, die Deckung fallen zu lassen und Jesus zu erlauben, dass er meine Wunden berührt; dass er mir Kraft gibt und mich verteidigt.

Er hat mir gesagt, dass ich mich nicht mehr selbst schützen muss und dass das sein Job ist und er mein Anwalt und Verteidiger sein will.

Ob ich damit einverstanden sei? Ich sagte ja.

In dem Moment war es, als fiele eine Zentnerlast von mir ab.

Die eigenen Rettungsstrategien aufgeben

Sie müssen vermutlich nur ein paar Details ändern, dann haben Sie meine Geschichte – und Ihre eigene. Wir zimmern uns einen geschützten Bereich (*Hier* jedenfalls bin ich nicht mehr verwundbar) und suchen uns einen Ort, an dem wir wenigstens eine Ahnung davon bekommen, wie es ist, geliebt oder zumindest „gebraucht" zu werden. Unser Weg zur inneren Heilung beginnt dort, wo wir uns von diesen Strategien verabschieden, sie aufgeben, bedingungslos. Sie haben uns ohnehin nichts Gutes beschert. Frederick Buechner drückt es so aus:

> Nach besten Kräften für sich selbst sorgen, die Zähne zusammenbeißen und die Fäuste ballen, nur um in einer unbarmherzigen und abweisenden Welt zu überleben, das bedeutet, dass man unfähig ist, sich von anderen helfen zu lassen. Man müsste schon an und in sich etwas wunderbar Stilles geschehen lassen. Das ist das Problem, wenn man sich selbst gegen die Widerwärtigkeiten der Realität wappnet: Derselbe Stahl, der das Leben davor schützt, zerstört zu werden, schirmt es auch dagegen ab, dass es geöffnet und verwandelt wird.
>
> (The Sacred Journey)

Gott kommt zu uns und fragt: „Erlaubst du, dass ich mich für dich einsetze?" Er durchkreuzt also nicht nur unsere Bemühungen, sondern er macht uns zugleich ein Angebot, so wie bei unserer Freundin Susan: „Lass locker. Hör auf zu kämpfen. Gib deine Strategie auf, lass dich auf meine ein. Ich möchte das für dich durchfechten."

> Doch dann werde ich versuchen, sie wiederzugewinnen: Ich will sie in die Wüste bringen und in aller Liebe mit ihr reden.
>
> (Hosea 2,14; Hfa)

Der erste Schritt auf der Reise zur Heilung Ihres weiblichen Herzens erfordert eigentlich nur ein „Einverstanden. Ich bin dabei." Nur eine kleine Neuausrichtung im Herzen. Wie der Verlorene Sohn wachen wir eines Tages auf und wissen, dass das Leben, das wir uns eingerichtet haben, kein Leben ist. Wir lassen die Sehnsucht wieder zu uns sprechen; wir erlauben unserem Herzen eine Stimme, und diese Stimme sagt in aller Regel etwas wie: *So geht es jedenfalls nicht. Mein Leben ist ein Desaster. Ich hab's falsch angepackt, Jesus. Jetzt lasse ich dich dran. Bitte kümmere du dich um mich.*

Einladung

Es gibt einen sehr bekannten Bibelvers, den viele Menschen im Zusammenhang mit der Einladung zum Glauben an Jesus Christus schon einmal gehört haben: „Ich stehe vor der Tür und klopfe an. Wer meine Stimme hört und die Tür öffnet, bei dem werde ich eintreten" (Offenbarung 3,20; EÜ). Jesus drängt sich uns nicht auf. Er klopft an und wartet darauf, dass wir ihn hereinbitten. Es gibt dabei so etwas wie eine „Initialzündung", den ersten Schritt auf diesem Weg. Wir nennen das gewöhnlich „Bekehrung". Wir hören, wie Jesus Christus anklopft, und wir bitten ihn als den, der uns rettet, in unser Leben, in unser Herz zu kommen. Das ist die entscheidende Wende. Aber das Prinzip „Klopfen und auf die Erlaubnis warten, einzutreten" bleibt auch auf dem weiteren Glaubensweg gültig. Jesus drängt sich nie auf.

Sehen Sie, im Grunde gehen wir alle mit unserem Un-Heil-Sein in ziemlich derselben Weise um – nämlich falsch. Es schmerzt zu sehr, sich damit zu befassen. Also sperren wir die Tür zu jenem innersten Raum in unserem Herzen ab und werfen den Schlüssel weg – genau so, wie es Lord Craven (in Frances Hodgson Burnetts Kinderbuch-Klassiker *Der geheime Garten*) nach dem Tod seiner Frau mit dem Garten tut. Aber dadurch werden wir nicht heil. Im Gegenteil. Es bringt vielleicht Erleichterung – für eine Weile. Aber niemals Heilung. Normalerweise bleibt das kleine Mädchen, das in diesem Raum eingesperrt ist, verwaist und muss selbst für sich kämpfen. Wir können nichts Besseres tun, als Jesus Christus die Tür zu öffnen, ihn hereinzubitten und ihn einzuladen, damit er uns dort findet, wo der Schmerz am größten ist.

Es wird Sie vielleicht überraschen, dass Christus uns erst um Erlaubnis fragt, bevor er eintritt. Aber er ist freundlich, und die Tür ist von innen verschlossen, und Heilung kann niemals *gegen* unseren Willen geschehen. Wenn wir diese Heilung erleben wollen, müssen wir Jesus also erst einmal die Erlaubnis erteilen, an eben diese Plätze zu kommen, die wir so lange vor aller Welt verborgen haben. *Willst du zulassen, dass ich dich heil mache?* Unsere Einsamkeit kann sein Anklopfen sein. Unsere Sorgen ebenso. Er klopft durch Ereignisse, die allzu sehr dem ähneln, was uns in unserer Kindheit passiert ist: Verrat, Ablehnung, ein gesprochenes Wort, eine zerbrochene Beziehung. Er versucht es immer wieder, durch viele Dinge, und wartet darauf, dass wir ihn hereinbitten.

Geben Sie ihm die Erlaubnis. Gewähren Sie ihm Zugang zu Ihrem zerbrochenen Herzen. Bitten Sie ihn speziell *dort* hin. Vielleicht mit folgenden Worten:

Ja, Jesus. Ich lade dich ein. Komm in die Trümmer meines Herzens. [Sie wissen, welches diese Plätze sind – bitten Sie ihn dort hin. Ist es der erlittene Missbrauch? Der Verlust des Vaters? Die Eifersucht Ihrer Mutter? Laden Sie ihn ein.] *Ich öffne die Tür zu meinem Herzen. Ich gebe dir die Erlaubnis, meine Wunden zu behandeln. Komm zu mir. Heile mein verwundetes Herz und mach mich frei.*

Fragwürdige Vereinbarungen aufkündigen

Ihre Verletzungen haben Botschaften mit sich gebracht. Viele Botschaften. In gewisser Weise landen sie alle am selben Ort. Auch ihr Thema ist stets ähnlich. „Du bist wertlos." „Du bist keine richtige Frau." „Du bist zu anspruchsvoll." „Du bist ungenügend." „Du bist eine einzige Enttäuschung." „Du bist abstoßend." Und so weiter und so fort. Sie *klangen* so zutreffend, weil sie stets von Schmerz begleitet waren. Diese falschen Botschaften haben unser Herz durchbohrt; sie schienen so wahr zu sein. Und so haben wir ihnen zugestimmt. Wir haben sie für bare Münze genommen. Wir haben den Fluch akzeptiert.

Wie schon gesagt: Die Eide, die wir als Kinder geschworen haben, wirken wie eine Art Arrangement mit den falschen Botschaften. Eine Einverständniserklärung mit dem Fluch, der uns ereilt hat. „Fein. Wenn das so ist, dann ist es eben so. Ich werde mein Leben von nun an folgendermaßen führen: ..." Diese in der Kindheit abgelegten Eide sind eine gefährliche Angelegenheit. Wir müssen sie widerrufen. Wir müssen die Botschaften, die unsere Verletzungen begleiteten, zurückweisen, selbst wenn wir *noch nicht restlos* davon überzeugt sind, dass sie falsch sind. Das ist ein Weg, die Tür für Jesus aufzuschließen. Fragwürdige Vereinbarungen blockieren die Tür von innen. Wenn wir diese Vereinbarungen aufkündigen, dann öffnen wir Jesus die Tür.

> Jesus, vergib mir, dass ich diesen Lügen geglaubt habe. Du hast etwas anderes über mich gesagt. Du hast gesagt, dass ich eine geliebte Tochter Gottes bin. Ich kündige die Vereinbarungen mit ... [hier können Sie die jeweilige Botschaft einsetzen: „Ich bin dumm. Ich bin hässlich ...". Sie wissen, was.] Ich widerrufe mein Einverständnis mit diesen Botschaften, das ich all die Jahre über gezeigt habe. Erfülle mein Herz mit deinem Licht und deiner Wahrheit.

Tränen zulassen

Einer der Gründe, warum wir Frauen so erschöpft sind, liegt darin, dass wir so viel Energie darauf verwenden, Haltung zu bewahren. Es kostet so viel Kraft, den Schmerz zu unterdrücken und wenigstens nach außen eine gute Figur abzugeben. „Ich härte mein Herz ab", heißt es in einem Popsong, „ich schlucke meine Tränen hinunter." Ein schreckliche Art zu leben, für die wir einen hohen Preis bezahlen. Zum Teil treibt uns die Furcht, dass der Schmerz uns überwältigen könnte. Dass wir von unserem Kummer verzehrt werden könnten. Die Furcht ist verständlich – aber sie ist nicht besser begründet als die Furcht, die wir als Kinder vor der Dunkelheit hatten. Trauer, liebe Schwestern, ist etwas Gutes. Trauer hilft unserem Herzen, heil zu werden. Jesus selbst war „mit Leiden vertraut" (Jesaja 53,3; RE).

Lassen Sie die Tränen kommen. Suchen Sie einen Ort, wo Sie ungestört sind, steigen Sie ins Auto, gehen Sie ins Schlafzimmer oder unter die Dusche und lassen Sie den Tränen freien Lauf. Das ist das einzig Wohltuende, was Sie selbst im Hinblick auf Ihre Wunden tun können. Erlauben Sie sich, wieder etwas zu empfinden.

Und es werden die unterschiedlichsten Empfindungen hochkommen. Zorn. Einverstanden. Zorn ist keine Sünde (Epheser 4,26). Reue. Natürlich können Sie es bedauern, dass Sie so viele Jahre verloren haben. Furcht. Auch das hat seinen Sinn. Jesus kann auch mit Furcht umgehen. Tatsächlich gibt es keine Regung, mit der Jesus nicht klar kommen würde. (Blättern Sie mal in den Psalmen – ein aufgewühltes Meer voller Emotionen.)

Lassen Sie alles aus sich herausströmen.

Augustinus schrieb in seinen *Bekenntnissen*: „Die Tränen strömten herab, die ich bisher unterdrückt hatte, und ich ließ ihnen ihren Lauf und machte sie zu einem Kissen für mein Herz. Darauf kam es zur Ruhe."[3] Trauer ist eine Art Bestätigung; sie besagt in diesem Fall, dass die Wunde *zählt*. Sie ist nicht bedeutungslos. So hätte es im Leben eigentlich nicht laufen sollen. Tief in Ihnen stecken die ungeweinten Tränen eines verängstigten, einsamen kleinen Mädchens. Tränen der Teenagerin, die sich abgelehnt fühlte und keinen Menschen hatte, der für sie da war. Tränen einer Frau, deren Leben schwer und einsam verlaufen ist, und mit den Träumen, die sie einmal hatte, nichts mehr zu tun hat.

Lassen Sie die Tränen zu.

Vergeben

Schon die bisherigen Schritte waren nicht leicht – aber der nächste Schritt ist bestimmt schwer. Er erfordert Mut und Willenskraft. Wir müssen den Menschen, die uns Schlimmes zugefügt haben, vergeben. Aus einem einfachen Grund: Bitterkeit und Unversöhnlichkeit senken ihre Wurzeln tief in unser Herz und nisten sich dort ein. Sie sind Ketten, die uns an die Verletzungen und an die damit verbundenen Botschaften fesseln. Solange Sie nicht vergeben, bleiben Sie eine Gefangene. Paulus warnt ausdrücklich vor Unversöhnlichkeit und Bitterkeit: Sie können unser Leben und das anderer Menschen ruinieren (Epheser 4,31; Hebräer 12,15). Wir müssen davon Abstand nehmen.

> Seid bereit, einander zu vergeben, selbst wenn ihr glaubt,
> im Recht zu sein. Denn auch Christus hat euch vergeben.
>
> (KOLOSSER 3,13; HFA)

Wohlgemerkt: Vergeben erfordert eine *Entscheidung*. Neil Anderson schreibt: „Warten Sie nicht mit dem Vergeben, bis Ihnen danach zumute ist – da können Sie lange warten. Ihre Gefühle werden erst allmählich heilen, *nachdem* die Entscheidung bereits gefallen ist und Sie vergeben *haben*." Wir erlauben Gott, die Verletzungen der Vergangenheit wieder aufzudecken, denn „wenn

Ihre Vergebungsbereitschaft nicht auch Ihre Empfindungen erreicht, dann wird sie unvollständig bleiben." Wir erkennen an, dass die Wunde schmerzt, dass es uns tatsächlich etwas ausmacht, dass es eben nicht egal war – und wir *entscheiden* uns, unseren Vätern zu vergeben, unseren Müttern, den Menschen, die uns verletzt haben.

Das bedeutet ausdrücklich *nicht*: „Es war gar nicht so tragisch"; es bedeutet *auch nicht*: „Vielleicht hatte ich es verdient." Vergeben heißt: „Es war schlimm, sehr schlimm. Es hat mir etwas ausgemacht, es hat mich tief verletzt. Aber ich trage es dir nicht mehr nach. Ich gebe dich an Gott ab."

Es kann hilfreich sein, wenn Sie sich bewusst machen: Die Menschen, die Ihnen solche Wunden geschlagen haben, waren ebenfalls tief verletzt. Auch sie hatten zerbrochene Herzen, auch sie sind den Angriffen des Feindes nicht entgangen. Sie waren gewissermaßen Geiseln des Bösen. Das entschuldigt nicht, was sie Ihnen angetan haben. Nur hilft es uns, sie loszulassen und zu erkennen, dass sie ihrerseits zerstörte Seelen waren.

Bitten Sie Jesus um Heilung

Wir geben unsere Selbsterlösungsversuche auf. Wir öffnen Jesus die Tür zu unserem wunden Herzen. Wir widerrufen die Einverständniserklärungen, die wir im Hinblick auf die erlittenen Verletzungen gemacht, die Schwüre, die wir abgelegt haben. Wir vergeben denen, die uns Leid zugefügt haben. Und dann bitten wir ganz einfach darum, dass Jesus uns heilt. Melissa war das junge Mädchen, das sich geschworen hatte, „abweisend und hart wie ein Fels" zu werden und dann tatsächlich viele Jahre lang so war. Aber damit endet ihre Geschichte nicht. Sie kam an den Punkt, an dem Jesus ihr angeboten hat, ihr verletztes Herz zu heilen. Sie gab ihm die Erlaubnis. Was passierte dann:

Gott kam zurück zu dem zitternden kleinen Mädchen, das sich unter dem Bett versteckt hatte, und überzeugte es, hervorzukommen. Er öffnete ihre geballten Hände und nahm ihre Hand in seine und beantwortete ihre Frage. Er hielt sie fest und sagte ihr, dass sie nicht hart sein müsse. Er würde sie beschützen. Sie müsse auch nicht stark sein. Er sagte ihr, dass sie kein Fels sei, sondern ein Kind. Ein unschuldiges Kind. Sein Kind. Er verurteilte sie nicht, für nichts. Stattdessen zeigte er Verständnis und Liebe! Er sagte ihr, dass sie etwas Besonderes sei – unvergleichlich, und dass sie besondere Talente hätte wie niemand sonst. Sie erkannte seine Stimme und vertraute ihm. Sie konnte es ihm anhören, dass er sich über sie freute, und spürte sein Entzücken an ihr. Er war so zart und liebevoll, dass sie nicht anders konnte: sie barg sich in seinen Armen.

Das kann jede Frau erleben. Das ist das Angebot Jesu, des Retters: Er will zerbrochene Herzen heilen, will zu den kindlich verwundbaren Plätzen in uns kommen, will uns dort in die Arme schließen und nach Hause bringen. Es ist Zeit, sein Angebot anzunehmen.

Jesus, komm zu mir und heile mein Herz. Komm dorthin, wo alles in mir in Trümmern liegt.
Komm und suche das kleine verletzte Mädchen.
Komm und nimm mich in deine Arme und mach mich gesund.
Tu das, was du versprochen hast – heile mein zerbrochenes Herz und befreie mich.

Schutz vor dem Feind

In jenem wunderbaren Abschnitt in Jesaja 61 verspricht Gott Freiheit für die Gefangenen: „Ihre Fesseln werden gelöst und die Kerkertüren geöffnet" (V. 1, Hfa). Im folgenden Vers ist davon die Rede, dass der Herr „mit seinen Feinden abrechnet". Unsere Verletzungen, unsere Schwüre und unser stillschweigendes Einverständnis mit dem, was uns passiert ist – das alles verschafft dem Feind einen Brückenkopf in unserem Leben. Paulus warnt die Christen in Ephesus davor. Er schreibt dort: „Gebt dem Teufel keinen Raum!" (Epheser 4,27; EÜ). Es wird Dinge geben, mit denen Sie ein Leben lang gekämpft haben – Selbstzweifel, Zorn, Depressionen, Scham, Süchte, Furcht. Vermutlich haben Sie geglaubt, das sei eben ihre persönliche Unfähigkeit.

Aber das stimmt nicht. Tatsächlich sind all diese lebensfeindlichen Dinge Schlingen des Feindes, der Ihr Herz mit Beschlag belegen und Sie in der Finsternis einkerkern wollte. Natürlich haben wir das Unsere dazu getan. Wir haben zugelassen, dass der Feind in uns sozusagen Land gewonnen hat, indem wir unsere Verletzungen missachtet und unsere Eide abgelegt haben. Aber Jesus hat uns dieses Paktieren mit dem Gegenspieler vergeben. Und nun will er uns losketten.

Bitten Sie ihn, Ihre Feinde zu besiegen. Er hat es schließlich versprochen. Bitten Sie ihn, dass Ihr Herz von den Einflüssen und Einflüsterungen des Feindes, des Durcheinanderbringers, frei wird.

> Jesus, komm und rette mich. Befreie mich von …
> [Sie wissen, wovon Sie frei werden müssen – benennen Sie es.]
> Vertreibe die Finsternis. Zieh meine Feinde zur Verantwortung. Ich überlasse es dir, sie zu richten. Mach mein Herz frei und froh.

Entdecken Sie Gottes Väterlichkeit

Dann verabschiedete er sich von Sara. Sie saß auf seinem Schoß, klammerte sich an den Aufschlägen seines Mantels fest und schaute ihn lange und eindringlich an.

„Willst du mich auswendig lernen, Sara?", fragte er sie zärtlich und streichelte ihr übers Haar. „Nein", sagte sie. „Ich kenne dich schon auswendig. Ich bewahre dich ganz tief in meinem Herzen auf." Sie hielten sich fest umschlungen und küssten sich, als wollten sie sich nie wieder loslassen.

(F. H. Burnett, Sara, die kleine Prinzessin[4])

Diese kostbare Geschichte rührt etwas in den Herzen von kleinen Mädchen an – und in den Herzen von Frauen ebenso. Jedes kleine Mädchen ist dafür geschaffen, mit einem Vater aufzuwachsen, der es bedingungslos liebt. Wer Gott ist, wie er ist und wie er sie sieht, lernt ein Mädchen zuerst von ihrem irdischen Papa. Gott ist „unser Vater im Himmel". Er offenbart sich seinen Töchtern und Söhnen zu allererst durch die Liebe unserer leiblichen Väter. Uns allen ist ursprünglich zugedacht gewesen, dass wir die Liebe eines Vaters erleben, uns in ihr sicher fühlen, von ihr beschützt werden und dort aufblühen.

Ich (Stacy) habe so oft gehört, dass unsere Vorstellung von Gott, dem Vater, direkt auf das zurückzuführen ist, was wir von unseren irdischen Vätern erlebt haben. Zum ersten Mal hörte ich das als gerade bekehrte Christin von der Kanzel herab, und in meiner typischen Art dachte ich: *So ein Unsinn*. Ich hielt nicht den Pastor für dumm, mir erschien nur der Gedanke selbst lächerlich. Natürlich war mein Vater nicht Gott. Jeder wusste das. Aber später, als ich andere Frauen von Gott als Vater sprechen hörte, klang in ihren Stimmen oft etwas Weiches, Zartes, vielleicht sogar Kindliches mit, das mir selbst fremd war. Als ich dann auch noch Leute zu ihrem „Daddy" oder „Papa" beten hörte, war mir klar: Sie sprachen mit jemandem, den ich nicht kannte.

Ich habe meinen Vater nie „Daddy" genannt. „Papa" – so hie-
ßen Väter in Kinofilmen. Manche von uns sind in Familien aufgewachsen, wo die korrekte Anrede für den Vater „Sir" war.
Mein Vater war selten zu Hause und wenn, dann war er emotional abwesend. Nähe und Vertrauen zu „Daddy" – das konnte es
für mich nicht geben. Sie erinnern sich: Er wollte mit mir nichts
zu tun haben. Ich war eine Enttäuschung für ihn.

Ich habe mittlerweile verstanden, dass das wahr ist, was dieser
Pastor da vor vielen Jahren gesagt hat. Ich habe meinen himmlischen Vater durch die Brille meiner Erfahrungen mit meinem
leiblichen Vater betrachtet. Und das konnte nur bedeuten, dass
mein himmlischer Vater distanziert, selten ansprechbar, abweisend, schwer zufrieden zu stellen, leicht zu enttäuschen, auf-
brausend und schwer einzuschätzen war. Natürlich wollte ich
ihn zufrieden stellen. Aber nachdem Gott der Vater mir schwer
zu ergründen und nicht besonders einladend vorkam, konzentrierte sich meine Beziehung zu Gott auf seinen Sohn. Jesus
mochte mich. Bei seinem Vater war ich mir nicht so sicher.

Nach Jahren in meiner christlichen Existenz begann ich mich
danach zu sehnen, Gott als meinen Vater besser zu begreifen. Ich
bat ihn, mir mehr davon zu zeigen, wie er mein „Dad" ist. Gott
lud mich ein, eine Reise in die Tiefen meines Herzens zu unternehmen. Ich bin immer noch dabei und habe auf diesem Weg
überraschende Wendungen erlebt. Zunächst brachte mich Gott
dazu, dass ich mich gründlicher mit meinem irdischen Vater be-
schäftigte. Wer war er wirklich? Was dachte er wirklich über
mich? Woran konnte ich mich überhaupt erinnern? Gott führte
mich zu den verborgenen Plätzen in meinem Herzen, die immer
noch wund waren und von Verletzungen schmerzten, die mir
mein Vater zugefügt hat. Plätze, die ich nicht hatte aufsuchen
wollen. Erinnerungen, die ich nicht heraufbeschwören wollte;
Gefühle, die ich nicht empfinden wollte. Ich habe mich überhaupt nur auf diese Reise in mein Inneres eingelassen, weil ich
wusste, dass ich nicht allein sein würde. Gott ging mit. Er würde

mein Herz halten. Und ich hatte inzwischen gelernt, seinem Herzen zu vertrauen.

Es gibt einen zentralen Raum in unserem Herzen, der für Papa reserviert war. Für seine starke und zärtliche Liebe. Dieser Raum ist immer noch da, und er ist voller Sehnsucht. Öffnen Sie ihn für Gott, Ihren Vater. Bitten Sie ihn, diesen Raum auszufüllen und Ihnen dort mit seiner Liebe zu begegnen. Wir haben alle so angestrengt versucht, diese Liebe in anderen Menschen zu finden, aber das kann nicht funktionieren. Wir sollten diesen Raum dem Einen übereignen, der uns am besten lieben kann.

> Vater, ich brauche deine Liebe. Komm in die Mitte meines Herzens. Bring deine Liebe für mich mit. Hilf mir zu erkennen, wer du wirklich bist. Zeige dich mir. Sage mir, was ich dir bedeute. Komm und beweise mir deine Väterlichkeit.

Bitten Sie Gott um Antwort auf Ihre Frage

Wenn Sie das Buch *Sara, die kleine Prinzessin* von F. C. Burnett kennen, dann werden Sie sich erinnern, dass das Leben für Sara nicht glatt ablief. Ausgerechnet an ihrem elften Geburtstag erreicht sie in der Schule die Nachricht, dass ihr geliebter Vater tot ist. Sein Vermögen ist eingezogen worden, und sie steht mittellos da. Da sie kein Geld hat, um die Privatschule zu bezahlen, wird sie zur Arbeit gezwungen, übel behandelt und in eine ärmliche Dachkammer gesteckt.

Aber Saras Vater hat ihr seine Liebe ins Herz eingepflanzt, und das hat bleibende Spuren hinterlassen. Arm, beraubt und schlecht behandelt, hat Sara doch ein Herz aus Gold. Sie sagt sich: „Was auch immer kommt, eines ändert sich nicht. Wenn ich auch eine Prinzessin in Lumpen und Fetzen bin, so kann ich doch im Herzen eine Prinzessin sein. Prinzessin sein wäre leicht, wenn ich ein golddurchwirktes Kleid tragen würde, aber es ist ein viel größerer Triumph, eine Prinzessin zu sein, auch wenn niemand es sieht."

Wie bekommt man ein solches Selbstvertrauen? Bringen Sie Ihre tiefste Frage zu Gott. Die Frage ist immer noch da. Wir alle bewegen sie. Wir alle wollen wissen: *Siehst du mich? Bin ich attraktiv? Erkennst du, wie schön ich bin?*

Letztes Jahr ging mir auf, dass auch Stacy noch auf eine Antwort auf diese Frage wartete. Es war unser Hochzeitstag, und wir gingen zum Essen aus. Im Lauf des Abends sagte ich ihr irgendwann: „Du warst ein süßes kleines Mädchen." Sie blickte mich an mit einem Gesichtsausdruck, der signalisierte: *Lüg mich nicht an!* „Ja, weißt du das nicht?" Lange Pause. „Nein." „Hör mal, Liebste – du weißt das *wirklich* nicht?" Ich hatte die Fotos gesehen. Ich hatte aufblitzen sehen, was für ein Schatz sie war. Aber das Leben hat ihr eine andere Botschaft eingeprägt. Und so drängte ich sie: „Du musst Gott fragen, was er in dir sieht. Bring diese Sache vor ihn."

Wir könnten so viele schöne Geschichten erzählen, Geschichten von Frauen, die bei Gott eine Antwort auf ihre Frage gefunden haben. Unsere Freundin Kim zum Beispiel. Als Mädchen wollte Kim beim Spielen immer die Prinzessin sein, die gerettet wird. „Aber das Mädchen aus der Nachbarschaft war noch hübscher als ich. Eine richtige Barbie. Also musste ich mich den Jungs anschließen und mit ihnen zusammen den Drachen bekämpfen und sie retten. Ich durfte nie die Prinzessin sein." Tränen kamen ihr, als sie das erzählte, Tränen aus der Kindheit, die sie als Kind nie geweint hatte. Es war gut, dass sie endlich fließen durften. „Kim, ich möchte dir etwas vorschlagen", sagte ich. „Ich möchte, dass du Jesus bittest, dir zu zeigen, wie schön du bist." „Das soll ich tun?", sagte sie. „Ich meine, ist das in Ordnung? Er würde das wirklich für mich tun?"

Nach zwei Monaten kam sie wieder, lächelnd, als ob sie ein großes Geheimnis zu verraten hätte. Ihr Gesicht strahlte. Sie hatte tatsächlich in der Begegnung mit Jesus ihre Schönheit entdeckt. Er hatte sie ihr vor Augen geführt – auf ganz erstaunlich viele unterschiedliche Weisen. „Es ist unvorstellbar", sagte sie. „Ich fange ganz langsam an zu glauben, dass ich tatsächlich schön bin."

Erst kürzlich habe ich mit unserer Freundin Debbie gesprochen. Sie ist diejenige, deren Vater eine Affäre hatte und die so viel Zeit darauf verwendet hat, herauszufinden, was mit ihr „verkehrt" war. „Was wäre, wenn du einmalig und bezaubernd schön bist, nur dass diese Schönheit unter deiner ständigen Anstrengung nicht zu erkennen ist?" Sie lehnte sich in ihrem Sessel zurück und seufzte bei dem Gedanken. Etwas an ihr wurde sanft. Auf einmal war sie schön. Der Schleier war zurückgeschlagen, und da war sie – eine schöne Frau. Die Resignation war verschwunden, die Ängstlichkeit, der Schmerz. Einen Augenblick lang war sie vollkommen ruhig. „Was fängt dein Herz mit dieser Möglichkeit an?" Eine Sekunde Pause. „Zwei Dinge kommen in mir auf", sagte sie. „Ein ‚Hurra!' und ein ‚Verdammt!'" Ich musste über ihre Aufrichtigkeit lächeln. „*Hurra!*, weil es tatsächlich wahr sein könnte, und *Verdammt!*, weil ich mich frage: Was habe ich eigentlich in all den Jahren gemacht?"

Vielleicht fangen Sie auch mit einem „Was wäre, wenn …?" an. Was, wenn Sie all die Zeit über einer Lüge aufgesessen sind – den falschen Botschaften, die im Gefolge Ihrer Verletzungen aufgetaucht sind? Verinnerlichen Sie das: Es war nicht die Wahrheit. Was löst das in Ihnen aus? Tränen? Freude? Erleichterung? Hier die Erfahrung einer Frau:

Auch wenn ich auf vielen Gebieten erfolgreich war, habe ich mich doch immer dafür geschämt, dass ich nach gängigen Maßstäben nicht besonders weiblich war. Ich hätte mich nie getraut, Gott zu fragen, was er von mir als Frau hielt. Ich habe mit ihm bis zum Ende gerungen. Ich wusste genau, dass Gott nicht gemein sein würde, aber ich war davon überzeugt, dass ich in Sachen Weiblichkeit seine Erwartungen nur enttäuschen konnte. … Als ich mir dann endlich gestattete, auf Gott zu hören und auf das, was er mir zu sagen hatte, da hörte ich einen Namen: Grace [= Anmut, Charme, Gnade].

Und in diesem Augenblick zerplatzte die Lüge von wegen „zu viel von einem Jungen, zu wenig von einem Mädchen". Gott krönt mich mit Gnade. Er krönt mich mit Liebe. Und ich bin zufrieden.

Bringen Sie Ihre Frage zu Gott. Lassen Sie sich von ihm Ihre Schönheit zeigen. Und dann? Lassen Sie sich von ihm umwerben.

7
Umworben

Mit ewiger Liebe habe ich dich geliebt.
GOTT (JEREMIA 31,3; HFA)

Das romantische Abenteuer ist das Fundamentalste im Leben,
fundamentaler als die Wirklichkeit.
G. K. CHESTERTON[1]

Ein langer, rastloser Tag lag hinter mir, und ich überließ John
die Jungs und entschwand in die Nacht, um endlich mit mir und
meinen Gedanken allein zu sein. Es war eine für Colorado typische, schöne Herbstnacht. Ich schlug den Weg zu einem Park in
der Nähe unseres Hauses ein. Die Luft war frisch und klar, die
Sterne funkelten und zwinkerten mir zu. Ich atmete diese ganze
Schönheit ein und ließ die Sorgen des Tages hinter mir. Eine küh-
le Brise kam auf, als einer jener frühen Vorboten des Winters. Ich
war angerührt von der Schönheit und Pracht., die mich umgab
und machte Gott ein Kompliment für die gute Arbeit, die er da
geleistet hatte. „Es ist so schön, Herr! Die Sterne sind großartig!"
Ich freue mich, dass es dir gefällt, Darling.
Ich war wie vom Donner gerührt. Hatte der Schöpfer des
Universums mich da gerade „Darling" genannt? War das *in Ordnung*? Allein schon die Vorstellung durchflutete mich mit Wärme, aber zugleich fragte ich mich, ob ich jetzt nicht anfing, mir
etwas einzubilden. Vielleicht war es ja ein Sakrileg zu glauben,
dass Gott solch einen Kosenamen verwendet. Und auch noch
ausgerechnet für mich. Just an diesem Tag war mir der Gedulds-
faden gerissen, und ich hatte meine Kinder in einem hässlichen

Tonfall angebrüllt, der sie verletzt und mich erschreckt hatte. Ich schaffe es regelmäßig, meine Freunde zu enttäuschen und an meiner Familie zu versagen.

Darling? Ausgerechnet ich?

Später am Abend nahm ich vor dem Einschlafen noch einmal die Bibel zur Hand und schlug sie aufs Geratewohl auf. Das Hohelied der Liebe. Meine Augen fielen auf die Worte „How beautiful you are, my darling" (zu deutsch: „Wie schön bist du, meine Freundin"; Das Hohelied 1,15). Wie freundlich von Gott – denn nun wusste ich Bescheid. Es war wirklich er gewesen. Die überwältigende Liebe Gottes zu *mir* erfüllte in jener Nacht mein Herz in einer neuen, tiefen Weise. Er hatte zu mir gesprochen. Dieser starke und wilde Gott, an den ich glaube, der jede meiner Regungen und Gedanken kennt, der jeden meiner Fehler und jede Sünde sieht – dieser Gott liebt mich. Nicht in einem religiösen Sinn, nicht so, wie wir das normalerweise deuten, wenn wir hören: „Gott liebt uns". Das klingt gewöhnlich nach „... weil er muss", oder es bedeutet „er duldet uns".

Nein. Er liebt mich – wie ein *Liebhaber* liebt. Gigantisch!

Sehnsucht nach Liebe

Eine Frau wird schön, wenn sie weiß, dass sie geliebt wird. Wir haben das so oft erlebt – Sie vermutlich auch. Abgeschnitten von Liebe, abgelehnt, von niemandem umworben, welkt etwas in einer Frau dahin wie eine Blume, die kein Wasser mehr bekommt. Sie verblüht in Resignation, Geschäftigkeit und Scham. Ihre Ausstrahlung ist weg, als hätte man das Licht ausgeknipst. Ein und dieselbe Frau, von der alle dachten, dass sie grau und reizlos ist, wird attraktiv und hübsch, sobald sich jemand um sie *bemüht*. Ihr Herz erwacht wieder zum Leben, es traut sich wieder ans Licht, ihre Erscheinung wird strahlend. Und wir wundern uns: „Wo hat sie all die Jahre gesteckt? Sie ist wirklich bezaubernd."

Denken Sie an Fran im Film *Strictly Ballroom*, oder an Tulah in *My Big Fat Greek Wedding*. Denken Sie an Lottie in *Verzauberter April*, an Adrian in *Rocky* und an Danielle in *Auf immer und ewig*. Sie waren schon immer schön gewesen. Mit all diesen Frauen ist nur eines passiert: Die Kraft der Liebe hat ihre wahre Schönheit *ans Licht gebracht* und hat ihr Herz zum Leben erweckt. Sie sind lebendig geworden. Als Frauen sehnen wir uns danach, auf eine bestimmte Art geliebt zu werden. Eine Art Liebe, die ganz unserer Weiblichkeit entspricht. Wir wollen begehrt, umworben, zärtlich geliebt werden. So sind wir gestrickt; das macht uns lebendig. Auch Sie werden das kennen. Irgendwo tief drinnen wissen Sie es.

Aber was Sie vielleicht noch nie gehört haben: Dafür muss nicht erst der richtige Mann des Wegs kommen.

Gott höchstpersönlich will diese Liebe in Ihr Leben bringen. Er möchte, dass Sie das kindliche „Jesus liebt mich ganz gewiss, denn die Bibel sagt mir dies" hinter sich lassen. Er will uns durch seine Liebe zu reifen, selbstbewussten Frauen machen, die ihn wirklich *kennen*. Er möchte, dass wir die Wahrheit solcher biblischer Aussagen erleben wie z. B. Hosea 2,14: „Dann werde ich versuchen, sie wiederzugewinnen. Ich will sie in die Wüste bringen und in aller Liebe mit ihr reden." Oder Hohelied 4,9: „Du hast mich verzaubert, mein Mädchen, meine Braut! Mit einem einzigen Blick hast du mein Herz geraubt!" Unser Herz verzehrt sich danach. Wie wäre es, wenn Sie höchstpersönlich erfahren könnten, dass das tiefste Empfinden, das Gott Ihnen entgegenbringt, nicht Enttäuschung oder Missfallen ist, sondern wirklich und wahrhaftig eine tiefe, brennende, leidenschaftliche Liebe? Mit einer solchen Liebe geliebt zu werden, das ist die ursprüngliche Bestimmung einer Frau.

Sicher, es ist schon wichtig, sich an das zu halten, was Gott von uns erwartet. Aber Gehorsam ist nicht alles, wozu uns Gott auffordert. Das allein bringt uns keine Heilung, genauso wenig wie Wäsche waschen ausreicht, um eine Ehebeziehung zu pflegen. Und Gehorsam allein wird auf lange Sicht auch nicht zum Überleben reichen. Es gibt mehr als genug Beispiele für Christenverfolgungen. Alljährlich werden mehr Christen zu Märtyrern als in jeder anderen Zeit der Kirchengeschichte. Es ist nicht Gehorsam, der unsere Brüder und Schwestern standhaft dem Tod ins Auge blicken lässt. Es ist heilige, glühende Leidenschaft. Es sind entflammte Herzen.

Denn die Grundlage aller Heiligkeit ist leidenschaftliche Liebe.

Gott als Liebhaber

Denken wir noch einmal an die Filme, die Frauen lieben. Stellen Sie sich eine ausgesprochen romantische Szene vor, eine, die Sie zum Seufzen bringt. Jack und Rose am Bug der *Titanic*, sein Arm um ihre Hüfte, ihr erster Kuss. William Wallace, wie er zu Prinzessin Isabelle erst in französischer, dann in italienischer Sprache sagt: „Nicht so schön wie Ihr." Aragorn, der mit Arwen im Mondlicht an der Brücke in Bruchtal steht und ihr seine Liebe erklärt. Edwards Rückkehr zu Elinor in *Sinn und Sinnlichkeit* und Professor Behrs Rückkehr zu Jo am Ende von *Betty und ihre Schwestern*.

Und nun denken Sie sich an die Stelle der begehrten Schönen sich selbst und Jesus an die Stelle des Liebhabers.

Was löst diese Vorstellung in Ihrem Herzen aus? Zaudern, vorsichtiges Fragen: „Ist das denn erlaubt?" Oder regt sich leise ein Wunsch: „Wie gerne würde ich das erleben"? Möglicherweise empfinden Sie auch leise Furcht, den Einwand Ihres verletzten Herzens: „Ich möchte mich aber nicht öffnen." Dann können Sie erfahren, dass genau dieses Sich-Öffnen für die Möglichkeit einer solchen Liebe die Heilung Ihres Herzens ermöglicht. Das ist in Ordnung. Es ist sogar biblisch. Jesus bezeichnet sich selbst als den Bräutigam (Matthäus 9,15; 25,1-10; Johannes 3,29). Nun müssen Sie freilich die religiöse Verpackung und das vergeistlichte Verständnis erst einmal zur Seite schieben. „Bräutigam" bedeutet einfach Verlobter. Geliebter. Das ist die intimste von allen Metaphern, die Jesus verwendet hat, um seine Liebe und seine Sehnsucht nach uns zu beschreiben und die Art von Beziehung, zu der er uns einlädt.

In der Bibel werden Sie eine ganze Reihe von Bildern finden, die unsere Beziehung zu Gott beschreiben. Wir sind „Ton in der Hand des Töpfers", wir sind die Schafe, und Gott ist der Hirte. Jedes für sich ist eindrücklich und beschreibt eines der unterschiedlichen Stadien unseres geistlichen Lebens oder eine charakteristische Seite der Liebe Gottes zu uns. Aber ist Ihnen aufgefallen, dass es in diesen Bildern so etwas wie eine stufenweise Entwicklung gibt? Zwischen Töpfer und Ton und Hirte und Schaf gibt es einen auffälligen Unterschied hinsichtlich der Vertrautheit. Der Herr und der Sklave. Der Vater und das Kind: eine wunderbare Zunahme an Intimität. Noch mehr Vertrautheit steckt im Begriff „Freunde". Und schließlich sagt Gott auch noch, dass er unser Liebhaber (Verlobter, Bräutigam) ist, und wir sind seine Braut. Das ist der Höhepunkt, das ist das Ziel unserer Erlösung. Davon ist im letzten Kapitel der Bibel die Rede, wo Jesus Christus zurückkehrt zu seiner Braut. Das ist das intimste und leidenschaftlichste Bild von allen.

Wenn Sie sich erst einmal auf diesen Gedanken einlassen: Er der Liebhaber, Sie die Geliebte, dann werden Sie feststellen, dass Gott Sie umworben hat, seit Sie ein kleines Mädchen waren. Wir haben bereits festgestellt, dass Ihre Lebensgeschichte die Geschichte eines langen und immer noch anhaltenden Angriffs auf Ihr Herz ist. Aber das ist nur die eine Hälfte der Wahrheit. Jede Geschichte braucht ihren Bösewicht und ihren Helden. Die große Romanze, von der die Bibel erzählt, spricht von einem Liebhaber, der sich nach Ihnen verzehrt. Ihre Lebensgeschichte ist *auch* die Geschichte des Einen, der Sie von Grund auf kennt und liebt, und die Geschichte seines langen und leidenschaftlichen Bemühens um Ihr Herz.

Gott hat diese Liebesgeschichte nicht nur in unser Herz eingeprägt; nein, die ganze Welt, alles, was uns umgibt, erzählt davon. Wir müssen eigentlich nur Augen und Ohren aufmachen, dann erkennen wir seine Stimme, die nach uns ruft, und sehen seine Hand, die uns zuwinkt, in der allgegenwärtigen Schönheit, die unser Herz schneller schlagen lässt.

> Länger als die Fische schwimmen
> Beschwingter als je ein Vogel fliegt
> Länger als die Sterne blinken
> Bin ich in dich verliebt
> Stärker als ein Felsgebirge
> Standhafter noch als ein Baum
> Tiefer als ein Urwald
> Bin ich in dich verliebt
> DAN FOGELBERG, *Longer*[2]

Was waren die Dinge, die als Kind Ihr Herz begeistert haben? Pferde in freier Wildbahn? Die frische Luft nach einem Sommerregen? Ein Lieblingsbuch wie *Der geheime Garten*? Der erste Schnee im Winter? All das waren zugeraunte Botschaften Ihres Liebhabers, Briefchen, die die Sehnsucht in Ihrem Herzen wachrufen sollten. Auf unserem Weg als Frauen zu immer größerer Vertrautheit mit Gott bringt er uns oft solche Dinge wieder zu Bewusstsein. Er macht uns damit klar, dass er *stets* da war und dass er auch jetzt da ist, um zu heilen oder zurückzubringen, was uns geraubt wurde.

Das Herz für den Liebhaber öffnen

Jedes Lied, das Sie mögen, jede Erinnerung, die Ihnen wichtig ist, jeder Augenblick, der Sie zu heiligen Tränen gerührt hat, ist Ihnen von dem Einen geschenkt worden, der Sie von Ihrem ersten Atemzug an umworben hat, um Ihr Herz zu gewinnen. Gottes Version von Blumensträußen, Pralinen und romantischen Abendessen bei Kerzenlicht sind Sonnenuntergänge und Sternschnuppen, Mondlicht über einem See und Grillenkonzerte, warmer Wind, sich wiegende Bäume, prachtvolle Gärten und eine wild entschlossene Hingabe.

Dieses liebevolle Werben ist überaus persönlich. Es ist gerade so, als sei das Drehbuch speziell für *Ihr* Herz geschrieben. Gott weiß, was Ihnen den Atem raubt und was Ihr Herz schneller schlagen lässt. Wir haben viele seiner Liebesbriefe nur deshalb nicht wahrgenommen, weil wir unser Herz weggesperrt haben, um den Schmerz des Lebens erträglicher zu machen. Nun sind wir auf dem Weg zu einem ganzen, heilen Frausein, und da gilt es, unser Herz wieder zu öffnen und offen zu halten. Natürlich nicht für alles und jeden. Aber wir werden Gottes Flüstern nur hören und seine Küsse nur spüren, wenn wir ihm unser Herz wieder geöffnet haben.

Vielleicht macht er sich anders bemerkbar, als wir erwartet haben, vielleicht sogar anders, als es, wie wir meinen, wünschenswert wäre. Vor ein paar Jahren war John beruflich unterwegs in Oregon. Eine kurze Zeit konnte er sich ausklinken, um allein mit Gott zu sein. Er ging hinunter zum Strand, betete und setzte sich schließlich in den Sand und beobachtete die Wellen. („Je wilder, desto besser" – das ist seine Vorstellung von Erholung). Dann sah er es. Ein starker Wasserstrahl stieg in den Himmel auf, und ein gewaltiger Buckelwal tauchte direkt vor ihm auf, unglaublich nah am Strand. Niemand sonst war Zeuge des Geschehens. Die Zeit der jährlichen Walwanderung war längst vorbei. Ein Geschenk Gottes für John ganz persönlich, ein Geschenk vom Liebhaber seines Herzens!

John erzählte mir davon, und so sehr ich mich für ihn freute, sehnte ich mich doch noch mehr nach einem solchen Kuss für mich selbst. Ich wollte auch einen Wal. Ich wollte Gottes Liebe zu mir genauso persönlich erleben. Nicht lange danach waren John und ich im Norden Kaliforniens als Referenten eingeladen.

Auch ich stahl mich eines Morgens für kurze Zeit davon, auch mein Weg führte zum Strand. Ich saß da im Sand, schaute aufs Meer hinaus und bat Gott um einen Wal. „Ich weiß, dass du John liebst, aber liebst du mich genauso? Wenn ja, kann ich dann auch einen Wal haben?"

Ich fand die Frage selbst ein wenig albern, denn ich wusste ja: Gott hatte seine Liebe zu mir längst bewiesen. Christus hatte gelebt und war gestorben, um mich zu retten (Johannes 3,16). Ich war ihm den höchstmöglichen Preis wert gewesen. Er hatte mir die Schöpfung, die von seiner Herrlichkeit und Liebe erzählt, und sein Wort in all seiner Tiefe und Schönheit gegeben. Nun war ich hier und wollte noch mehr. Und Gott war einverstanden. Gott freut sich, wenn er sich Menschen offenbaren kann, die ihn von ganzem Herzen suchen. Er ist ein extravaganter, einfallsreicher Liebhaber, und er beweist uns seine Liebe gern, immer wieder.

Nach einer Weile hatte sich immer noch kein Wal gezeigt, und ich stand auf und setzte meinen Spaziergang fort. Es war früh im Jahr, Wellen donnerten an den Strand, Seemöwen schrien. Die nördliche Küste von Kalifornien ist felsig, ich musste mir meinen Weg suchen, bog um eine Ecke – und wäre fast auf einen Seestern getreten. Ein Seestern in wunderbarem Orange. Ich wusste sofort, dass das Gottes Geschenk an mich war. Sein Kuss. Nein, er hat mir keinen Wal gegeben – der war speziell für John gedacht. Für mich, und nur für mich, hatte er diesen wunderschönen Seestern reserviert. Er hatte meine Bitte gehört. Doch, er liebte mich. Ich dankte ihm dafür, ging ein paar Schritte weiter in die nächste Bucht, und geriet wohin? In ein Meer von Seesternen, vor mir, hinter mir, um mich herum. Es müssen Tausende gewesen sein. Ein unvergleichlicher Anblick. Violette und orangefarbene und blaue in jeder vorstellbaren Größe. Ich brach in ein Freudengelächter aus, mein Herz machte einen Satz. Gott liebte mich nicht einfach nur. Er LIIIIIIIIIIEBTE mich! Zärtlich, persönlich, komplett.

Gott hat John einen Wal geschenkt. Der war riesig und stark. Mir hat Gott Seesterne gegeben. Sie waren zierlich, klein, fein strukturiert. Ich konnte sie berühren. Umgeben von dieser Schönheit fühlte ich mein Herz überflutet von Gottes großzügiger, extravaganter Liebe. Diese bezaubernden Seesterne waren ein sehr persönliches Geschenk von einem sehr persönlichen, zärtlichen Gott. Er hat auch für Sie solche Geschenke parat. Vielleicht sollten Sie ihn einfach mal fragen:

Herr, wie zeigst du mir heute deine Liebe?

Nicht immer haben wir Augen dafür. In Kapitel 1 haben wir von dem romantischen Ball erzählt, den wir vor einiger Zeit besucht haben. Leslie, eine gute Freundin von uns, war ebenfalls eingeladen worden. Aber um ein Haar hätte sie das Fest verpasst. Die Geschichte dahinter ist erstaunlich. Einige Wochen, bevor sie die Einladung erhielt, hatte sie zu Gott gesagt: „Ich bin es Leid, mich hier zu verstecken. Ich möchte auf einen Ball gehen." Sie wusste nichts von dem geplanten Tanzabend, hatte keine Ahnung, was sich da bereits entwickelte. Sie gewährte lediglich Gott einen Blick auf ihre geheimsten Wünsche. Sie fühlte sich wie Aschenputtel in der Gesindekammer. Und sie wollte *raus*. (Gott, wie jeder Liebhaber, schätzt Ihre Verletzlichkeit. Er mag es, wenn Sie Ihre tiefsten Wünsche und Sehnsüchte mit ihm teilen.) Tatsächlich erhielt sie eine Einladung zum Ball, nur öffnete sie den Brief nicht. Er stand einige Wochen zwischen anderen Briefen und Rechnungen auf dem Regal.

Schließlich öffnete sie ihn doch – eine liebevoll formulierte Einladung zu einem echten Ball – und dachte zuerst, er sei nicht für sie. Armes Aschenputtel. Was braucht es denn noch? Ein paar Tage später öffnete Gott ihr die Augen, und sie rannte zum Briefständer, zog die Einladung heraus und hielt den Atem an. *Wirklich, Herr? Ist das wahr?* Sie wollte nichts erzwingen. Sie wollte es von ihrem Mann abhängig machen: Würde er sie fragen, ob sie Lust hätte, hinzugehen? Er tat es. Der Abend wurde für Leslie zu einer zutiefst heilsamen Erfahrung. Alte Wunden wurden gelindert. Leslies Gesicht leuchtete den ganzen Abend über, und etwas von diesem Leuchten ist bis heute geblieben.

Das soll nicht heißen, dass das Leben nichts ist als eine einzige große Romanze mit Gott. Mein Leben sieht in vielerlei Hinsicht so aus wie Ihres – voll von Pflichten, Druck und Enttäuschungen. Gerade jetzt läuft die Waschmaschine, ein Berg schmutziges Geschirr ruft aus der Küche, der Kühlschrank ist leer, und den Jungs ist langweilig (sie haben Sommerferien). Wie bei Ihnen gibt es auch in meinem Leben Zeiten, in denen Gott mir sehr nah ist, und andere Zeiten, in denen scheint er unendlich fern zu sein. Manchmal kommt es mir vor, als spielte er mit mir Verstecken, und nur er kennt all die unauffindbaren Verstecke. Alle Beziehungen kennen Ebbe und Flut.

Die Ebbe ist dazu da, in unseren Herzen eine noch tiefere Sehnsucht zu wecken. In Zeiten der Leere ist ein offenes Herz *aufmerksam*. Wie fühlen Sie sich? Wie ein kleines Mädchen, das seinen Papa vermisst? Wie ein Teenager, der sich komplett unsichtbar vorkommt, von niemandem wahrgenommen? Oft erlaubt Gott, dass solche Empfindungen an die Oberfläche kommen, und verhilft uns so zurück zu den Zeiten, in denen wir uns ursprünglich so gefühlt haben. Beobachten Sie auch, was Sie dann tun wollen – wie Sie mit Ihrem Herzen umgehen. Machen Sie zornig dicht? Treibt es Sie zum Kühlschrank? Zu anderen Ersatzbefriedigungen?

Entscheidend wird sein, dass wir *diesmal* unser Herz anders behandeln. Wir bitten unseren Liebhaber, uns beizustehen, und wir halten unser Herz offen für ihn. Wir verschließen uns ganz bewusst nicht. Wir lassen den Tränen freien Lauf. Wir geben dem Schmerz in uns Raum, bis er zu einem flehentlichen Gebet zu Gott wird. Und Gott wird kommen, meine Schwestern. Er kommt immer. Nach der Ebbe kommt die Flut. Die Zeiten der innigen Nähe sind solche Flutzeiten der Liebe. Sie sind heilsam für die Orte in unserem Herzen, die immer noch auf Gottes Berührung warten.

Was erwartet Gott von Ihnen?

> Ich suche den Canyon ab.
> Es ist dein Name, den ich rufe.
> Obwohl du so weit weg bist,
> Weiß ich doch, du hörst mich.
> Warum antwortest du mir nicht?
> Hier bin ich.
> Hier bin ich.
> EMMYLOU HARRIS, *Here I Am*[3]

Ich bummelte ziellos durch ein Musikgeschäft, suchte nichts Konkretes, da überkam mich der Eindruck: *Kauf diese CD.* Als hätte Gott mir zugeraunt. Nur ein Impuls, kein lauter Ruf. Aber ich kaufte die CD und schob sie auf dem Heimweg in den Player. Besonders beeindruckt war ich nicht. Zu Hause angekommen, drückte ich sie Stacy in die Hand. Später kam sie und sagt, wie unglaublich das Album sei. Sie spielte mir den Titel *Here I Am* vor, und ich begriff: Hier sprach einmal mehr der große Liebhaber. Er hat das in unserem Leben schon so oft getan, wir können es kaum noch zählen – durch Lieder, Filme, Postkarten, Worte von Freunden, Momente in den Wäldern. Gottes Liebe ist überall und *in* allem. Es ist Ihr Name, den er ruft.

Was erwartet Gott von Ihnen?

Er will dasselbe, was auch Sie wollen. Er möchte geliebt werden. Er möchte so erkannt und gekannt werden, wie nur Liebende einander kennen. Ja, gewiss – er erwartet auch Ihren Gehorsam, aber nur, wenn er aus einem Herzen kommt, das vor Liebe zu ihm überfließt. „Wer meine Gebote annimmt und danach lebt, der liebt mich" (Johannes 14,21; Hfa). Gott auf den Fersen bleiben, das ist der natürliche Wunsch eines Herzens, wenn es von und für Gott eingenommen und in ihn verliebt ist.

Vor einigen Jahren habe ich bei George MacDonald einen erstaunlichen Gedanken gelesen. Vermutlich haben Sie schon mal gehört, dass in jedem menschlichen Herzen ein Leerraum ist, den nur Gott ausfüllen kann. (Wir haben weiß Gott schon alles Mögliche versucht, dieses Loch zu stopfen, ohne Erfolg). Aber nun behauptete der alte Dichter, dass es auch in *Gottes* Herz einen Raum gibt, den nur wir ausfüllen können. „Folglich gibt es auch in Gott selbst eine Kammer, zu der niemand sonst Zutritt hat, außer dem Einzelnen." Außer Ihnen. Dazu sind Sie geschaffen: einen Platz im Herzen Gottes einzunehmen, den sonst nichts und niemand ausfüllen kann. Unglaublich. Gott verzehrt sich nach *Ihnen*.

Sie sind die Eine, die sein Herz „mit einem einzigen Blick" Ihrer Augen bezwungen hat (Das Hohelied 4,9b). Sie sind die Eine, die er begeistert besingt (Zephania 3,17) und mit der er über die Gipfel der Berge und durch die Ballsäle der Welt tanzen will. Sie sind die Frau, die ihm den Atem raubt mit Ihrem anmutigen Herzen, das allen Widrigkeiten zum Trotz auf ihn hofft. Lassen Sie sich das sagen. Lassen Sie es *über sich* sagen.

Gott möchte dieses Leben mit Ihnen zusammen gestalten, möchte teilhaben an Ihren alltäglichen Entscheidungen, Ihren Wünschen und Niederlagen. Er möchte Ihnen nah sein mitten in Chaos und Alltagsroutine, in Sitzungen und auf der Autobahn, in der Waschküche und im Festsaal, beim Planen und Auswerten und auch, wenn es mal weh tut. Er möchte Sie mit seiner Liebe überschütten und hofft darauf, dass Sie diese Liebe erwidern. Er sehnt sich nach Ihrem Herzen, er will dort sein, wo Sie ganz *Sie selbst* sind. Er ist nicht interessiert an einer innigen Beziehung mit der Frau, die Sie glauben darstellen zu müssen. Er möchte vertraut sein mit Ihrem wahren Ich.

Beim Propheten Hosea, den wir oben schon zitierten, klingt

das so: Gott sagt zunächst, dass er unsere Anstrengungen, Leben abseits von ihm zu suchen, vereiteln wird:

> Darum versperre ich ihr den Weg mit Mauern und lasse ihn mit Dornengestrüpp überwuchern, sodass sie nicht mehr weiter weiß. Vergeblich läuft sie hinter ihren Liebhabern her. Sie wird sie suchen, aber nicht finden.
>
> (HOSEA 2,8-9; HFA)

Und warum tut er das? Weil er uns zur Besinnung bringen will. Wir sollen uns mit unserer Sehnsucht ihm zuwenden. Anschließend beginnt er uns den Hof zu machen. Oft bringt er uns dazu an einen Ort, wo keine konkurrierenden Trostangebote ihm die Aufmerksamkeit unseres Herzens streitig machen.

> Doch dann werde ich versuchen, sie wiederzugewinnen: Ich will sie in die Wüste bringen und in aller Liebe mit ihr reden.
>
> (HOSEA 2,14; HFA)

Genau hier beginnen wir ihn nicht länger als den ganz weit entfernten Gott zu erleben, nicht als den Sonntagmorgen-Gott, sondern als den, der um unser Herz wirbt. Als Liebhaber.

> Wenn das geschieht, wirst du mich deinen Mann nennen und nicht mehr deinen Baal [= Besitzer]. Ich werde dich dazu bringen, dass du das Wort Baal nie mehr in den Mund nimmst.
> Ich schließe die Ehe mit dir für alle Zeiten; mein Brautgeschenk für dich sind meine Hilfe und mein Schutz, meine Liebe, mein Erbarmen und meine Treue.
>
> (HOSEA 2,18.21F; GN)

In der weiträumigen Liebe Gottes kann sich unsere Seele ausbreiten und zur Ruhe kommen. Diese Liebe ist nichts, worum wir kämpfen müssten, was wir verdienen oder wieder verlieren könnten. Sie wird uns geschenkt. Gott hat sie uns verliehen. Er hat uns erwählt. Und nichts kann uns von seiner Liebe trennen. Noch nicht einmal wir selbst. Wir sind für eine derartige Liebe geschaffen. Unser Herz will so zärtlich, so persönlich, so leidenschaftlich geliebt werden. Wir sind als Wesen geschaffen, denen die Sehnsucht und die Zuneigung Gottes gilt. Denn sein Wesen ist Liebe, und diese Liebe gilt uns.

Wir werden leidenschaftlich geliebt.

Eine so intime Beziehung mit Gott ist nicht nur etwas für andere, nicht nur für Frauen, die ihr Leben im Griff haben, die alle religiösen Erwartungen erfüllen, tadellos auftreten und stets gepflegte Fingernägel haben. Nein, eine solche Nähe ist jeder einzelnen von uns zugedacht. Gott möchte so vertraut sein mit *Ihnen*. Sie müssen sich nur darauf einlassen.

Lernen, was Anbetung heißt

Jesus kam mit seinen Jüngern in ein Dorf, wo sie bei einer Frau aufgenommen wurden, die Marta hieß. Maria, ihre Schwester, setzte sich zu Jesu Füßen hin und hörte ihm aufmerksam zu. Marta aber war unentwegt mit der Bewirtung ihrer Gäste beschäftigt. Schließlich kam sie zu Jesus und fragte: „Herr, siehst du nicht, dass meine Schwester mir die ganze Arbeit überlässt? Kannst du ihr nicht sagen, dass sie mir helfen soll?"
Doch Jesus antwortete ihr: „Marta, Marta, du bist um so vieles besorgt und machst dir so viel Mühe. Nur eines aber ist wirklich wichtig und gut! Maria hat sich für dieses eine entschieden, und das kann ihr niemand mehr nehmen."

(Lukas 10,38-42, HfA)

Die Geschichte ist allgemein bekannt. Marta und Maria. Bloß nicht so wie Marta sein. Schon verstanden. Aber was ist eigentlich das „Eine", das wirklich wichtig ist? Es soll Ausleger geben, die beziehen es auf die Mahlzeit. Nach dem Motto: Hätte Marta Eintopf gekocht anstatt eines Drei-Gänge-Menüs, dann hätte sie auch mehr Zeit gehabt, Jesus zuzuhören. Nette Idee, aber darum geht es nicht. Jesus sagt etwas anderes. Nämlich: Was nötig ist, das ist ein von Gott gefesseltes Herz. Ein Herz, das auf die extravagante Liebe Gottes mit beglückter Freude antwortet und ihn verherrlicht.

Dazu ist unser Herz geschaffen: um hingerissen zu sein vor Glück. Um anzubeten. Zu Staunen. Und das tun wir auch, wir können gar nicht anders. Nun ist „Anbetung" einer jener religiös vernebelten Begriffe. Wir hören „Anbetung" und denken an Kirchgang. Weihrauch. Anbetungslieder. Knapp daneben. Anbetung ist viel leidenschaftlicher, viel ausschließlicher. Anbetung geschieht, wo wir unser Herz an etwas hängen, weil es uns wahres Leben verspricht. „Woran du dein Herz hängst, das ist in Wahrheit dein Gott", sagt Martin Luther. Manche beten auf diese Weise die Mode an, andere einen Freund oder den Ehemann. Wir sind wirklich sehr einfallsreich, was die Gegenstände unserer Anbetung angeht. Kino, Essen, Einkaufen, Klatsch und Tratsch, was Sie wollen. Ich habe vor all dem schon die Knie gebeugt.

Aber Gott ist der Einzige, der dieses Hingerissensein unseres Herzens wirklich verdient. Maria hat erkannt, dass in Jesus Gott vor ihr steht, die Quelle allen Lebens. Die Liebe in Menschengestalt. Sie hat getan, was Sie und ich hoffentlich auch getan hätten. Sie hat alles stehen und liegen gelassen, um diesen Moment seiner Gegenwart nicht zu verpassen, um bei ihm zu sein, die Augen und das Herz auf ihn gerichtet.

Marta verhält sich wie eine aktive Kirchengemeinde, wie eine abgelenkte Braut. Neulich war ich zum Mittagessen mit einer alten Freundin verabredet. In der Gemeinde, in der sie sich engagiert, so erzählte sie mir, dreht sich alles um den Missionsbefehl und das größte Gebot: den Nächsten lieben wie sich selbst. Ich war verblüfft. Denn das ist nicht das größte Gebot. Was hat Jesus als größtes Gebot genannt: „Du sollst den Herrn, deinen

Gott, lieben von ganzem Herzen, mit ganzer Hingabe und mit deinem ganzen Verstand" (Matthäus 22,37). Gott möchte schon, dass wir einander lieben. Er erwartet schon, dass wir einander dienen. Auch das. Aber zuerst und vor allem beansprucht er unsere restlose Hingabe und Liebe für sich. Denn alle Taten der Liebe und jedes Engagement für andere fließt aus einem Herzen, das mit der Liebe zu Gott erfüllt ist.

Nun zu einem der schönsten Geheimnisse des weiblichen Herzens: Frauen tun dem Herzen Gottes auf eine Weise wohl, wie es Männer nicht tun.

Wo zeigt sich das? Denken wir an ein Ereignis, von dem Jesus gesagt hat: Wo immer das Evangelium verbreitet wird, wird davon die Rede sein. Es geschah bei einem Festessen, bei dem Jesus Ehrengast war. Maria aus Bethanien kam und salbte ihn mit einem Duftöl, das ein ganzes Jahresgehalt wert war. Das war ein außergewöhnlicher Akt der liebevollen Ehrerbietung, und das Aroma des Öls erfüllte den Raum. Jesus war davon sehr bewegt. Die anderen Männer im Saal waren dagegen peinlich berührt. Es war eine Frau, die dem Messias diese Anerkennung erwies. Eine Frau war es auch gewesen, die uneingeladen im Haus eines Pharisäers aufgetaucht war und Jesus die Füße mit ihren Tränen benetzt, mit ihren Haaren getrocknet und geküsst hatte. Eine ganz intime Geste der Demut und der Ehrerbietung.

Frauen haben Jesus von Galiläa aus begleitet, um für ihn zu sorgen. Frauen standen am Fuß des Kreuzes und boten ihm den Trost ihrer Gegenwart an, bis Jesus seinen letzten Atemzug getan hatte (von den Jüngern hielt nur Johannes bei ihnen aus). Jesus hat sich nach seiner Auferstehung zuerst Frauen gezeigt, und es waren Frauen, die als Erste die Füße des Auferstandenen umklammert und ihn verehrt haben (Matthäus 28,9).

Frauen haben einen ganz besonderen Platz im Herzen Gottes. Die Hingabe und Ehrerbietung einer Frau erwies Jesus einen unverzichtbaren Dienst. Mit ihrer Hingabe machen Frauen Gott unglaublich viel Freude. Sie können dem Herzen Gottes wohl tun. Sie haben Einfluss auf ihn. Gott hat nichts gegen außerordentliche Liebesbeweise von Frauen, im Gegenteil. Und das ist jetzt nicht nur etwas für Frauen, die genug Zeit haben oder die besonders geistlich sind. Sie sind für eine leidenschaftliche Liebesbeziehung geschaffen, und der Einzige, der Ihnen das beständig und erfüllend bieten kann, ist Gott.

Bieten Sie ihm Ihr Herz an.

Intimität pflegen

Als ich begann, Gott in der Abgeschiedenheit meines Zimmers zu ehren, ihn anzubeten, habe ich immer wieder ein einziges Lied gespielt. Eine Liedzeile nur, die aus wenigen Worten besteht:

> Hilf uns, Herr. Leer und bedürftig kommen wir zu dir.

Das trifft die Sache genau. Ich war damals (und bin immer noch) dringend angewiesen auf Gott. Mein Kampf gegen zwanghaftes Essverhalten und das Gefühl abgrundtiefer Verlassenheit war sehr real. Folglich brauchte ich auch einen sehr realen, greifbaren Gott in meinem Leben. Ich verzehrte mich innerlich nach einer Berührung von ihm, ich dürstete nach tieferen Einsichten in Gottes Wesen, ich wollte grundlegend heil werden. Ich fing an, jede Woche ein paar Stunden für die private Begegnung mit Gott zu reservieren. Und ich bat ihn, mir zu begegnen.

Es kostete einige Mühe, die einmal freigeschaufelte Zeit auch frei zu halten. Telefonstecker raus, Betreuung für die damals noch kleinen Kinder organisiert, wach bleiben, wenn alle anderen schon schliefen – es war den Einsatz wert. Gottes Schönheit hatte mich ergriffen. Es war großartig. Es war gut. Und es rief *Widerstand* hervor.

Wenn Sie innige, vertrauteste Gemeinschaft mit Gott genießen wollen, werden Sie darum kämpfen müssen. Zum Beispiel die Geschäftigkeit bekämpfen (Martas Problem). Sie müssen sich gegen Vorwürfe wappnen. Sie werden es mit Dieben zu tun bekommen, die Ihnen die Geschenke Ihres Liebhabers streitig machen wollen. Nichts anderes ist zu erwarten. Frauen besitzen nicht umsonst eine wilde Entschlossenheit. Die Zeit mit Ihrem Liebhaber ist jeden Einsatz wert.

Bitten Sie ihn, dass Ihre Sehnsucht nach ihm wächst.

Bitten Sie ihn um Hilfe, den nötigen Raum für die Begegnung mit ihm zu schaffen.

Bitten Sie ihn, dass er Ihnen begegnet und sich als Ihr Liebhaber erweist.

Wenn es Ihnen hilft, hören Sie Anbetungsmusik. Keine Musik, zu der Sie Aerobicübungen machen würden, sondern Lieder, die eine vertrauensvolle Beziehung zu Christus besingen. Musik, die Sie in die Nähe Gottes bringt. (Eine Freundin erzählte uns, dass ihr gegenwärtiger Favorit das Lied „Mehr will ich nicht von dir" aus dem Musical *Das Phantom der Oper* ist!) Ziehen Sie sich an einen stillen Ort zurück. Machen Sie deutlich, dass Sie auf keinen Fall gestört werden wollen. Kein Telefon. Haben Sie Ihre Bibel dabei und ein Heft oder Tagebuch, um festzuhalten, was Sie in der Tiefe Ihres Herzens von Gott vernehmen. Sie können sitzen, knien, liegen – was immer Ihnen gut tut. Bitten Sie den Heiligen Geist, dass er Ihnen hilft, Ihrer Liebe zu Gott, ihrer Sehnsucht nach ihm Ausdruck zu verleihen. Vielleicht sagen Sie Jesus einfach, warum Sie sich nach ihm sehnen? Was er Ihnen bedeutet? Oder Sie sagen es Gott, dem Vater. Vielleicht fällt Ihnen eine schwierige Situation ein, die Sie mit seiner Hilfe bewältigen konnten? Erinnern Sie sich an Erfahrungen, wie Gott in Ihre Einsamkeit oder Not hinein gesprochen hat. Danken Sie ihm für seine Treue. Warten Sie. Lauschen Sie. Wenden Sie ihm Ihr Herz zu.

Anfangs wird vielleicht nichts Großartiges passieren. Womöglich haben Sie den Eindruck, dass Ihre Worte und Bitten nur bis zur Zimmerdecke reichen. Das wird sich mit zunehmender Übung ändern. Der alte französische Mönch Bruder Lorenz hat es so ausgedrückt: Wir üben uns ein in die Gegenwart Gottes. Wir beten nicht, um etwas von Gott zu *bekommen*, sondern um ihm etwas zu *geben*. Gott liebt es, wenn wir ihm unser Herz im Gebet hinhalten. Damit betreten Sie einen Raum, zu dem nur Sie Zugang haben. Sie bringen etwas zum Herzen Gottes, was nur Sie bringen können. Sie sind seine Vertraute, seine Geliebte, sein Herzschlag, die Liebe seines Lebens. Kommen Sie doch näher zu ihm. Er wartet darauf.

> Ich war stets dein Liebhaber.
> Hier bin ich.
> Hier bin ich.
> EMMYLOU HARRIS, *Here I Am*

Der Spielraum von Frauen in unseren christlichen Gemeinden ist durch einige fatale Lügen eingeengt. „Geistlich ist, wer aktiv ist. Geistlich ist, wer diszipliniert ist. Geistlich ist, wer seine Pflichten erfüllt."

Falsch.

Geistlich ist, wer eine leidenschaftliche Liebe zu Gott pflegt. Die Sehnsucht, leidenschaftlich zu lieben und geliebt zu werden, liegt tief im Herzen einer jeden Frau. Dafür sind Sie geschaffen. Und Sie *sind* leidenschaftlich geliebt, für alle Zeit. Ganz sicher.

8

Wenn Schönheit offenbar wird

Schönheit ist gefährlich.

GERARD MANLEY HOPKINS

❧

Schönheit wird die Welt retten.

F. J. DOSTOJEWSKI

❧

Zeige mir deine Gestalt, laß mich hören deine Stimme;
denn deine Stimme ist süß, und deine Gestalt ist lieblich.

DAS HOHELIED 2,14; L

Das Wesen eines Mannes ist Stärke. Ein Mann ist dazu bestimmt, etwas von der kämpferischen Seite Gottes zu verkörpern. Eines Gottes, der sich *bedingungslos für uns einsetzt*.

Wer kommt in roten Kleidern von Bozra her, aus dem Land der
Edomiter? Prächtig sieht er aus in seinem Gewand.
Stolz schreitet er daher, mit ungebrochener Kraft. „Ich bin es,
der für Recht sorgt ... Ich kann euch helfen, es steht in meiner
Macht."

(JESAJA 63,1; HFA)

Das ist es doch, was uns einen beschleunigten Herzschlag und
weiche Knie beschert, wenn wir Daniel Day Lewis in *Der Letzte
Mohikaner* sehen, Mel Gibson in *Braveheart* oder Harrison Ford

in nahezu allen seinen Filmen. Das erwarten wir Frauen doch auch von *unseren* Männern, oder etwa nicht?

Die Stärke eines Mannes erfahren wir dort, wo er für uns eintritt. Umgekehrt trifft es uns tief, wenn Männer verbale Gewalt üben. Dann haben sie ihre Stärke missbraucht, um uns zu verletzen. Wenn Männer schweigen, verhungern wir. Sie enthalten uns ihre Stärke vor; sie lassen uns im Stich. Aber wenn sie uns zuhören, wenn sie mit uns und für uns sprechen, dann kommt etwas in unsrem Herzen zur Ruhe. „Wie geht es dir?" Diese Frage ist eine der einfachsten und liebevollsten Gesten, die John mir erweist.

Wir sehnen uns nach dem Schutz, den männliche Stärke verspricht. Ja, sie soll körperlichen Schaden von uns abwehren. Aber wir erwarten auch, dass sie uns vor emotionalem Schmerz und vor geistlichen Angriffen abschirmen. Sie sollen für uns eintreten, wenn Beziehungen belastend werden. Ich muss an eine Freundin denken, die wiederholt am Telefon von ihrer Mutter massiv beleidigt worden war. Eines Abends nahm ihr Mann ihr den Hörer aus der Hand und sagte zu seiner Schwiegermutter: „Du kannst so nicht mit meiner Frau sprechen. Ich dulde das nicht. Du wirst erst wieder anrufen, wenn du es in einem anderen Ton tun kannst." Er hat sie verteidigt in einem Moment, in dem sie es nicht selbst konnte. Und dafür war sie ihm sehr dankbar.

Als Frauen brauchen wir jemanden, der sich entschlossen vor uns stellt und die Attacken unseres Feindes abwehrt. Ich erinnere mich an einen traurigen Abend, an dem ich mit einem überwältigenden Gefühl der Verzweiflung und Hoffnungslosigkeit zu Bett ging. Ich fühlte mich unsäglich bedrückt und verdammenswert. Ich lag da und ertrank in einem Meer von Traurigkeit. Plötzlich stand John an meinem Bett. Er war zornig, aber nicht auf mich. Er begann zu beten. Er übernahm Verantwortung als mein Ehemann und trat im Gebet für mich ein. Als John so für mich zu beten begann, war ich zunächst verstört. Aber dann wurde es mir mit jedem weiteren Satz leichter zumute. Als er sein

Gebet beendet hatte, liefen mir Tränen über's Gesicht – vor Freude. Ich konnte Gott nur noch danken. Von Sorgen geplagt war ich zu Bett gegangen. Aber der Abend ging für mich mit Lob und Anbetung zu Ende.

Die Welt erwartet von einem Mann, dass er Stärke beweist.

Nun sollte klar sein, dass es nicht um schiere Muskelkraft geht.

Ein Mann soll meinetwegen im Sportstudio seinen Körper formen, aber wenn er nur physisch stark ist, dann ist er hohl. Sind wir als Frauen mit dieser Sorte Mann zufrieden? Andererseits kann ein Mann feinsinnig sein, musikalisch, belesen. Mindert das in irgendeiner Weise seine seelische Kraft? Natürlich nicht. Die Stärke eines Mannes ist *vor allem* eine seelische Stärke – eine Stärke des Herzens. Und wenn er diese Stärke einsetzt, über sie *verfügt* und sie sich zu Eigen macht, dann macht ihn das stattlicher. Attraktiver. Wie eine sichtbare Frucht einer inneren Wirklichkeit.

Damit dürfte auch klar sein: Wenn wir über das Wesen einer Frau sprechen, nämlich über ihre Schönheit, dann reden wir nicht über „die perfekte Figur". Die Schönheit einer Frau ist vor allem eine Schönheit der *Seele*. Dieser Gedanke erfordert einen geistigen Klimmzug. Wir haben so lange unter dem Diktat gelebt, schön sein zu müssen. Und doch sollten Sie sich diesen Gedanken zumuten. Es wird sich lohnen. Also: Die Schönheit einer Frau ist vor allem eine Schönheit der Seele. Und auch für uns gilt: wenn wir diese Schönheit einsetzen, über sie *verfügen*, sie uns zu Eigen machen, dann macht uns das liebenswerter. Anziehender. So wie es der Dichter Gerard Manley Hopkins ausgedrückt hat: „Selbstwert blitzt aus Haltung und Gesicht."[3] Unser wahres Ich spiegelt sich in unserer Erscheinung. Aber es kommt aus unserem Innern.

Das Wesen einer Frau

Das Wesen einer Frau ist Schönheit. Sie ist dazu bestimmt, die bezaubernde Schönheit Gottes zu verkörpern. Eines Gottes, der uns *einlädt.*

> „Ihr habt Durst? Kommt her, hier gibt es Wasser ...
> Hört doch auf mich, und tut, was ich sage,
> dann bekommt ihr genug!"
>
> (JESAJA 55,1-2)

> „Du hast mich verzaubert, mein Mädchen, meine Braut! Mit einem einzigen Blick hast du mein Herz geraubt. Schon eine Kette deines Halsschmucks zog mich in deinen Bann! ...
> Mein Mädchen ist ein Garten, in dem die schönsten Pflanzen wachsen ...
> Eine Quelle bewässert den Garten, ihr Wasser sprudelt herab vom Libanon."
>
> (DAS HOHELIED 4,9.12.15)

Schönheit ist das, was die Welt an einer Frau zu entdecken wünscht. Wir wissen es. Im tiefsten Innern ist es uns bewusst. Unsere Scham hat zum großen Teil ihren Grund in diesem Wissen und dem Gefühl, dass wir diesem Anspruch nicht genügen. Lassen Sie sich gesagt sein: Schönheit ist ein Wesenskern, der zutiefst in *jeder* Frau liegt. Gott hat ihr dieses Wesen verliehen. Gott hat es *Ihnen* verliehen.

Vermutlich würden Sie zustimmen, dass Gott unaussprechlich schön sein muss. Überall um uns herum erzählt die Schöpfung von Gottes Schönheit und Güte. Die Silhouette eines vom Reif verzierten alten Baumes, die Strahlen der Sonne, die hinter einer Wolke hervorbrechen, das Plätschern eines Baches, der sich über moosbedeckte Steine ergießt, der Gesichtsausdruck eines Kindes, dem ein Eis versprochen wurde; die Formen des weiblichen

Körpers – all das spricht laut und deutlich vom Wesen Gottes, das zutiefst schenkende Güte ist; wenn wir nur Augen hätten, dies wahrzunehmen. Der beginnende Frühling nach einem harten Winter ist so herrlich, dass wir es kaum fassen können. Die sichtbare Welt ist geradezu gesättigt mit der Schönheit Gottes.

Schönheit ist eine Macht, das haben wir in Kapitel 2 schon entfaltet. Schönheit ist vielleicht sogar die größte Macht auf Erden. Schönheit *redet*. Schönheit ist *einladend*. Schönheit ist *nahrhaft*. Schönheit *tröstet*. Schönheit *inspiriert*. Schönheit ist *transzendent*. Schönheit treibt uns hin zu Gott. Simone Weil schrieb: „Schönheit ist fast die einzige Art und Weise, auf die wir die direkte Berührung durch Gott ertragen können ... Schönheit nimmt die Sinne gefangen und begehrt geradewegs ungehinderten Einlass zur Seele ... Die Neigung der Seele, Schönheit zu lieben, ist die Falle, die Gott am häufigsten einsetzt, um der Seele habhaft zu werden."[4]

Gott hat diese Schönheit an Eva verliehen und damit an jede Frau. Schönheit ist wesentlich für eine Frau. Sie sagt etwas aus über ihre Bestimmung und ihre Sehnsüchte. In unserer Schönheit zeigen wir einer kaputten und oft hässlichen Welt, dass wir Gottes Ebenbilder sind. Das ist nicht leicht in Worte zu fassen. Das ist geheimnisvoll, und das sollte uns nicht überraschen. Frauen sind geheimnisvoll. Keine Rätsel, die es zu knacken gilt, sondern Geheimnisse, die Freude wecken. Und auch das ist Teil der Würde und Herrlichkeit einer Frau.

Frauen wollen einen guten Einfluss auf die Welt ausüben. Eva ist dazu geschaffen, an der Seite Adams mit über die Erde zu herrschen. Und wie können wir diesen Einfluss am besten ausüben? Indem wir sie zu einem schöneren, erlebenswerten Ort machen. Wir dekorieren unsere Wohnungen. Wir stellen Blumen auf den Tisch. Die Frauen der Siedler sind mit Porzellangeschirr im Gepäck in die Wildnis aufgebrochen, und wenn ich mit meiner Familie zelten gehe, will ich von einer hübschen Tischdecke essen. Wir legen Parfüm auf, bemalen unsere Fußnägel, tönen unser Haar und lassen uns Ohrlöcher stechen, und alles nur, um noch schöner zu sein.

Von allen weiblichen Eigenschaften ist Schönheit die *wesentlichste*. Sie ist zugleich die am häufigsten *missverstandene*. Deshalb noch einmal in aller Deutlichkeit: *Schönheit ist ein Wesenszug, der jeder Frau vom Tag ihrer Geburt an zu Eigen ist.* Unserer Schönheit steht nur eines im Weg: unsere Zweifel und Ängste und das Versteckspiel und das rastlose Bemühen, dem wir dadurch verfallen.

Schönheit entspringt einem Herzen, das Frieden gefunden hat

Janet ist einundzwanzig. An der High School gehörte sie zum Tanzteam. Klein, zierlich, mit einer perfekten Figur. Anders als viele andere Frauen in dieser Welt der Schönheitskonkurrenzen hat Janet keine Esstörung entwickelt. Dafür läuft sie aber acht bis zehn Kilometer *pro Tag*. Sie achtet genau darauf, was sie isst. Sie kann die hinreißendsten Kleider tragen. Und doch – wenn man mit ihr zusammen ist, traut man sich nicht zu entspannen. Ihre Schönheit beeindruckt, aber sie ist nicht einladend. Aus einem einfachen Grund: Janet ist rastlos. Sie ist Perfektionistin (zwei Pfund mehr lösen eine Krise aus; ein Pickel ist eine Katastrophe). Ihre Schönheit wirkt oberflächlich, erschütterbar. Sie entspringt nicht ihrem Herzen. Sie wirkt vielmehr fast so, als sei sie erzwungen, das Ergebnis von Disziplin und Furcht.

June ist eine der schönsten Frauen, denen ich je begegnet bin. Wir lernten sie vor einigen Jahren bei einer Einkehrwoche kennen. Sie hatte ihr langes Haar mit dekorativen Kämmen locker hochgesteckt. Sie trug Ohrringe, richtige Hingucker, und hübsche fließende Kleider. Ihre Augen strahlten, wenn sie lachte, und das tat sie oft, und ihr Lächeln erhellte den Raum. Sie war offensichtlich verliebt in ihren Mann. Wenn sie ihn ansah, dann mit Bewunderung. June war mit sich selbst im Reinen, war in sich zu Hause. Mit ihr zu reden, mit ihr zusammen zu sein, tat gut und verschaffte uns ebenfalls ein Gefühl der Zufriedenheit. Ihre weite, schöne Seele war eine offene Einladung, näherzukommen und auszuprobieren, wie gut Gott ist. Sie lachte. Sie weinte. Sie war in herrlicher Weise lebendig und verliebt, verliebt in ihren Mann und verliebt in Gott, den Herrn des Universums.

Und June war fünfundsiebzig Jahre alt.

Was ist der Unterschied zwischen diesen beiden Frauen? Friede. Junes Schönheit entsprang einem zufriedenen, in sich ruhenden Herzen.

Sehen Sie: *Jede* Frau besitzt eine eigene Schönheit. Wir haben das in unserer Beratungstätigkeit so oft entdeckt. Schönheit ist unabhängig vom Alter. Wie ein scheues Reh zeigt sich die Schönheit für einen Augenblick, um sofort wieder in Deckung zu gehen. Oft geschieht das unbewusst, gerade dann, wenn die Frau sich nicht darum bemüht. Vielmehr geschieht etwas, das ihr erlaubt, die Deckung für einen Moment sinken zu lassen. Zum Beispiel, wenn ihr jemand wirklich zuhört. Sie weiß dann: *Ich werde wahrgenommen. Jemand hat Interesse an mir.* Dann tritt ihre Schönheit zutage, als habe sich ein Schleier gehoben.

Die Entscheidung, die eine Frau treffen muss, ist also nicht die, ein antrengendes Schönheitsprogramm zu absolvieren. Sie muss nur die Deckung sinken lassen. Die üblichen Selbsterhaltungsmechanismen abstellen und ihr Herz zeigen. Dann wird ihre Schönheit von selbst zutage treten.

> Nicht auf äußeren Schmuck sollt ihr Wert legen, auf Haartracht, Gold und prächtige Kleider, sondern was im Herzen verborgen ist, das sei euer unvergänglicher Schmuck: ein sanftes und ruhiges Wesen. Das ist wertvoll in Gottes Augen.
>
> (1. PETRUS 3,3.4; EÜ)

Hier ist nicht davon die Rede, dass wir keine Freude an schönen Kleidern oder Schmuck haben dürfen. Vielmehr sagt Petrus: Wahre Schönheit entspringt unserem Innern, kommt aus einem friedvollen Herzen. Als ich diesen Vers über das „sanfte und ruhige Wesen" zum ersten Mal las, gab ich die Hoffnung auf, jemals dieses Klassenziel zu erreichen. Ich bin laut. Ich mache Witze, wenn ich nervös bin oder mich nicht wohl fühle, und genauso, wenn es mir gut geht. Ich kann lange Schweigephasen nicht ertragen. Wenn in der Runde niemand redet, betrachte ich das als Einladung und mache selbst den Mund auf. Ein sanftes und ruhiges Wesen? Damit konnte ich nicht dienen.

Also begann ich, in mein Gebet um Veränderung ein komplettes Programm zur Transplantation meiner Persönlichkeit einzuschließen. Ja, Herr, stelle einen Engel vor meine Lippen, der über jedes meiner Worte wacht. Und wenn du schon dabei bist, dann mach mich doch gleich zu einem anderen Menschen. Mehr wie Melanie in *Vom Winde verweht*. Oder wie Mutter Teresa. Mach mich zu einem richtig *guten* Menschen. Ich glaubte, das sei nicht zu viel verlangt. Immerhin ist er ein Gott, der Wunder tut.

Ja, Gott steht zu seinem Wort, und er verändert mich. Nach und nach. Aber ich bleibe extrovertiert. Statt mich in jemand anderen zu verwandeln, hat er es darauf abgesehen, dass ich mehr *ich selbst* werde. Und das ist einer der schönen Züge an Gott. Je mehr wir *Ihm* gehören, umso mehr werden wir *wir selbst*. Also hatte es sein Gutes, dass ich diesen Vers anfangs falsch verstanden habe. Er meint nicht, dass Frauen kaum mehr als flüstern sollen, wenn sie überhaupt das Wort ergreifen. Nein. Ein sanftes und ruhiges Wesen zu haben bedeutet, ein Herz voller Glauben zu haben. Ein Herz, das Gott vertraut. Einen Geist, den Gottes Liebe zur Ruhe gebracht und mit seinem Frieden ausgefüllt hat. Kein rastlos sich abstrampelndes Herz.

Eine Frau in all ihrer Herrlichkeit, eine schöne Frau, ist nicht die Frau, die sich angestrengt bemüht, schön oder wertvoll zu sein oder irgendwelchen Ansprüchen zu genügen. Im innersten Kern ihres Wesens, dort, wo Gott wohnt, weiß sie, dass sie in seinen Augen schön ist, dass er sie wertschätzt und dass sie ihm genügt. *Tatsächlich ist das Einzige, was uns hindern kann, im Vollsinn attraktiv und liebenswert zu sein, unser angestrengtes Bemühen darum.*

Eine Frau von wahrer Schönheit ist eine Frau, die in der Tiefe ihrer Seele Frieden gefunden hat. Sie vertraut Gott, weil sie ihn als vertrauenswürdig kennen gelernt hat. Sie strahlt Ruhe und Gelassenheit aus und lädt die Menschen in ihrer Umgebung dazu ein, ebenfalls zur Ruhe zu kommen. Sie kann trösten. Sie weiß, dass wir in einer umkämpften Welt leben und dass unsere Reise durch eine schwer beschädigte Welt führt. Aber sie weiß auch, dass Gott gut ist, und weil er gut ist, ist alles gut und wird alles gut werden.

Eine Frau von wahrer Schönheit ist großzügig. Sie gibt anderen Raum, sie selbst zu sein und sich zu entfalten. In ihrer Gegenwart schwindet die Spannung, vermindert sich der Druck, unter dem unser Herz so oft steht, und auch wir können die Wahrheit einatmen, dass Gott uns liebt und dass er unvorstellbar gut ist.

Deshalb sollten wir nicht aufhören zu bitten. Gott zu bitten, dass er uns unsere Schönheit sehen lässt. Ihn fragen, was er von uns *als Frau* denkt. Was er uns sagt, schenkt uns tiefen Frieden und bringt unsere Schönheit ans Licht.

Schönheit ist einladend

Vor vielen Jahren war unsere Familie bei Freunden in deren kleinem Häuschen in einer alten Bergsiedlung in Colorado. Eines Morgens waren wir mit dem Wagen unterwegs zu einem Wanderausflug, als wir an einem Haus vorbeikamen, das von einem zauberhaften Garten umgeben war. Etwas Vergleichbares habe ich weder vorher noch nachher je gesehen. Ganze Büsche von mehr als mannshohem Rittersporn, üppiger Fingerhut, Oasen aus Nelken und Stiefmütterchen, Klematis und Rosen nahmen meinen Blick und mein Herz gefangen. Später am Tag kehrte ich dorthin zurück. Ich musste mir diesen Garten noch einmal näher ansehen. Ich musste hineingehen. Ich wollte in dieser Umgebung aufgehen. Die Sehnsucht machte mich mutig, und so ging ich zur Eingangstür und klopfte.

Eine kleine ältere Dame öffnete die Tür einen Spalt weit und beäugte mich misstrauisch. Ich stellte mich rasch vor als Touristin, die ihren Garten gesehen hätte und vollkommen hingerissen sei. Ob ich mich wohl, *bitte*, einmal im Garten umsehen könnte? Ihre Reserviertheit wich, und sie strahlte. Ihnen gefällt mein Garten? Sie wollen das Werk meiner Hände bewundern? Die Früchte meiner Arbeit? Aber gern. Sie kam heraus, um mich persönlich durch den Garten zu führen, und wir verbrachten zusammen einen wunderschönen Nachmittag. Am nächsten Morgen war ich wieder da. Sie hatte mich eingeladen, mit der ganzen Familie zu kommen.

Schönheit zieht uns an. Schönheit lädt uns ein. *Komm, entdecke, bade darin.* Gott – die Schönheit in Person – lädt uns ein, ihn kennen zu lernen. „Probiert es aus und erlebt selbst, wie gut der Herr ist!" (Psalm 34,8). Er hat Vergnügen daran, uns zu sich zu locken und sich Menschen zu offenbaren, die ihn von ganzem Herzen suchen. Er möchte erkannt und erforscht werden. Genau wie eine Frau. Ja, sie fürchtet sich auch davor zurück, aber unter der Furcht ist das Verlangen, erkannt und in ihrer Schönheit entdeckt zu werden und Freude zu wecken. Und so lädt die entborgene Schönheit einer Frau ein; sie lockt und betört. Und von ihrem Herzen hängt es ab, *wozu* sie einlädt: zum Leben – oder zum Tod.

In den Sprüchen Salomos begegnen uns zwei Sorten von Frau, zwei Archetypen: Frau Weisheit und Frau Torheit. Beide sind schön. Beide tischen feine Speisen und erlesene Weine auf und kleiden sich in edle Stoffe. Beide fordern die Passanten auf, einzutreten, zu kosten, zu essen, es sich gut gehen zu lassen. Wer auf Frau Torheit hört, landet geradewegs auf dem Friedhof. Wer sich auf Frau Weisheit einlässt, wird urteilsfähig und findet den Weg zu Ganzheit, Heil und Leben.

Eine rastlose, angestrengte Frau wird auch andere zu einem rastlosen Dasein einladen. Die Botschaft, die sich sowohl in ihrem Verhalten als auch in ihren Worten äußern kann, lautet: „Reiß dich zusammen. Das Leben ist unsicher. Für dein Herz ist hier kein Raum. Nimm Haltung an und geh an die Arbeit. Nur das zählt." Sie sagt eben nicht: *Alles ist gut. Alles wird gut.* Das lässt ihre Furcht nicht zu. Sie enthält ihrer Welt vor, was diese dringend braucht.

Eine Frau dagegen, deren Herz Frieden gefunden hat, lädt andere zum Ausruhen ein. Das haben wir in der Gegenwart von June empfunden – und in der Gegenwart von vielen Frauen, die wir kennen und lieben gelernt haben. Bei ihnen fühlen wir uns ermuntert, wir selbst zu sein. Erinnern Sie sich an das Beispiel mit dem Verkehrsstau aus Kapitel 2? An den Krach, die Abgase, die Spannung? Kein Vergleich mit der Vorstellung, an einen stillen, friedlichen Ort zu kommen – in einen Garten, auf eine Sommerwiese, in eine versteckte Bucht. Dort finden Sie Raum für Ihre Seele. Sie atmen auf. Sie entspannen. Es ist gut. Und so ist es auch in der Gegenwart einer schönen Frau. Sie fühlen sich frei, Sie selbst zu sein. Das ist eines der größten Geschenke, die das Leben bereithält.

Eine Frau, die sich versteckt, lädt andere ein, es ihr gleich zu tun. „Mach dich nicht verwundbar. Zieh dich zurück." Entsprechend eine Frau, die sich für Nähe öffnet und verletztlich macht: auch sie ermutigt andere, es ihr gleich zu tun. Immerhin verkörpert Eva die innige Vertrautheit, die ein Wesenszug Gottes ist. Sie bietet Beziehungen an und signalisiert damit der Welt: *Du bist hier willkommen. Ich will dich kennen lernen. Komm herein. Teile dich mit. Freu dich. Freu dich an mir und an dem, was ich mit dir teile.* Eine kontrollsüchtige Frau kann andere nicht einladen, zur Ruhe zu finden und sich so zu zeigen, wie sie sind. Sie würden sich in ihrer Gegenwart kontrolliert fühlen. Kein sicheres Gefühl.

Eine Frau, die ihre Schönheit zu erkennen gibt, lädt andere zum Leben ein. Indem sie ihr Herz öffnet und andere ermutigt, dasselbe zu tun, riskiert sie es, verwundbar zu sein. Sie fordert nichts, aber sie vermittelt Hoffnung. Wenn unsere Assistentin Cherie ins Zimmer kommt, ist das gerade so, als hätte jemand das Fenster geöffnet und einen Schwall frischer Luft hereingelassen. Cherie ist jung, was sie nicht daran hindert, allen gegenüber freundlich zu sein, erwartungsvoll, daran interessiert, wie es einem geht. Sie zeigt ihre Schönheit, indem sie gute Fragen stellt und anderen etwas von ihren Erfahrungen mit Gott weitergibt – kleine Einblicke in das Herz Gottes. Sie verlockt andere dazu, ebenfalls das Herz Gottes zu erforschen und kennen zu lernen.

Worauf läuft das alles hinaus? Letztlich darauf: Eine Frau lädt dazu ein, Gott kennen zu lernen. An ihr können wir erkennen, dass Gott barmherzig ist. Dass er sanft und freundlich ist. Dass Gott sich nach uns sehnt, dass er uns kennen und von uns erkannt werden will. Sie lädt uns ein zu entdecken, dass Gott gut ist, tiefgründig, schön, anziehend. Dass er unser Herz gefangen nehmen will und kann.

An dieser Stelle regt sich bestimmt in mancher Leserin der Einwand: *Aber ich bin nicht so. Ich bin keine solche Frau.* Genau hier beginnt das Übungsfeld. Gott wirkt in uns (Philipper 2,12,13). Indem Sie so zu leben beginnen, als ob sie *doch schon* eine solche Frau wären, werden Sie aufmerksam auf die Bereiche in Ihrem Herzen, die noch auf die heilsame Berührung durch Gott warten. So wandelt sich Ihr Dasein allmählich. Sie sollen sich nicht versteckt halten, bis Sie heil sind. Gott ermutigt uns, bereits jetzt als einladende Frauen zu leben und Heilung zu erleben, während wir noch unterwegs sind.

Schönheit anbieten

Schönheit überwältigt uns, verzaubert uns, fasziniert uns und ruft uns.

ANDREW GREELEY[5]

Ihre Schönheit nicht länger zu verbergen, sondern zu enthüllen bedeutet für eine Frau: Sie bietet ihr Herz an. Nicht in erster Linie ihre Arbeit oder ihre Nützlichkeit (denken wir an Marta in der Küche). Sie bietet ihre *Gegenwart*. Bei Familientreffen pflegte meine (Stacys) Mutter in die Küche zu flüchten. Sie kochte und backte und bereitete vor und bediente und machte sauber, und wir haben sie nie davon abbringen können. Wie sehr hätten wir uns gewünscht, dass sie uns an ihrem Leben teilhaben lässt, an ihren Ideen und Gedanken und nicht nur an ihrer Mühe. Sie hat sich nicht darauf eingelassen. Und deshalb ging uns etwas ab.

Das Geschenk, ganz anwesend und präsent zu sein, ist selten und schön. Ungeschützt, aus freien Stücken da sein, nicht abgelenkt, ausschließlich für den einen Menschen da sein, mit dem wir gerade zusammen sind. Ist Ihnen bei der Lektüre der Evangelien schon einmal aufgefallen, dass die Menschen die Gegenwart Jesu genossen haben? Sie haben seine Nähe gesucht. Gemeinsame Mahlzeiten mit ihm, mit ihm ein Stück Weg zurücklegen, ein offenes Gespräch mit ihm führen. Das war das Geschenk seiner Gegenwart. Wer mit ihm zusammen war, spürte, dass er sein Herz öffnete. Und nun geht es darum, es ihm gleich zu tun.

Immer wenn wir mit unserer Freundin Jan zusammen sind, empfinden wir eine solche Offenheit. Sie möchte wirklich wissen, wie es uns geht, mit welchen Problemen wir gerade zu kämpfen haben, was Gott in unserem Leben tut. Und sie gibt uns auch wirklich Anteil an ihrem Leben. Manchmal ist es ihr Lachen oder ein launiger Witz. Manchmal sind es Tränen aufgrund eines alten Problems. Sie verschenkt sich selbst, ihre Schönheit. Sie ermutigt uns, über den Niederungen der Welt zu leben. Sie schenkt uns etwas von Gott.

Schönheit ist barmherzig. Unser Sohn Samuel wird allmählich erwachsen. Mein kleiner Junge wird zum Mann. Manchmal fällt es mir schwer, das zu beobachten. Manchmal macht mich sein verdrossenes Gesicht rasend. Für Frauen sind spätpubertäre Jungen mitunter ein Rätsel. Sie tun so, als ob sie niemanden nötig haben. Manchmal verhalten sie sich rüpelhaft in ihrer sich entwickelnden Kraft. Ich möchte Sam dann am liebsten die Meinung geigen (was sich regelmäßig rächt). Dabei braucht er etwas anderes von mir. Er braucht Barmherzigkeit. Ein nettes Wort, ein Lächeln. Gnade am Ende des Tages. Er mäßigt sich dann mir gegenüber, und unsere Beziehung ist wieder in Ordnung. Eine Frau voller Erbarmen und sanftem Mitgefühl ist eine starke, liebenswerte Frau.

Schönheit fordert nichts. Stattdessen spricht sie von *Herzenswünschen*. Als unsere Kinder klein waren, war John beruflich *sehr viel* unterwegs. An seinen freien Tagen arbeitete er an seinem Masterabschluss als seelsorgerlicher Berater. So blieb ihm nicht viel Zeit für die Familie. Es lag an mir, die Rechnungen zu bezahlen, den Haushalt zu schmeißen und die Jungs zu erziehen. Zwei von ihnen waren in der Baseball-Anfängergruppe; unser Jüngster war noch im Windelalter. Ich hatte viel zu tun. Ich war müde. Ich schaffte das alles nicht. Ich erinnere mich immer noch, dass ich mich kaum traute, John um eine Aussprache zu bitten. Ich sagte ihm, dass ich dieses Familienprojekt nicht ohne ihn meistern konnte. Ich sagte ihm, dass ich ihn brauchte. Ich bat ihn um Hilfe. Ich verlangte nicht, dass er sich sofort in den Kampf stürzen sollte. Ich jammerte ihm nichts vor. Ich beschrieb die Situation und verließ mich auf seine Stärke, seine Gegenwart. Zu meiner Überraschung sagte mir John, dass ich ihm noch nie so weiblich und schön vorgekommen bin wie in meiner offen eingestandenen Hilfsbedürftigkeit.

Wenn Sie Ihr Herz anbieten, dann bieten Sie Ihre Bedürfnisse und Sehnsüchte an, anstatt Forderungen zu stellen. Schönheit zeigt sich bedürftig. Unsere Freundin Tammy führte eine lausige Ehe. Ihr Mann wurde oft verbal ausfällig. Und doch wurde

Tammy nicht hart oder zynisch. Sie blieb sanft. Sie schrieb die Ehe nicht ab, sondern hielt an ihrer Sehnsucht nach einer besseren Beziehung fest. Anstatt Forderungen zu stellen, zeigte sie ihrem Mann einfach ihre Sehnsucht. „Möchtest du nicht auch etwas anderes, Größeres für uns beide?" Es war beeindruckend. Obwohl er nicht darauf einging, bewahrte sie ihre weibliche Schönheit und bot ihm davon an, so viel sie konnte.

Natürlich ist das riskant

Was ist das Schlimmste für einen Mann? Wenn er seine Stärke anbietet, ohne zu wissen, ob er dadurch irgendetwas ändern kann. Oder schlimmer: wenn er damit rechnen muss, dass er scheitert. Wir erinnern uns an die tiefste Frage eines Mannes: *Habe ich es drauf? Bin ich ein richtiger Mann?* Ein Fehlschlag signalisiert: *Nein.* Und deshalb kneifen die meisten Männer in Situationen, in denen sie scheitern könnten. Sie wollen nicht bloßgestellt werden. Es könnte ja herauskommen, dass sie keine richtigen Männer sind, und davor fürchten sie sich.

Nun leben wir bekanntlich nach dem Sündenfall jenseits von Eden, und das Leben eines Mannes ist geplagt von „Dornen und Disteln". Und das heißt: Er wird die *meisten* Situationen in seinem Leben als Test seiner Stärke empfinden. Niemand kann ihm Erfolg garantieren. Deshalb scheuen manche Männer sportliche Betätigung. Sie wollen sich nicht blamieren, wollen um keinen Preis schwach erscheinen. Deshalb vergraben sich andere Männer im Büro, anstatt nach Hause zu kommen und mit ihrer Frau über die Kinder zu sprechen. Am Arbeitsplatz wissen sie, was sie zu tun haben – im Hinblick auf die wichtigsten Beziehungen in ihrem Leben fühlen sie sich hilflos. Die grundlegende Sünde eines Mannes ist seine Neigung, Stärke nur in solchen Situationen anzubieten, in denen ihm der Erfolg sicher ist. Und so bedeutet Umkehr für einen Mann, dass er sich der gefürchteten Situation stellt und seine Stärke einsetzt, Erfolgsaussichten hin oder her.

Wenn er sich vor Nähe fürchtet, dann heißt Stärke zeigen: sich auf Nähe einlassen. Wenn er fürchtet, im Beruf zu scheitern, dann heißt Stärke zeigen: auf eine Beförderung hinarbeiten oder sich auf ein neues oder riskantes Projekt einlassen. Wenn er sich scheut, vor einem ungerechten Lehrer für seine Kinder einzutreten, dann muss er erst recht genau das tun. Wenn er nicht weiß, wie er sich der Frau erklären soll, mit der er seit fünf Jahren zusammen ist, dann hieße Stärke zeigen z. B., dass er Verlobungsringe kauft. Wenn er Angst hat, in Sachen Sex die Initiative zu ergreifen, dann heißt Stärke zeigen, dass er auf liebevolle Art und Weise Raum für Intimitäten schafft.

Wie sieht das für eine Frau aus? Was wäre das Schlimmste für uns Frauen? Wenn wir unsere Schönheit offenbaren, ohne zu wissen, ob es irgendetwas bewirkt. Oder wenn wir gar fürchten müssen, dass wir abgewiesen werden. Denn unsere große Frage lautet: *Bin ich anziehend? Bin ich liebenswert?* Eine Frau gibt ihre Schönheit nur ungern preis, solange sie nicht sicher weiß, dass sie willkommen ist. Aber das Leben bietet solche Garantien nicht. Auch wir müssen Risiken eingehen.

Ein paar Verse nach dem oben erwähnten Hinweis auf das „sanfte und ruhige Wesen" findet sich im ersten Petrusbrief ein Satz, der sich als Schlüssel zum Herzen einer Frau und zur Freisetzung ihrer Schönheit erweisen könnte: Er erwähnt Abrahams Frau Sara als Vorbild und erklärt seinen Leserinnen:

> „Ihre Kinder seid ihr geworden, wenn ihr recht handelt und
> euch vor keiner Einschüchterung fürchtet"
> (1. Petrus 3,6).

Ist das nicht der Grund, warum wir uns so abrackern, warum wir nach Kontrolle streben, warum wir alles Mögliche tun, nur eben *nicht* unsere Schönheit anbieten? Wir fürchten uns. Wir lassen uns einschüchtern. Wenn Sie über Ihr Leben nachdenken: Warum tun Sie, was Sie tun? Haben Sie schon einmal überlegt, wie viel von Ihrem Tun und Lassen von Furcht motiviert ist? Janets Umgang mit Schönheit ist ganz und gar von Furcht diktiert. Sie glaubt nicht, dass sie schön ist. Sie hält sich für hässlich. Also versucht sie alles, um das zu ändern. June dagegen fürchtet keine Einschüchterung.

Deshalb sagt uns Gott: „In Umkehr und Ruhe liegt eure Rettung, nur Stille und Vertrauen verleihen euch Kraft" (Jesaja 30,15). Umkehr und Ruhe. Gott möchte, dass wir, von Zweifel und Furcht geschüttelt, ob er uns wirklich helfen kann, am Ende doch unsere Hoffnung auf ihn setzen. Er will seine Treue beweisen; er will zeigen, dass er unsere hungrige Seele mehr als ausfüllen kann. Wenn wir uns ihm zuwenden, dann kommt unsere Seele zur Ruhe, und wir sind geborgen.

Wir können nicht erst warten, bis wir uns sicher fühlen, bevor wir anfangen zu lieben und uns zu öffnen. Andersherum wird ein Schuh daraus: Wenn Ihnen noch ein wenig mulmig zumute ist, dann sind Sie vermutlich schon auf dem richtigen Weg. Natürlich ist es beängstigend. Natürlich machen Sie sich verwundbar. Natürlich fühlen Sie sich nackt. Gott ruft uns aus der Deckung, wir sollen unser Dominanzgehabe aufgeben, sollen ihm vertrauen und unser wahres Ich zeigen. Er mutet uns zu, dass wir der Welt unser Leben mit seiner einzigartigen Würde und Begabung nicht vorenthalten, sondern dass wir es der Welt um uns öffnen. Wir sollen andere locken, verführen, zu Gott einladen, indem wir seine Herrlichkeit in unserem Leben widerspiegeln. Auch wenn er uns keine Garantie geben kann, dass andere darauf wie erwartet eingehen und sich mit uns darüber freuen.

Wir müssen sogar davon ausgehen, dass wir manchmal auf Ablehnung stoßen werden. Jesus hat sich angeboten wie sonst keiner, und viele wollten von ihm nichts wissen. Bei solchen Gelegenheiten oder in solchen Zeiten lädt uns Gott ein, dass wir unsere Enttäuschung zu ihm bringen. Nicht um das Kapitel abzuschließen (*Einmal und nie wieder!*), sondern um unser Herz offen und lebendig zu halten und Zuflucht und Heilung in seiner Liebe zu finden.

Unsere Freundin Melissa ist mit einem abwesenden Mann verheiratet. Er bemüht sich nicht um sie. Noch nicht. Sie hat viele einsame Jahre erlebt. Aber Melissa hat die Liebe Gottes zu ihr entdeckt; sie unterhält eine leidenschaftliche Liebesbeziehung zu Gott, und ihr Herz findet in ihm Frieden. Sie zeigt ihre Schönheit auf ganz unterschiedliche Weise. Sie ist Dozentin für Bibelkunde und Christliche Literatur. So, wie sie ihre Gedanken präsentiert, sind das keine Thesen, die man einfach schlucken müsste. Es sind Einladungen zum Sehen und Begreifen. Melissa macht Menschen neugierig auf das Herz Gottes. Sie lädt auch ihren Mann ein, sich auf mehr Nähe einzulassen. Schönheit ist einladend. Ob und wie er darauf reagiert, das liegt nicht in ihrer Hand. Aber sie gibt nicht auf.

Linda hat ständig Schmerzen. Sie hat Arthritis in allen Knochen. Ihr Mann hat sich vor zwei Jahren von ihr scheiden lassen. Aber ihr Herz ist umworben. Der Liebhaber ihrer Seele hat es aufgeweckt. Sie hat beschlossen, lebendig und präsent zu bleiben. Ihre Schönheit bietet sie in ihrer Praxis als Seelsorgerin an. Sie begleitet ihre Klienten bis in die Abgründe ihrer Verwundungen und schließlich zur Heilung. So viel von ihrer Schönheit gibt sie an ihre Kinder weiter. Und an Freunde. Sie bringt Menschen in die Gegenwart Gottes. Frauen wie Linda und Melissa sind der Beweis, dass der Weg gangbar ist. Auch wir können es riskieren, uns zu öffnen und unsre Schönheit zu zeigen – ungeachtet enormer Gefahren. Die beiden gehören zu den schönsten Frauen, die wir kennen. Und ihre Schönheit hat sich *vertieft*, seit sie diesen Weg eingeschlagen haben.

Unserem Herzen mehr Tiefe gestatten

Indem wir allmählich zu Frauen im tiefsten Sinn des Wortes werden, zu Frauen, die ihre wahre Schönheit zu erkennen geben, werden wir entdecken, dass unser Herz mehr Raum bekommt, um zu lieben und geliebt zu werden, um Sehnsucht zu empfinden, um zu leben. Gott weitet unser Herz. Das macht es unausweichlich, dass wir im Hinblick auf den wahren Zustand unserer Seele ehrlich mit ihm und mit uns selbst umgehen. Unsere Sorgen, unsere Bedürfnisse, unsere Träume, unsere Ängste, unsere tiefsten und verzweifeltsten Hoffnungen: Bitten wir Gott, bitten wir Christus, uns dorthin zu begleiten und all das aus dem Weg zu räumen, was uns hindert zu lieben. Wir werden nicht immer das bekommen, was wir uns wünschen, aber das heißt nicht, dass wir uns nichts mehr wünschen dürfen. Vielmehr bleiben wir uns der unerfüllten Wünsche und Sehnsucht bewusst. Dass wir warten. Und Gott bitten, sich darum zu kümmern.

Und er wird kommen. Er wird uns nicht immer geben, wonach wir verlangen. Aber er wird selbst da sein, uns persönlich begegnen und unser Verlangen ausfüllen mit sich selbst.

Wahre Schönheit zu besitzen, erfordert Leidensbereitschaft. Ich mag diesen Gedanken nicht. Es kostet mich schon Überwindung, ihn niederzuschreiben. Aber wenn selbst für Jesus gilt, dass er durch sein Leiden gelernt hat, wie kann ich dann erwarten, dass Gott mir das nicht auch zumutet? Beeindruckend schöne Frauen sind oft Frauen, deren Herz und Seele im Leid gewachsen sind. Indem sie „Ja" gesagt haben, wo die Welt „Nein" sagte. Indem sie den hohen Einsatz wahrer, aufrichtiger Liebe gewagt haben, ohne eine Gegenleistung zu fordern. Und indem sie sich geweigert haben, ihren Schmerz auf eine der vielen verfügbaren Weisen zu betäuben. Sie haben erfahren, dass Gott bei ihnen ist, auch wenn sie sonst von allen und jedem verlassen sind. Wie David haben sie im trostlosen Wüstental erlebt, dass plötzlich Quellen aufbrechen und frisches Wasser sprudelt (Psalm 84,6).

Leben in wahrer Schönheit kann bedeuten, dass man viel Geduld aufbringen muss, viel Zeit, viel Geistesgegenwart. Unseren Blick ständig auf Gott gerichtet zu halten, auch angesichts von Sorgen und unerfüllter Sehnsucht. Es sind diese Geduldsproben, die unser Herz wachsen lassen. Das Warten zehrt uns nicht aus. So wie eine schwangere Frau in der Zeit der Erwartung zunimmt, so geht es unserem Herzen. Gott rettet uns nicht immer aus einer schmerzlichen Erfahrung. Sie werden bestätigen können, dass er uns nicht immer das gibt, was wir uns verzweifelt wünschen, jedenfalls nicht sofort. Ihm geht es um etwas viel Kostbareres als um unser augenblickliches Glück. Es gibt etwas viel Wertvolleres als unser Wohlbefinden: Er stellt unsere ursprüngliche Herrlichkeit und Würde wieder her. Das ist es, was eigentlich Gewicht hat. Und manchmal … tut es weh.

Aber die Erfahrung des Leids mindert in keiner Weise die Freude des Lebens. Im Gegenteil: Sie verstärkt sie noch. In den letzten Lebenstagen meiner (Stacys) Mutter saßen wir im kalifornischen Dana Point zusammen auf einer Bank und blickten auf den Pazifik hinaus. Wir beobachteten die majestätischen blauen Wellen, wie sie sich an den Felsen brachen. Wir spürten die Wärme der Sonnenstrahlen auf der Haut. Wir sahen weiße Tauben, die sich vom Wind tragen ließen. Wir verstummten angesichts all der Schönheit und weil wir ahnten, dass wir das zum letzten Mal gemeinsam erlebten.

Uns war bewusst, dass wir uns bald würden verabschieden müssen. Aber das minderte weder die Schönheit noch die Freude, dass wir zusammen waren. Es hat beides eher noch verstärkt. Es hat uns diesen Moment noch bewusster erleben lassen. Wir waren lebendiger. Präsenter. Und so ist es auch mit einem Herzen, das Schmerz und Kummer bewusst zulässt. Es nimmt auch alle anderen Facetten des Lebens bewusster, präsenter, lebendiger wahr.

Schönheit kultivieren

Jeder Frau wohnt eine bezaubernde Schönheit inne. Wirklich jeder Frau. Freilich war diese Schönheit bei vielen von uns lange Zeit verborgen, verletzt, eingekerkert. Und nun braucht es seine Zeit, bis sie wieder in ihrem ursprünglichen Glanz sichtbar wird. Sie will kultiviert, gepflegt, freigesetzt werden.

Wie kultivieren wir Schönheit? Wie werden wir immer schöner? Indem wir uns mit großer Sorgfalt unserem Herzen widmen, so wie eine meisterhafte Gärtnerin sich ihrem Werk widmet.

> Meine Brüder waren streng mit mir, sie ließen mich ihre Weinberge hüten. Doch mich selbst zu pflegen, meinen Weinberg, dafür hatte ich keine Zeit!
>
> (DAS HOHELIED 1,6)

Schon wahr: Das Leben kann dem Herzen einer Frau übel mitspielen. Es ist auch mit Ihrem Herzen nicht zimperlich umgegangen. Der Angriff auf Ihre Schönheit ist real. Aber nun ermutigt uns Gott, auf uns selbst Acht zu geben und unser Herz zu hüten (Sprüche 4,23). Die Welt braucht Ihre Schönheit. Dazu sind Sie auf der Welt. Ihr Herz und Ihre Schönheit verdienen höchste Wertschätzung und gute Fürsorge. Und das kostet Zeit. Jeder Gartenfreund weiß das. Wir leben im Zeitalter der Instantgetränke und der Mikrowellengerichte. Wir warten nicht gern. Aber eine frisch gepflanzte Rose ist im ersten Jahr noch keine respektable Erscheinung, kein Vergleich zum zweiten Jahr. Wenn sie gut gepflegt wird, dann blüht sie im dritten Jahr noch reicher. Gärten brauchen Zeit, um sich zu entfalten. Die Pflanzen müssen durch Sommerregen und Winterfröste immer tiefer wurzeln. Die Schönheit eines Gartens schwindet nicht mit der Zeit, vielmehr braucht es Jahre, bevor ein Garten all das entfaltet, was er zu bieten hat.

Unser Herz braucht Schönheit; es ernährt sich davon. Wir brauchen Zeiten der Einsamkeit und der Stille. Wir brauchen

Zeiten der Erholung und des Lachens und der Ruhe. Wir müssen auf die Stimme Gottes in unseren Herzen hören, denn dort sagt er uns, was wir brauchen. Manchmal wird das ein Schaumbad sein. Manchmal eine Runde Joggen oder ein guter Film oder ein Nickerchen. Oft wird uns Gott aus der Alltagsroutine herauslocken, damit wir kostbare Stunden allein mit ihm verbringen. Wir werden immer vertrauter mit Gott, indem wir uns darin üben, seine Hinweise zu erkennen und auf sein Flüstern zu hören. Achten Sie darauf und tun Sie, was er Ihnen rät. Der Heilige Geist ist unser Führer, unser Berater, unser Tröster, ein großartiger Freund. Er wird uns den Weg weisen. Wird uns lehren, auf die Stimme Gottes in uns zu achten, unser Herz zu ernähren und die Beziehung zu Gott mit der Zeit zu vertiefen.

Anders, als es die Welt behauptet, verliert sich Schönheit nicht mit der Zeit. Schönheit vertieft sich und nimmt zu. So wie bei June, die mit fünfundsiebzig Anmut und Schönheit ausstrahlt, werden wir feststellen, dass unsere späte Ausstrahlung noch größer ist als die frühe (Haggai 2,9). Wahre Schönheit entspringt einer Tiefe der Seele, die mit den Jahren eines Lebens in der Gegenwart Gottes noch zunimmt. June ist fünfundsiebzig und bezaubernd.

Ich werde sie nie vergessen, weil ich ihr so viel Hoffnung verdanke. Sie hat mir geholfen zu verstehen, dass es *so lange* gedauert hat, damit sie *so schön* wurde. Eine Schönheit, wie sie von ihr ausgeht, ist selten, weil June zu einer seltenen Sorte von Frauen gehört. Nur wenige wagen es wie sie, ihr Herz in dieser gefährlichen Welt am Leben zu erhalten. Ohne krampfhafte Anstrengung. Ihr Herz ist wirklich sehr lebendig. Präsent. Offen. Einladend. Sie hat viele Jahre in der Gegenwart Gottes gelebt, ihr Herz auf ihn ausgerichtet. Wenn wir unseren Blick auf Gott heften, wenn wir uns seine Güte und seine Herrlichkeit vergegenwärtigen, dann werden wir ihm, der die Schönheit an sich ist, immer ähnlicher.

Wer zum Herrn aufschaut, der strahlt vor Freude.

(PSALM 34,5)

Wir haben es alle schon gehört: Eine Frau ist am schönsten, wenn sie liebt und geliebt wird. Wie wahr. Sie haben es an sich selbst erlebt. Wenn eine Frau weiß, dass sie geliebt wird, wahrhaft geliebt, dann leuchtet sie von innen heraus. Dieses Strahlen geht von einem Herzen aus, dessen größte Frage beantwortet ist. „Bin ich liebenswert? Bin ich es wert, dass man für mich kämpft? Bin ich und werde ich auch in Zukunft leidenschaftlich geliebt?" Wenn diese Fragen ein eindeutiges *Ja* gefunden haben, dann breitet sich tatsächlich ein „sanftes und ruhiges Wesen" in uns aus.

Jede Frau kann als Antwort auf ihre Fragen dieses deutliche *Ja* finden. Ja, Sie wurden und werden bis ans Ende Ihrer Tage leidenschaftlich geliebt. Ja, unser Gott findet Sie liebenswert. Er hat Himmel und Erde in Bewegung gesetzt, um Sie für sich zu gewinnen. Er wird nicht ruhen, bis Sie ganz und gar sein sind. Der König ist hingerissen von Ihrer Schönheit. Er findet Sie bezaubernd.

Schönheit ist ein Wesenszug der Seele, der auch in der sichtbaren Welt seinen Ausdruck findet. Sie können es sehen. Sie können es fühlen. Sie fühlen sich davon angezogen. Schönheit strahlt. Ihr Wesen, sagt Thomas von Aquin, ist ihre „Lichtheit". Sie hängt eng zusammen mit dem Unsterblichen. Schönheit entspringt einem lebendigen Herzen. Wir haben Frauen gekannt, die Ihnen ungepflegt vorgekommen wären, die sich nichts aus ihrem Erscheinungsbild gemacht haben. Wir haben erlebt, wie sie sich zu Frauen von wahrer Schönheit gewandelt haben. Vor unseren Augen hat sich diese Schönheit in dem Maß entwickelt, in dem sie entdeckten, dass sie von Gott, dem großen Liebhaber, geliebt werden und als Reaktion darauf lebendig wurden. Wir *sind* umworben. Wir *sind* leidenschaftlich geliebt. Wenn wir über diesem Wissen zur Ruhe kommen, dann können wir unser Herz für andere öffnen und sie zum Leben einladen.

Glaube, Hoffnung, Liebe

Unsere Schönheit offenbaren heißt wirklich nur, dass wir unser weibliches Herz nicht mehr verstecken.

Eine beängstigende Vorstellung, sicher. Deshalb ist das auch der größte vorstellbare Ausdruck unseres Glaubens. Wir müssen Gott vertrauen, wirklich vertrauen. Wir müssen es ihm abnehmen, dass uns *tatsächlich* Schönheit zu Eigen ist. Dass es stimmt, was er über uns sagt. Auch, was den nächsten Schritt angeht, müssen wir ihm vertrauen. Denn: Was wird geschehen, wenn wir unsere Schönheit sichtbar werden lassen? Das entzieht sich unserer Kontrolle. Wir werden ihm vertrauen müssen, wenn es weh tut, und auch, wenn wir schließlich wahrgenommen werden und andere sich an uns freuen. Deshalb ist das Wagnis, unsere Schönheit zutage treten zu lassen, für uns eine Weise, im Glauben zu leben.

Unsere Schönheit zeigen, das ist der größte Ausdruck unserer Hoffnung. Wir hoffen, dass es etwas bewirkt. Dass unsere Schönheit etwas verändert. Wir hoffen, dass es eine großartigere und höhere Schönheit gibt, hoffen, dass wir diese Schönheit widerspiegeln, und hoffen, dass diese Schönheit triumphieren wird. Wir hoffen, dass alles gut ist, weil Gott gut ist, und dass deshalb auch alles in dieser Welt und im Universum einmal gut werden wird. Zu unserer Schönheit stehen ist also ein Zeichen der Hoffnung. Wir lassen unsere Schönheit erkennbar werden in der Hoffnung, dass Gott sie noch *vermehrt*. Es stimmt, wir sind noch nicht das, wonach wir uns sehnen. Aber wir sind auf dem Weg dahin. Die Gesundung hat eingesetzt. Wenn wir jetzt schon Schönheit anbieten, dann verleihen wir der Hoffnung Ausdruck, dass wir einmal vollends wiederhergestellt werden.

Schließlich ist es der größte Liebesbeweis, wenn wir unsre Schönheit nicht länger verhüllen. Denn das braucht die Welt am meisten von uns. Wenn wir uns entscheiden, nicht länger Verstecken zu spielen, wenn wir unser Herz anbieten, dann entscheiden wir uns zu lieben. Jesus bietet sich an; Jesus lädt uns ein; Jesus schenkt seine Gegenwart. So liebt er. So lieben auch wir – „von Herzen", wie es im 1. Petrusbrief heißt (1. Petrus 1,22). Unsere Blickrichtung verändert sich, weg vom Selbstschutz hin zu anderen. Wir bieten ihnen Schönheit an, damit auch ihr Herz lebendig wird, geheilt wird, Gott erkennt. Das ist Liebe.

9

Den Mann in Adam wecken

Komm rasch zu mir, mein Liebster!
Sei schnell wie eine Gazelle, flink wie ein junger Hirsch,
der von den Bergen kommt, wo duftende Kräuter wachsen!
DAS HOHELIED 8,14

Um dem Thema „Wie liebt man einen Mann?" gerecht zu werden, bräuchten wir eigentlich mehr als nur ein Kapitel. Man könnte ganze Bücher damit füllen. Wo es auf der Agenda steht, da wird es oft nebulös, und allzu leicht gleitet die Diskussion ins Schmuddelige ab. Aber wir können das Thema auch nicht einfach ausklammern. Es ist zu wichtig. Allzu viele Fragen von Frauen hängen damit zusammen. Also werden wir versuchen, in diesem Kapitel die tieferen Fragen zu erörtern, und werden Sie dafür mit praktischen Tipps und Techniken verschonen (das leisten andere Bücher zur Genüge; die klammern dafür zumeist die Ebene des *Herzens* und was in ihm vorgeht aus, und auf die kommt es uns an).

Alles, was wir über das Offenbaren von Schönheit und über das einladende (oder auch abweisende) Wesen einer Frau dargelegt haben, gilt *umso mehr*, wenn es um die Liebe zu Adam geht. (Bestimmt haben Sie bei der Lektüre des letzten Kapitels immer wieder an den Mann in Ihrem Leben gedacht). Wahre Weiblichkeit weckt wahre Männlichkeit. Denken Sie an all die Helden in den großen Erzählungen: Sie geben den Helden, *weil* da die Frau in ihrem Leben ist; eine wirkliche Schönheit, die sie inspiriert. So einfach ist das und so wahr. Wahre Weiblichkeit ruft wahre Männlichkeit auf den Plan. Wir wecken sie, wir rufen sie auf eine Weise wach, wie es sonst nichts in der Welt vermag.

Adams Wunde

Wenn Sie kleine Jungen eine Weile beobachten, dann werden Sie zweifellos erkennen, wie tief das Held-sein-Wollen in ihnen angelegt ist. Kürzlich sah ich eine Mutter mit ihrem Dreikäsehoch im Drogeriemarkt. Der Knirps war höchstens drei Jahre alt und hatte einen Overall an (sah aus wie ein Schlafanzug) und darüber diesen wirklich coolen Supermann-Umhang. Vermutlich lässt diese Mutter den Jungen normalerweise nicht um die Mittagszeit im Schlafanzug herumrennen. Ich könnte wetten, dass sie ihn schlicht nicht überreden konnte, dieses Kostüm auszuziehen. Jungs verkleiden sich für ihr Leben gern als Krieger, Ritter, Cowboys, Helden. Ihre Spiele kreisen um Kampf und Mut und Konkurrenz. Wer traut sich, aus dem Fenster im ersten Stock aufs Trampolin zu springen?

Im Teenageralter legen sich Jungen ein Unabhängigkeitsgehabe und eine Angeberei zu, die Mütter zur Raserei treiben kann. Das wirkt alles so überheblich und provozierend, dabei ist es nur ihre sich entwickelnde maskuline Stärke in einem ganz frühen, unbeholfenen Stadium. Sie rasen mit Fahrrädern oder Mopeds um die Wette, achten auf einmal peinlich genau auf ihre Garderobe und stolzieren wie die Gockel einher. Bruce Springsteen hat das besungen in seinem Lied *Born To Run*: „Die Mädchen richten ihre Haare im Rückspiegel, und die Boys geben sich abgebrüht."[2] In all dem wird ihre große Frage erkennbar: *Habe ich es drauf? Bin ich ein ganzer Kerl? Ein richtiger Mann?*

Die tiefste Wunde eines Mannes ist verbunden mit der Antwort, die er in seiner Jugend auf diese Frage erhalten hat. Nicht anders als bei Frauen und *ihrer* Frage. Jeder Mann ist verletzt. Als er heranwuchs, hat er bei seinem Vater eine Antwort auf seine Frage gesucht. Und die fiel oft niederschmetternd aus.

Im Fall von aggressiven Vätern wird die Wunde direkt beigebracht. Davids Eltern hatten eine Auseinandersetzung, und sein Vater beschimpfte die Mutter aufs Schlimmste. David wollte für sie Partei ergreifen, wie sich das für einen guten dreizehnjährigen Kavalier gehört. Da richtete der Vater seine ganze Wut auf das Herz seines Sohnes: „Du bist ja so ein Muttersöhnchen", zischte er ihm zu. Diesen Schlag hat David bis heute nicht völlig weggesteckt. Er sehnt sich so nach einer echten Beziehung zu einer Frau, aber etwas in ihm fühlt sich wie ein kleiner Junge und „nicht Manns genug". Schließlich hat man ihm deutlich gesagt, dass er kein Mann ist, er ist ein Muttersöhnchen.

Der Vater von Charles war ein begeisterter Sportler. Charles dagegen hatte eine musische Ader und spielte lieber Klavier. Eines Tages rastete der Vater aus, als er heimkam und Charles am Keyboard antraf. Wer weiß, was sich da über die Jahre an Verachtung angestaut hatte. Jetzt brach es alles auf einmal heraus und konzentrierte sich in einem Satz: „Schau dir diese Schwuchtel an." Charles hat nie wieder Klavier gespielt. Und es fällt ihm schwer, sich zu der Frau in seinem Leben zu bekennen. Etwas in ihm fühlt sich ... unsicher. Unmännlich.

Auch passive Väter verletzen ihre Söhne, indem sie die entscheidende Frage *un*beantwortet lassen. Ihr Schweigen hinterlässt ein Vakuum, das sich mit Furcht und Selbstzweifeln füllt. Darauf geht auch meine (Johns) eigene Rastlosigkeit zurück. Mein Vater hatte genug mit seinen eigenen Problemen zu kämpfen, gerade in meinen Teenagerjahren, und dasselbe hat er mir auch zugemutet: Ich musste allein mit mir klar kommen. So fühlte ich mich denn auch: allein gelassen. Er gab mir keine Antwort auf meine tiefste Frage. In den folgenden zwei Jahrzenten war ich ein furchtsamer, verbissener Perfektionist, immer damit be-

schäftigt, der Auseinandersetzung mit meinen Wunden auszu-
weichen. Ich fürchtete, in Wirklichkeit nur ein Junge in einer
Männerwelt zu sein, und versuchte mir und dieser Welt durch
immer neue Bestleistungen zu beweisen, dass ich doch ein Mann
war.

Adams Sünde führt zusammen mit seinen vor sich hin schwä-
renden Wunden schließlich zu der Passivität oder aber der Rastlosigkeit, die Sie bei so vielen Männern finden werden. Warum
redet er nicht mit mir? Warum macht er mir keinen Antrag?
Warum ist er so zornig? Warum neigt er zur Gewalt? Sie werden
einen Mann erst verstehen, wenn Sie seine Frage kennen und
sich bewusst machen, dass auch er verletzt ist. Seine Suche nach
Bestätigung ist die treibende Kraft in seinem Leben.

So wie in Ihrem auch.

Was der Liebe im Weg steht

In *Der ungezähmte Mann* habe ich Männer davor gewarnt, die
Antwort auf ihre große Frage von Eva zu erwarten. Allzu viele
Männer machen genau diesen Fehler. Eva soll ihrer Seele die er-
sehnte Bestätigung liefern. (Kommt Ihnen das bekannt vor?)
Diesen Blickwinkel haben sie zumeist in den Teenagerjahren ge-
wonnen. Der Vater hat geschwiegen oder war gewalttätig; seine
Chance, dem Sohn die erlösende Antwort zu liefern, ist vertan.
Das nächste Fenster, das sich zur Seele des Jungen öffnet, ist die
Sexualität. Auf einmal hat er ein Auge für Eva. Sie kommt ihm
wie das Leben selbst vor. Sie sieht so aus, als könne sie seine Frage beantworten.

Diese Verschiebung ist fatal. Die Abhängigkeit vieler Männer
von Pornographie geht großenteils darauf zurück. Es geht im
Grunde nicht um Sex, sondern um Bestätigung. Eva gibt ihm das
Gefühl, ein echter Mann zu sein. Wenn sie ihm ihre Schönheit
anbietet, dann fühlt er sich stark. Das ist auch die Ursache vieler

Seitensprünge. Eine Frau läuft ihm über den Weg und verspricht ihm eine Antwort auf seine Frage. Zu Hause verpasst ihm seine Frau immer die Note „mangelhaft". Nun kommt eine andere daher und flüstert ihm zu: „Bei mir kriegst du ein ‚Sehr gut'". Schon ist es um ihn geschehen. Wenn er nicht die tiefe, überzeugende Bestätigung bekommen hat, die nur Gott ihm geben kann, dann ist er eine leichte Beute.

Ich habe auf jede erdenkliche Weise versucht, Männern klar zu machen, dass keine Frau ihnen sagen kann, wer sie als Mann sind. Männlichkeit wird durch Männlichkeit verliehen. Sie kann nicht aus einer anderen Quelle kommen. Ja – eine Frau hat einem Mann viel anzubieten. Sie kann sein *ezer* sein, seine Gefährtin, kann ihn inspirieren. Aber sie kann ihm nicht seinen Wert geben. Männer *müssen* ihre Frage zu Gott bringen, zu ihrem Vater im Himmel. Nur er weiß, wer wir wirklich sind. Letztlich kann nur er einen Mann seiner Männlichkeit versichern. Ein Mann geht zu Eva, um ihr seine Stärke *anzubieten*. Er geht nicht zu ihr, um seine Stärke von ihr zu *bekommen*.

Entsprechendes gilt natürlich auch für Sie, Eva.

Sie dürfen Ihre Frage nicht an Adam richten. Er kann Ihnen nicht die ersehnte Bestätigung für Ihre Seele liefern. Und trotzdem erwarten so viele Frauen genau das. *Wenn ich einen Mann habe, dann geht's mir gut. Dann bin ich geliebt.* Auch hier erfolgt der Blickwechsel irgendwann in den Teenagerjahren. Die Zeit geht zu Ende, in der der Vater dem Mädchen die entscheidenden Botschaften sagen konnte und musste. Ein neues Fenster öffnet sich: Jungs. Wenn der Vater bisher schon nicht für die junge Frau da war, dann wird sie ausgehungert sein nach Liebe und wird sich Jungs an den Hals werfen in der Hoffnung, dort das Ersehnte zu bekommen. Sie kennen die alte Maxime „Mädchen geben Sex, um Liebe zu bekommen"? Sie ist nur zu wahr.

Mary Piphers hat in ihrem bekannten Buch *Pubertätskrisen junger Mädchen*[3] diese tragische Verschiebung dokumentiert, diese fast vollständige Selbstaufgabe. Mädchen, die als Kinder selbstbewusst und mutig waren, werden als Teenager unsicher. Mädchen, die jede Menge Interessen und Ansichten und Träume hatten, erscheinen auf einmal deprimiert, verloren, *be*sessen vom Gedanken an ihr Aussehen und *ver*sessen auf die Aufmersamkeit von Jungs. Letzten Endes hat sich der Adressat ihrer tiefsten Frage verschoben: Jetzt tragen sie die Frage Adam vor.

Eine verhängnisvolle Verschiebung. Und trotzdem erscheint sie Frauen natürlich logisch und einleuchtend, denn Eva *ist* ja schließlich für Adam geschaffen worden. „Es ist nicht gut, dass der Mensch allein bleibt. Ich will ihm [ein *ezer kenegdo*] machen, die ihm entspricht" (1. Mose 2,18; EÜ). Eva ist bekanntlich aus einer Rippe Adams modelliert worden, und das heißt: Adam und Eva sind beide nicht komplett *ohne* einander und sehnen sich mit gutem Grund *nach* einander. Wie viele Frauen seufzen gegen Ende des Films *Jerry Maguire – Spiel des Lebens* sehnsüchtig, als Jerry durch die Straßen der Stadt rast, um zu seiner Frau zurückzukehren, die sich von ihm getrennt hat? Er sagt ihr: „Du vervollständigst mich!" Stimmt genau; Mann und Frau sind und waren schon immer aufeinander angewiesen.

Und doch: Kein Mann kann Ihnen sagen, wer Sie als Frau sind. Kein Mann kann und darf das Urteil über Ihre Seele sprechen. (Wie viele Frauen haben sich dabei selbst verloren?) Eine Frau sagte uns: „Ich fühle mich immer noch nutzlos. Ich bin keine Frau. Ich habe keinen Mann. Ich habe es nie geschafft, mir einen zu angeln." Der Schmerz ist echt. Aber das Urteil ist falsch. Nur Gott kann Ihnen sagen, wer Sie sind. Nur Gott kann Ihnen die ersehnte Antwort geben. Deshalb haben wir auch zuerst über die leidenschaftliche Liebesbeziehung zu ihm gesprochen. Sie hat Vorrang. Muss Vorrang haben. Schon deshalb, weil Adams Urteil allzu oft allzu unzuverlässig ist.

Ungeachtet dessen ist es wahr: In einer liebevollen Beziehung sollen wir uns gegenseitig helfen. Können wir einander die Wunden lindern. In Liebe können wir uns gegenseitig Freude schenken, können einander unsere Stärke und unsere Schönheit anbieten. Um nichts in der Welt möchte ich es missen, dass Stacy sagt: „Du bist ein toller Kerl." Und für Stacy bedeutet es alles, wenn ich ihr sage: „Stacy, du bist eine schöne Frau." Wir können und sollen einander das nicht vorenthalten. Auf diese Weise kann unsere Liebe dazu beitragen, dass die Wunde des Partners heil wird. Aber unsere *grundlegende* Bestätigung muss von Gott kommen. Solange das nicht gewährleistet ist, solange wir nicht von ihm die Heilung unserer Seele erwarten, werden wir uns unvermeidlich gegenseitig überfordern und unsere Beziehung damit gefährden.

Die Sache wird zusätzlich kompliziert durch den Fluch, der über Eva verhängt ist. „Du wirst dich nach deinem Mann sehnen, aber er wird dein Herr sein" (1. Mose 3,16). Eva trägt seitdem ein Verlangen in sich. Und von wem erwartet sie, dass er es stillen soll? Von Adam. Eva empfindet eine Leere, die sie eigentlich zurück zu Gott treiben soll. Stattdessen hängt sie sich an Adam. Wie Sie sich vorstellen können, sind dadurch schon viele gute Beziehungen ruiniert worden. Wie sehr sich Adam auch anstrengt, die Leere auszufüllen – es wird nie genug sein. Er kann die Leere in Eva nicht ausfüllen. Vielleicht geht er auch instinktiv auf Abstand, sobald er spürt, dass seine Frau das von ihm erwartet. Jede Frau hat mit diesem Verlangen zu kämpfen, das sie auf ihren Mann projiziert. Wenn Sie ihn wirklich lieben lernen wollen, dann dürfen Sie nicht länger das Unmögliche von ihm erwarten.

Wir sind bis jetzt eigentlich noch nicht über das Vorwort hinaus gekommen. Wie man einen Mann richtig liebt (wer immer dieser Mann in Ihrem Leben ist), darüber können wir erst sprechen, wenn klar ist: Es hat keinen Zweck, Adam um etwas zu bitten, was er nicht geben kann. Eva kann Adam nicht lieben, solange sie vor allem Bestätigung von ihm erwartet. Das löst zu viele Ängste aus. Wenn ein Mann wirklich das Urteil über den Wert einer Frau sprechen dürfte, dann wäre sie nicht mehr frei, sich ihm zu öffnen und ihre Schönheit anzubieten. Sie würde sie vielmehr aus Furcht vor einem vernichtenden Urteil verstecken. Oder aber sie würde sich ihm in ihrer verzweifelten Sehnsucht nach Zuwendung in einer völlig unangemessenen Art und Weise ausliefern, in einer Art gefühlsmäßiger Promiskuität. Und wie könnte sie ihn dann in die Schranken weisen und sich ihm gegenüber behaupten, wenn er eben das nötig hat?

Bitten Sie Gott darum, dass er Ihnen zeigt, was Sie bisher mit Ihrer Frage angefangen haben und was Sie von Adam erwartet haben. Erst dann können wir über die Liebe zu einem Mann sprechen.

Wie liebt eine Frau einen Mann?

Fangen wir an beim Sex.

Nicht deshalb, weil Männer „immer nur an das eine" denken (wovon viele Frauen überzeugt sind). Sondern weil daran die Beziehung zwischen Weiblichkeit und Männlichkeit am klarsten deutlich wird. Die Sexualität liefert uns eine großartige Metapher, ein leidenschaftliches, ausdrucksstarkes Bild für eine viel umfassendere Wirklichkeit. Die Frage lautet: „Wie kann eine Frau einen Mann am besten lieben?" Antwort: Verführe ihn.

Denken Sie an eine Frau in der Hochzeitsnacht. Sie dimmt das Licht herunter. Sie zieht ein seidenes Etwas an, das die Reize ihres Körpers eher hervorhebt als verhüllt. Sie gibt also einiges von ihrer Schönheit preis – aber nicht alles. Etwas muss noch zum Auspacken übrig bleiben. Sie legt Parfüm und Lippenstift auf und richtet sich die Haare. Sie will ihren Mann *verlocken*. Sie will ihn erregen und einladen, zu ihr zu kommen und sich mit ihr zu vereinigen. Sie geht dazu das größte Risiko ihres Lebens ein: Sie bietet sich und ihre Schönheit an, unverschleiert, unverhüllt. Sie öffnet sich ihm in jeder Hinsicht.

Was den Mann angeht: Wenn er der Situation nicht gewachsen ist und sich nicht erregen lässt, dann wird nichts passieren.

Kein Feuerwerk der Liebe. Kein neues Leben wird empfangen, solange der Mann nicht in der Lage ist, seiner Frau seine Stärke (in dieser Situation buchstäblich die „Stärke seiner Lenden") anzubieten. So lieben wir einander. Weiblichkeit weckt Männlichkeit. Männliche Stärke lässt eine Frau danach verlangen, schön zu sein.

So einfach ist das, so schön, so geheimnisvoll, so unglaublich tiefgründig.

Die Schönheit einer Frau weckt die Stärke in einem Mann. Er möchte tatsächlich seine Männlichkeit unter Beweis stellen, wenn eine Frau ihn so verführt. Das bleibt nicht aus. Er *möchte* sich als Mann beweisen. Und dieses Verlangen ist entscheidend. Wollen Sie etwa nicht, dass er sich mit aller Entschlossenheit um Sie bemüht? Nicht weil er dazu gezwungen ist, nicht weil er „soll", sondern weil er selbst *will*. Also dann: Wecken Sie sein Verlangen, in jeder denkbaren Hinsicht.

Was, glauben Sie, würde passieren, wenn eine Braut sich ihrem frischgebackenen Ehemann so zuwenden würde, wie es viele Frauen in anderen Situationen halten? Stellen Sie sich vor, sie zückt ihren Kalender und fragt: „Wann wäre es dir diese Woche recht?" (Die effiziente Frau.) Oder dass sie ihrem Mann so kommt: „Ich vermute, du möchtest heute Nacht mit mir schlafen. Lass es uns schnell hinter uns bringen – ich habe morgen früh eine Menge zu tun." (Die geschäftige Frau.) Oder dass sie ganz direkt ist: „Das war eine ziemlich armselige Vorstellung gestern Abend. Möchtest du es nochmal versuchen?" (Die fordernde Frau.)

Viel Auswahl gibt es nicht. Entweder Sie signalisieren Ihrem Mann: „Schatz, du hast es wirklich drauf!", oder aber: „Ich bin nicht sonderlich beeindruckt von deiner Männlichkeit. Beweis mir das Gegenteil!" Dasselbe gilt natürlich auch umgekehrt. Ihr Herz reagiert ganz anders auf den *Zwang*, schön sein zu müssen („In *dem* Kleid willst du mit mir ausgehen?"), als auf die *Versicherung, dass* Sie schön sind („Schatz, du siehst heute so toll aus!").

Eine Frau möchte sich schön fühlen. Die Stärke eines guten Mannes verschafft ihr dieses Gefühl. Ein Mann möchte sich stark fühlen. Die Schönheit einer guten Frau verschafft ihm dieses Gefühl. Dieses Prinzip lässt sich auf weit mehr anwenden als nur auf die Ehe und auf Sex.

Die heiligen, skandalösen Frauen der Bibel

Im Stammbaum Jesu tauchen genau fünf Frauen auf. Nun wird Sie diese Information nicht besonders beeindrucken, solange Ihnen niemand erzählt hat, dass Frauen sonst *nie* in antiken Stammbäumen auftauchen. Dort werden sonst *immer* nur Männer genannt. „Der Vater von soundso, der Sohn des soundso." Stammbäume lesen sich normalerweise nicht spannender als das Telefonbuch. Dass der Evangelist Matthäus fünf Frauen erwähnt, ist eine bemerkenswerte Ausnahme von der Regel. Diese Frauen sind Gott so wichtig, dass er die Berichterstatter veranlasst hat, sich über alle kulturellen Normen hinwegzusetzen und sich womöglich sogar Missverständnissen und Kritik auszusetzen. Alles nur, damit deutlich wird: „Schaut mal – das sind wirklich *vorbildliche* Frauen."

Natürlich wird Maria genannt, die Mutter Jesu. Außerdem die Favoritin in jedem Frauenkreis, Rut. Und noch zwei – Rahab und Tamar. Was unterscheidet diese Frauen voneinander? Unterschiedliche Lebenslagen, unterschiedliche Weisen, wie sie den Willen Gottes erkannt und verwirklicht haben. Dafür haben sie aber ein Thema gemeinsam: Sie sind *mutig*, sie sind *schlau*, und sie geben sich erstaunlich *verwundbar*. Maria ist eine wunderbare junge Frau. Vielleicht erst fünfzehn. Sie akzeptiert den Auftrag, den Gott ihr erteilt, obwohl es sie einen hohen Preis kosten wird. Mal im Ernst: Ein junges Mädchen, das mit einem älteren Mann verlobt ist, erwartet ein Kind und behauptet dann auch noch, Gott habe sie geschwängert? Sie ist die Tugend selbst, aber andere finden es skandalös, und das wird ihr den Rest ihres Lebens anhaften. Sie macht sich in überwältigender Weise verwundbar (man könnte sie dafür steinigen; aber ganz sicher wird ihr Verlobter sie verstoßen, und man wird mit Fingern auf sie zeigen). All das nur, um Gott zu gehorchen.

Tamars Geschichte ist verzwickt und schön zugleich. Leider können wir hier nicht ausführlicher darauf eingehen (die komplette Fassung steht in 1. Mose 38). Nur so viel: Tamar muss angesichts von Männern, die ihr bitter Unrecht tun, Köpfchen und Einfallsreichtum beweisen. Sie konfrontiert diese Männer mit ihrer Sünde und lädt sie ein (nicht: fordert von ihnen), ihre Männlichkeit zu beweisen. Rahabs Geschichte ist ebenfalls delikat, und das in mehrfacher Hinsicht. Zum einen verdient sie ihr Geld mit Prostitution, zum anderen übt sie Verrat an ihrer Stadt. Sie versteckt und deckt israelische Spione in ihrem Haus in Jericho, gehorcht damit Gott und rettet ihre Familie – aber eben um den Preis, dass Jericho wenig später in die Hände der Israeliten fällt. Wir haben noch nie erlebt, dass ihre Geschichte mal Thema einer Bibelarbeit gewesen wäre. „Unter welchen Umständen eine Frau Verrat üben muss" – das wäre doch mal interessant. Und dann ist da noch Rut. Deren Geschichte habe ich in *Der ungezähmte Mann* so erläutert:

Rut, Sie werden sich erinnern, ist die Schwiegertochter einer jüdischen Frau namens Noomi. Beide Frauen haben ihre Ehemänner verloren; das heißt, sie sind Witwen und damit ausgesprochen schlecht dran. Keiner kümmert sich um sie, um ihre Finanzen sieht es gar nicht gut aus, und auch sonst sind sie schutzlos und verletzlich. Die Sache wird interessant, als Rut einem wohlhabenden alleinstehenden Mann namens Boas ins Auge fällt. Boas ist ein guter Mann, soviel wissen wir. Er bietet Rut etwas Schutz und lässt ihr Nahrungsmittel zukommen. Aber Boas bietet Rut nicht das, was sie am dringendsten braucht: einen Trauring. Was also unternimmt Rut? Sie verführt ihn. Und das geht so: Die Männer haben von früh bis spät gearbeitet, um die Ernte einzubringen; jetzt ist es geschafft, auf der Tenne steigt eine Party. Rut nimmt ein Schaumbad und zieht ein umwerfendes Kleid an, und dann passt sie den richtigen Moment ab. Dieser Moment kommt spät in der Nacht, nachdem Boas bereits etwas zu tief ins Glas geschaut hat. „Als Boas gegessen und getrunken hatte, legte er sich gut gelaunt und zufrieden ..." (Rut 3,7; GN). „Gut gelaunt", das steht hier für etwas konservativere Leser. Tatsache ist: Der Mann ist betrunken. Das wird im nächsten Halbsatz klar: „... am Rand des Getreidehaufens schlafen." Und jetzt die skandalöse Wendung. „Leise ging Rut zu ihm hin, schlüpfte unter die Decke und legte sich neben ihn."

Man kann diese Passage unmöglich als „harmlos" oder „nett" deuten. Das ist schlicht und einfach Verführung – und Gott hat offenbar nichts dagegen, sondern hebt Rut noch dadurch besonders hervor, dass er ihrem Andenken ein eigenes Buch in der Bibel einräumt und obendrein einen Platz im Stammbaum Jesu. Ich weiß, da gibt es Leute, die wollen Ihnen weismachen, dass es zur damaligen Zeit in dieser Kultur völlig normal für eine hübsche alleinstehende Frau war, zu einem angeheiterten Mann mitten in der Nacht unter die Decke zu schlüpfen. Dieselben Leute erzählen Ihnen ja auch, dass das Hohelied der Liebe nur eine theologische Metapher auf Christus und seine Gemeinde sei. Fragen Sie sie mal, was der metaphorische Gehalt von Versen wie diesen ist: „Schlank wie eine Dattelpalme ist dein Wuchs, und deine Brüste gleichen ihren vollen Rispen. Auf die Palme will ich steigen, ihre süßen Früchte pflücken" (Hohelied 7,7.8). Das wäre doch mal eine Bibelarbeit wert, stimmt's?

Nein, ich denke nicht, dass Rut und Boas in dieser Nacht Sex hatten; ich denke nicht, dass überhaupt irgendetwas wirklich Anstößiges passiert ist. Aber normal oder alltäglich war das Ganze trotzdem nicht. Die Kirche hat Frauen immer dann um ihre Weiblichkeit betrogen, wenn sie ihnen weismachen wollte, dass ihre Schönheit eitel und überflüssig ist und dass sie dann am weiblichsten sind, wenn sie anderen dienen. Eine Frau ist dann am weiblichsten, wenn sie eine Frau ist. Boas ist etwas begriffsstutzig, und Rut hat verschiedene Möglichkeiten. Sie kann ihn ärgern: *Du denkst immer nur an Arbeit, Arbeit, Arbeit. Warum stehst du nicht auf und zeigst, dass du ein Mann bist?* Sie kann ihm was vorweinen: *Boas, bitte, bitte, heirate mich.* Sie kann ihn demütigen: *Ich dachte, du wärst ein Mann. Da habe ich mich wohl getäuscht.* Oder sie kann all das einsetzen, was sie als Frau zu bieten hat, um ihn dahin zu bringen, dass er alles einsetzt, was er zu bieten hat. Sie kann ihn erregen, inspirieren, auf Zack bringen ... verführen. Und nun fragen Sie einen beliebigen Mann, welche Methode am besten ankommt.[4]

Soll das heißen, dass eine alleinstehende Frau die Nacht im Appartement ihres Freundes verbringen, ihn sexuell erregen und ihm so das Eheversprechen abringen soll? Natürlich nicht. Oder heißt es, dass eine verheiratete Frau sich ihrem Ehemann gefälligst hingeben soll, auch wenn er nicht anständig mit ihr umgeht? Auch das nicht. Die Moral der Geschichte von Petrus und seinem Fußmarsch auf dem See Genezareth ist ja auch nicht, dass wir uns ein Boot besorgen, auf den See hinausrudern und es selbst mal ausprobieren sollen. Das *Prinzip* ist wichtig. Rut geht ein Risiko ein (ein Risiko, das jede Frau kennt), als sie sich verwundbar macht und Boas verführt. Sie lockt ihn, damit er sich als Mann erweist. *Sie weckt in ihm den Wunsch, der Held – ihr Held – zu sein.* Das ist der Punkt.

Frauen, die sich männlich geben

Die meisten Frauen lassen sich – mit allem Vorbehalt – einer der drei folgenden Kategorien zuordnen: Dominante Frauen, trostlose Frauen, inspirierende Frauen. Die ersten beiden Kategorien sind das Ergebnis des Sündenfalls: Das ist aus Eva geworden. Die Frauen der dritten Kategorie sind von Gott erneuert, verkörpern echte Weiblichkeit und lassen andere daran teilhaben.

Ich habe bereits Annie aus dem Film *Der Pferdeflüsterer* als

Beispiel für eine dominante, männlich auftretende Frau ange-führt. Sie braucht nichts und erwartet nichts von ihrem Mann. Sie hat das Leben im Griff. Sie hat die Hosen an. Sie signalisiert mit ihrem Auftreten: „Du bist schwach und kriegst es nicht ge-backen. Ich bin stark. Überlass mir die Zügel, dann klappt die Sache." Die Wirkung auf einen Mann ist zweifelhaft. Wenn eine Frau kontrollierend wird und sich kein bisschen Verwundbarkeit erlaubt, dann ist es mit der Verführungskraft vorbei. Die Bot-schaft lautet dann: „Abstand halten – ich regle das." Ist es da ein Wunder, wenn er tatsächlich auf Abstand geht?

So viele Frauen fürchten die wilden Eigenschaften, die Gott ihrem Mann mitgegeben hat. Sie fühlen sich zwar von seiner Stär-ke angezogen, aber wenn sie ihn erst einmal am Wickel haben, dann versuchen sie ihn zu zähmen. „Mir ist nicht wohl dabei, wenn du Motorrad fährst. Bist du nicht mittlerweile zu alt für solche Rodeospiele? Und außerdem hängst du so viel mit deinen Freun-den herum, und ich sitze hier allein zu Haus." Die Sorte Frauen besteht auch darauf, dass ihre Männer im Sitzen pinkeln.

Frauen können sich freilich auch noch auf andere Art männ-lich geben. Im Kinofilm *Verzauberter April* treffen wir auf vier Frauen – zwei sind trostlos, zwei machen auf männlich und un-nahbar. Caroline ist schön; die meisten Frauen wünschten sich, so schön zu sein. Aber es ist eine stahlharte Schönheit. Sie setzt sie als Waffe ein, um sich durchzusetzen. Gebrochene Herzen pflastern ihren Weg. Nichts an ihr ist sanft. Dabei ist Sanftmut für eine Frau wichtig. Nicht Schwäche, sondern Sanftmut. Zart-gefühl. Mrs. Fisher, eine reiche Witwe, ist der andere dominan-te Charakter. Sie kommandiert alle anderen herum. Sie regelt ihr Leben wie ein Diktator. Sie zeigt keine Gefühlsregung, allenfalls Missfallen, wenn jemand offensichtlich Schwäche zeigt. Nichts an ihr ist anziehend.

Frauen, die sich männlich geben, signalisieren eindeutig: „Ich brauche dich nicht. Ich will nicht empfindsam und einladend sein. Du hast mir nichts zu bieten."

Trostlose Frauen

Die dritte weibliche Hauptrolle in *Verzauberter April* ist Lottie. Sie ist nicht hart, hat sich aber nach jahrelangem Zusammenleben mit einem selbstsüchtigen, tyrannischen Mann in sich selbst zurückgezogen. Sie läuft herum wie ein geprügelter Hund und beeilt sich, ihrem Pascha alles recht zu machen, nicht aus Liebe, sondern aus Furcht und einer verqueren Vorstellung von Unterordnung. Sie ist deprimiert. Rose ist Lotties Freundin; sie treffen sich in der Gemeinde. Rose ist die religiöse Frau. Die klischeehafte Kirchenchristin. Sie ist eigentlich ganz hübsch, aber sie kleidet sich so, als müsse sie diese Tatsache verbergen. Sackähnliche Kleider, die Haare zum Knoten hochgesteckt. Auch ihr Herz ist abgeriegelt. Sie versteckt sich hinter ihren Gebeten und ihrer Einsatzbereitschaft. Sie ist traurig und müde.

Trostlosen Frauen kann man eines nicht nachsagen: dass sie sich männlich geben würden. Sie greifen nicht an, sie wollen nicht dominieren. Aber genauso wenig verlocken oder inspirieren sie. Ihre Botschaft lautet ganz einfach: „Hier gibt es nichts für dich." Das Licht ist aus; sie haben ihre Ausstrahlung heruntergedimmt auf Null; keiner zu Hause. Ein Mann fühlt sich in ihrer Gegenwart ... unwillkommen. Abgewiesen. Auch das ist eine Form von Ablehnung und stellt Männlichkeit in Frage, allerdings schwieriger dingfest zu machen, weil es so subtil ist.

Trostlos können auch Frauen sein, die im Zweifel sind, was sie als Frau *ausmacht*. Frauen, die alles tun, um einen Mann in ihr Bett zu bekommen. Die Frau am Jakobsbrunnen in Johannes 4 wäre hier zu nennen. Sie flattert von einem Liebhaber zum nächsten in der Hoffnung, dass die Leere in ihr ausgefüllt wird. Sie ist zu haben – aber auf eine verzweifelte Art und Weise. „Unterwürfig", wie eine Freundin es charakterisiert hat, „manipulierend, ständig Aufmerksamkeit heischend." Catherine Zeta Jones spielt eine solche Frau im Film *Terminal*. Ihre Botschaft an Männer lautet: „Ich brauche dich so sehr. Bitte sag mir, wer ich

bin. Fülle mich aus." Männer benutzen Frauen wie sie – aber sie
lieben sie nicht. Sie fühlen sich von ihnen nicht zu Heldentaten
herausgefordert. Trostlose Frauen rufen die Stärke der Männer
in ihrem Leben letztlich nicht ab.

Inspirierende Frauen

Wenn du geliebt werden willst, sei liebenswert.

Ovid[5]

Wunderbar an der Geschichte von *Zauberhafter April* ist, wie
jede der vier Frauen im Lauf der Handlung auftaut und femini-
ner wird. Caroline wird sanfter, mitfühlender und zarter. Sie
verleugnet ihre Weiblichkeit nicht länger, sondern zeigt sie fast
scheu, und das ist für sie ein Akt der Buße. Lottie und Rose
bekommen wieder Selbstwertgefühl. Sie lassen sich nicht länger
als Fußabtreter benutzen, sondern sind schließlich in der Lage,
ihren Männern ein wirkliches Gegenüber zu sein. Außerdem
werden sie verführerisch. Für sie ist es heilsam, *weniger* Scheu
zu zeigen, sich nicht mehr zu verstecken, sondern behutsam
nach vorn zu treten. Die Wirkung auf die Männer in ihrem
Leben bleibt nicht aus. Was Strenge und Herrschsucht und
Versteckspiel und Weinerlichkeit nicht erreicht haben – Schönheit schafft es. Ihre Männer wandeln sich, werden gute Männer,
Helden.

Eine verlockende Frau holt das Beste aus einem Mann heraus,
indem sie präsentiert, was sie als Frau ist. Nämlich jemand, der
seine Schönheit anbietet und sein Herz öffnet, wie im vorheri-
gen Kapitel beschrieben. Ein ähnlich krasser Kontrast begegnet
uns im Film *Dem Himmel so nah*. In Paul Suttons (gespielt von
Keanu Reeves) Leben gibt es zwei Frauen. Seine Ehefrau hat
nichts Verlockendes an sich. Sie setzt ihn unter Druck. „Du bist
nicht der Mann, den ich mir vorgestellt habe." Sie manipuliert

und fordert. Schließlich sucht sie sich einen anderen. Die Latino-Frau dagegen, die Sutton im Bus kennen lernt, ist verführerisch. Sie ist eine starke und selbstbewusste Frau und dabei sanft und einladend. Ihre Botschaft an ihn lautet: „Du bist ein interessanter Mann."

Wie weckt man den Mann in Adam? Wie auch immer sich das in der einzigartigen Weiblichkeit ausdrückt, die Ihnen Eigen ist, die Lösung kann man in zwei kurze Sätze packen.

Brauchen Sie ihn.
Und glauben Sie an ihn.

Das ist es, was ein Mann von einer Frau hören muss, mehr als alles andere. Ich brauche dich. Ich brauche deine Stärke. Ich glaube an dich. Du hast alles, was einen Mann ausmacht.

Unvollkommene Männer lieben

Sonnenklar: Nicht jeder Mann ist auf dem Weg zum Himmel. Es gibt eine Menge Männer da draußen, die sind nicht gut und damit auch keine gute Wahl. Sie alle werden solche Männer kennen, manche von Ihnen nur zu gut – weil Sie mit einem von der Sorte verheiratet sind. Wie liebt man solche Männer? Jedenfalls erfordert es Weisheit und Einfallsreichtum.

Jesus hat gesagt: „Werft eure Perlen nicht vor die Säue" (Matthäus 7,6). Keiner käme auf die Idee, dass Jesus gewisse Menschen als Schweine bezeichnet hat. Was er meint, ist: „Passt auf, dass ihr nicht etwas Kostbares an jemanden verschenkt, der – im besten Fall – den Wert nicht erkennt oder – im schlimmsten Fall – sogar darauf herumtrampelt." Ihr weibliches Herz und Ihre Schönheit sind Ihr kostbarster Besitz, Ihre Perlen. Eine Frau kann einen Mann auf die Probe stellen und herausfinden, ob er bereit ist, einen guten Weg einzuschlagen, indem sie ihm eine

Kostprobe von dem gibt, was sie ihm im besten Fall zu bieten hat. Sie wird ihm nicht alles auf einmal geben. Wie Gott selbst, so lockt auch sie und wartet ab, was er tun wird. Ein paar Beispiele:

Janice ist verheiratet mit einem teilnahmslosen Mann. Er hatte sein Herz schon so tief vergraben, dass sie sich fragte, ob es ihn überhaupt noch gab. Ihr Ärger und ihre Enttäuschung über ihn trieben ihn nur noch weiter in den Untergrund. Er war nicht aggressiv; ihres Wissens hatte er auch keine sonstigen Laster. Er war einfach nur – abwesend. Hatte sich aus der menschlichen Gemeinschaft abgemeldet. Funktionierte noch körperlich, aber ohne jede Leidenschaft. Ein Zimmergenosse, aber kein Liebhaber, schon gar kein Held. Sie versuchte es mit Ruts Methode.

Eines Abends kam er nach Haus und stellte fest, dass die Kinder bei Oma zum Übernachten waren. Auf dem Tisch stand ein köstliches Essen bereit, Kerzen brannten. (Klingt auch ein bisschen wie die Geschichte von Esther). Janice hatte eine schöne Bluse an, diskret ein paar Zentimeter mehr aufgeknöpft als sonst. Als der Abend fortschritt, ließ sie ein wenig von der Spitzenwäsche sehen, die sie darunter trug. Schließlich fragte sie: „Hast du Lust, mit mir zu schlafen?" Nun das Entscheidende. Am nächsten Abend kam er heim in Erwartung eines ähnlichen Festes. Als er zärtlich werden wollte, fragte sie ihn sanft, warum. Die Frage verblüffte ihn natürlich.

„Warum willst du mich? Ist es nur mein Körper – oder begehrst du mich ganz?" Das saß. Er suchte ein wenig nach Worten, fand aber keine eindeutige Antwort. Sehr entlarvend. „Ich möchte mich dir schon hingeben", sagte sie, „aber dann musst du dich mir auch hingeben. Ich möchte dich ganz, nicht nur deine Schmutzwäsche." Sie hat seine Lust geweckt, aber sie hat sich ihm in dieser Nacht nicht hingegeben. Sie wartete erst mal ab, ob er sich ihr emotional öffnen würde. Damit begann ein nicht einfacher, aber hoffnungsvoller Weg hin zu tieferer Intimität.

Betsy war mit einem Mann verheiratet, der zu verbalen Ausfällen neigte. Außerhalb der Wohnung war er der angesehene

Gemeindeälteste und riss sich zusammen. Hinter verschlossener Tür war er nur gemein. Betsy wollte ihr Herz am Leben erhalten. Sie wollte ihm helfen zu erkennen, was er ihr antat und wie sie vielleicht eine bessere Qualität in ihre Beziehung bekommen könnten. Sie bat ihn, einen Seelsorger aufzusuchen. Was er auch tat ... bis das Gespräch für seinen Geschmack zu sehr auf die Verhältnisse zu Hause kam. Da brach er die Arbeit mit dem Seelsorger ab.

Betsy zog schließlich aus. Sie strebte nicht die Scheidung an, aber sie hoffte, dass er die Konsequenzen seines Verhaltens spüren und zur Einsicht kommen würde. Sie begann zu beten. Er veränderte sich nicht, sondern schob ihr die Schuld zu. Er machte sie vor den Kindern und in der Kirchengemeinde schlecht. Sie gab nicht nach. Traurig, aber schließlich reichte er die Scheidung ein. Sie hatte ihm viele Kostproben angeboten, wie das gemeinsame Leben hätte aussehen können, wenn er nur seine Gemeinheiten eingesehen und einen Neuanfang gemacht hätte. Er entschied sich anders.

Wie großzügig und verschwenderisch geht Gott mit seiner Schönheit um. Er lässt jeden Tag die Sonne aufgehen; er schickt uns Musik und Lachen und so viele kleine Liebesbriefe für unser Herz. Aber er sagt immer auch: „Wenn ihr mich von ganzem Herzen sucht, will ich mich von euch finden lassen" (Jeremia 29,13) Diese Haltung kann sich auch eine Frau zu Eigen machen. Nicht abweisend sein, nicht zumachen, aber locken und beobachten, ob er näher kommen will.

Interesse an Männern

Ist Ihnen aufgefallen, dass Maria, Rahab, Rut und Tamar allesamt Singles waren? Rut und Tamar waren verwitwet, und Maria war verlobt, aber sie hatte anfangs allen Grund zu der Annahme, dass es damit bald vorbei sein würde, sobald sie sich auf Gottes Auftrag einließ. Diese Frauen stehen in scharfem

Kontrast zu manchen Forderungen im Hinblick auf ein angemessenes christliches Verhalten, die weiblichen Singles heutzutage zugemutet werden. Eine junge Frau schrieb uns: „Ich fürchte, ich und viele andere Frauen haben Keuschheit so interpretiert, dass man den Mann, für den man sich interessiert, komplett ignorieren muss, bis er von selbst den Finger hebt."

Und warum, bitteschön, *sollte* er den Finger heben?

Natürlich soll eine Frau dem Mann, zu dem sie sich hingezogen fühlt, Signale geben. Ein Lächeln schenken. Interesse zeigen an ihm und seinem Leben. Das ist nur natürlich. Sich gut präsentieren. Seine Aufmerksamkeit wecken. Ja, Sie können etwas von Ihrer Schönheit erkennen lassen – und die Dosis allmählich steigern, wenn er darauf eingeht. Natürlich sollten Sie ihm auch einiges vorenthalten – solange, bis er bereit ist, sein ganzes Leben mit Ihnen zu teilen. Es hat schon seinen Sinn, dass man die völlige Hingabe für die Ehe reservieren soll. Man sollte immer mehr im Laden haben als im Schaufenster.

Wie viel anbieten, und wann? Das lässt sich im Rahmen eines solchen Buches schlecht sagen. Gehen Sie Ihren Weg mit Gott. Handeln Sie weise und überlegt. Machen Sie sich bewusst, was Sie veranlassen könnte, sich entweder zu entziehen – oder aber zu viel zu geben. Achten Sie darauf, was ein Mann in Ihnen sieht: Erwartet er von Ihnen Bestätigung, vergöttert er Sie? Beides wäre eine Überforderung. Seien Sie einladend, anziehend, und wahren Sie Ihre Integrität.

Wir beobachten unter vielen wohlmeinenden jungen Männern und Frauen eine gewisse gefühlsmäßige Unverbindlichkeit. Der junge Mann ist einfühlsam. Er möchte gerne reden, teilhaben an ihrem Weg. Die Frau ist so dankbar, dass er sich für sie interessiert, sie öffnet sich. Die beiden tauschen persönliche Erfahrungen ihres Lebens aus – sprechen über ihre Probleme, ihren jeweiligen Weg mit Gott. Aber er macht niemals klare Sache. Er genießt die gemeinsame Zeit ... und dann geht er wieder. Und sie fragt sich: *Was habe ich falsch gemacht?* Sie hat seine Passivität nicht bemerkt. In Wirklichkeit hat er sich niemals erklärt, hat nie unter Beweis gestellt, dass er es ernst meint. Genau wie Willoughby im Hinblick auf Marianne in *Sinn und Sinnlichkeit*.

Hüten Sie sich, einem Mann zu viel von sich selbst zu schenken, bevor Sie nicht solide, klare Belege dafür haben, dass er ein starker Mann ist, der es ernst meint. Schauen Sie sich an, wie er bisher mit Frauen umgegangen ist. Irgendwelche Ungereimtheiten? Wenn ja, dann bringen Sie es zur Sprache. Genauso sollten Sie sich seine männlichen Freunde und Weggefährten ansehen. Wie geben sie sich als Männer? Kann er sich im Arbeitsleben behaupten? Lebt er mit Gott, hat er eine echte Beziehung zu ihm? Setzt er sich mit den Verletzungen in seinem Leben auseinander? Wie geht er mit seinen unguten Seiten um, mit seinem Versagen? Hat sein Leben ein Ziel?

Eine Menge Fragen, aber Ihr Herz ist ein Schatz, und Sie sollten es nur jemandem ausliefern, der diesen Schatz auch verdient hat und in der Lage ist, in guter Weise damit umzugehen.

Akzeptable Männer, die Ihnen nicht gehören

Weiblichkeit kann männliche Stärke wecken, und die Stärke eines guten Mannes erlaubt einer Frau, ihre Schönheit zu offenbaren. Diese Wechselwirkung ist natürlich nicht nur auf den Raum der Ehe beschränkt. Sie kann in guter Weise zwischen Freunden, Arbeitskollegen, kurz: in allen denkbaren Bezügen wirksam werden. Zu lange ist in der Christenheit eine Kultur der Berührungsangst gepflegt worden, geprägt von der Sorge, dass jede noch so nüchterne Begegnung zwischen einem Mann und einer Frau zu einem moralischen Fehltritt führen könnte. Damit haben wir uns trauriger Weise um viele Möglichkeiten gebracht, einander mit dem, was den beiden Geschlechtern jeweils zu Eigen ist, gegenseitig zu bereichern.

Bei einer unserer Einkehrtagungen für Frauen war John verhindert. Am zweiten Tag, nach einer Auseinandersetzung mit einer sehr aggressiven Frau, war ich aufgewühlt und angefochten. Ich bat einen Kollegen, einen jungen Mann namens Morgan, für mich zu beten. Er hat es getan, und wie. Er hat sich für mich äußerst entschlossen eingesetzt. Seine Gebete und seine freundlichen Worte für mich haben mich wieder ruhig gemacht und mir durch den Tag geholfen. Ich habe mich ihm gegenüber schutzbedürftig gezeigt, ich brauchte ihn – auf eine Weise, die keinesfalls kompromittierend war. Er hat sich buchstäblich für mich stark gemacht – ebenfalls in einer unmissverständlichen Weise. Mein Dank hat ihm vermittelt: „Du bist ein ganzer Kerl." Und das soll ihn nicht beflügeln?

Entsprechend gibt es auch Frauen in unserer Gemeinschaft, die mir (John) viele ermutigende Worte geschenkt, viele Freundlichkeiten und Aufmerksamkeiten erwiesen haben. Sie haben mir gesagt, wie ich ihr Leben beeinflusst, ihr Herz berührt, mich für sie eingesetzt habe. Und das hat wiederum mich aufgebaut und inspiriert – auch in Zeiten, in denen ich meine Zweifel hatte, ob ich Stacy als Mann wirklich gerecht werde. Ihre Anerkennung und Ermutigung hat mich nicht etwa auf die Idee gebracht, mich auf eine Affäre mit ihnen einzulassen. Vielmehr hat sie mich noch mehr angefeuert, meine Stärke *jetzt erst recht* für Stacy einzusetzen. Jede von ihnen hat mir gespiegelt: „Du bist ein guter Mann, du bist stark. Als Frau bin ich dankbar dafür."

John hat seine Stärke und sein Herz für viele Frauen in unserer Gemeinschaft eingesetzt. Er hat sich mit ihrem Leben beschäftigt, hat ihnen geholfen, ihren Weg zu finden, hat für sie gekämpft. Seine Gegenwart hat ihre Schönheit herausgelockt. In gewisser Weise richtet er ihnen eine Botschaft Gottes aus: „Das gibt es tatsächlich. Nicht hier, John ist schon vergeben, aber von seinem Schlag gibt es noch mehr Männer." Was glauben Sie, was für eine Wirkung das auf das Herz einer Frau hat?

Unser Leben hält viele Gelegenheiten bereit, wo sich das ereignen kann. Es passiert ganz unvermeidlich. Wo ein Mann lebendig wird, da bekommen das die Frauen in seiner Umgebung mit und freuen sich an seiner Stärke, an seiner kraftvollen, männlichen Präsenz. Wo eine Frau lebendig wird, da entgeht das den Männern in ihrer Umgebung nicht. Sie freuen sich an ihrer Schönheit, am Reichtum ihrer weiblichen Präsenz. Schon klar, dass dieses Teilen von Stärke und Schönheit auf einen Charaktertest hinausläuft. Wenn durch einen anderen Mann oder eine andere Frau etwas in uns wach gerufen wird, dann fordert das in diesem Moment unsere Entscheidung. Wir können dieses Wecksignal als Einladung akzeptieren, dasselbe auch bei *unserem* Partner zu suchen. Oder, wenn wir Single sind, darum zu beten, dass Gott uns einen Mann oder eine Frau von dieser Sorte schenken möge. Wir *können* diesem Test überhaupt nicht ausweichen, denn wir alle haben mit Menschen des anderen Geschlechts zu tun.

Erinnern Sie sich an die Eingangsfrage? „Wie kann eine Frau einen Mann am besten lieben?" Verführe ihn. Die sexuelle Note im Begriff „verführen" bringt manche vielleicht in Verlegenheit, wenn sie an all die Situationen denken, in denen sexuelle Intimität nicht angezeigt ist. Es geht auch hier ums Prinzip. Um ein Bild dafür, wie Weiblichkeit auf vielfältige Weise Männlichkeit auf den Plan ruft. Vielleicht kennen Sie die alte, Aesop zugeschriebene Geschichte vom Streit zwischen dem Nordwind und der Sonne. Diese Geschichte wird helfen, Ihre Bedenken zu zerstreuen.

Einst stritten sich Nordwind und Sonne, wer von ihnen beiden wohl der Stärkere wäre, als ein Wanderer des Wegs kam, der in einen warmen Mantel gehüllt war. Sie wurden einig, daß derjenige als der Stärkere gelten sollte, der den Wanderer zwingen würde, seinen Mantel auszuziehen. Der Nordwind blies mit aller Macht, aber je mehr er blies, desto fester hüllte sich der Wanderer in seinen Mantel ein. Endlich gab der Nordwind den Kampf auf. Nun erwärmte die Sonne die Luft mit ihren freundlichen Strahlen, und schon nach wenigen Augenblicken zog der

Wanderer seinen Mantel aus. Da musste der Nordwind zugeben, daß die Sonne von ihnen beiden der Stärkere war.

„Wie hast du das angestellt?", fragte er die Sonne. „Nichts leichter als das", antwortete diese. „Ich habe ihm gut getan. So bin ich ans Ziel gekommen."

10

Mütter, Töchter, Schwestern

Adam nannte seine Frau Eva,
denn sie wurde die Mutter aller Lebendigen
(1. Mose 3,20; EÜ)

Wir haben unsere Muttersprache – die Sprache, die wir von klein auf sprechen. Wir haben Mutter Erde, die alle Pflanzen hervorbringt, und Mutter Natur, die neben allem Berechenbaren auch Quelle unvorhersagbarer Ereignisse ist, denken wir an Wirbelstürme oder Erdbeben. Wir kennen das Muttergestein, das Reichtümer birgt, und den Mutterwitz. Die arabische „Mutter aller Schlachten" haben wir als erbarmungslosen Kampf kennen gelernt, und als Mutterland bezeichnen wir ein Land, das eine Idee (gewöhnlich eine gute Idee) hervorgebracht hat – wie die Reformation oder das Fußballspiel. Mutterboden ist der Urgrund des Wachstums. Mutter ist Quelle des Lebens. Mutter ist mächtig. Mutter kann nähren, und Mutter kann zerstören. Je nachdem, was für Erfahrungen wir gemacht haben, ruft das Wort *Mutter* in uns die Vorstellung von einer warmherzigen, liebevollen Frau wach – oder es lässt uns zu Eis erstarren.

Ob gut oder schlecht, ob aufbauend oder zerstörerisch, die Beziehung zu unserer Mutter hat entscheidenden Einfluss darauf, wie wir sind, und hat uns mit zu den Frauen geformt, die wir geworden sind. Wie Dinah es in Anita Diamants Roman *Das rote Zelt der Frauen* sagt: Wer eine Frau verstehen will, muss zuerst nach ihrer Mutter fragen und dann aufmerksam zuhören.[1]

Wir sind nicht alle Mütter, aber wir haben oder hatten alle eine

Mutter. Oder haben uns nach einer gesehnt. Die Beziehung zwischen Mutter und Tochter ist eine heilige, enge, starke Angelegenheit, eine Nabelschnur, die manchmal unter Spannung steht oder einen zu erdrosseln droht, ein vermintes Gelände. Der Wunsch einer Tochter, ihrer Mutter zu gefallen, kommt an Stärke nur dem Verlangen gleich, von ihr loszukommen. Die meisten Mutter-Tochter-Beziehungen durchlaufen eine stürmische Phase, wenn das Mädchen erwachsen wird. Hormone branden auf, und diese Brandung bricht sich oft mit voller Wucht an der Mama. Worte werden geschleudert, Anklagen, die auf das Herz zielen. „Du gehst mir *so* nicht aus dem Haus, verstanden!" So brechen viele Mütter in Entsetzen aus, wenn ihre Töchter sich zum Ausgehen herrichten. „Du hast ja überhaupt keine Ahnung", parieren die Töchter dann oft. Und nun kommt es darauf an, wie eine Mutter diese Stürme zu bändigen versucht, die sich da beim Übergang ihrer Tochter von der Kindheit ins Erwachsenendasein austoben. Davon hängt viel für die künftige Beziehung der beiden ab.

So manche wohlmeinende Frau glaubt, dass ihre Tochter ein Spiegelbild ihrer selbst ist, ein Teil ihrer selbst, und dass sie deshalb als Mutter und Frau das letzte Urteil über die Tochter sprechen kann. Ein verhängnisvoller Fehler. Die Mutter ist befremdet, enttäuscht, manchmal tief verletzt, wenn ihr „kleines Mädchen" ganz andere Entscheidungen trifft, als sie es sich vorgestellt hat. Wenn sie ihre Selbstwahrnehmung als Frau einfach auf das Leben ihrer Tochter überträgt, dann verursacht das tiefe Verletzungen und belastet die Beziehung zusätzlich. Die Mutter wird versuchen, die Dinge in ihrem Sinn zu richten; die Tochter wird sich noch stärker zu entziehen versuchen, um ihre eigene Identität zu finden.

Mütter tun recht daran, wenn sie ihren Töchtern gutes Benehmen vermitteln und ihnen ihren Glauben nahe bringen. Aber sobald die Tochter erwachsen ist, steht ihr allein die Entscheidung zu, ob sie an dem festhält, was sie als Kind gelernt hat. Natürlich hofft eine Mutter, dass die Entwicklung der Tochter hin zur Selbständigkeit erfreulich verläuft. Aber oft dauert es Jahre, bis Mutter und Tochter ihre Differenzen überwinden – geschweige denn, sich an ihrer Unterschiedlichkeit freuen können.

Das Herz eines Mädchens blüht auf, wenn es in seiner Familie *beachtet* und *ermutigt* wird, immer mehr zu sich selbst zu finden. Eltern, die sich an ihren Töchtern freuen, machen ihnen und der Welt ein großartiges Geschenk. Vor allem die Mütter haben Gelegenheit, ihre Töchter zu unterstützen, indem sie sie in ihre weibliche Welt einführen und die einmalige Schönheit wertschätzen, die ihrer Tochter eigen ist.

Ich selbst weiß nicht, wie es ist, wenn man eine Tochter hat. Ich bedaure das. Mein Mann und meine Söhne sind gerade draußen und sprengen irgendetwas. Vermutlich haben sie Feuerwerkskörper zerlegt und das Schießpulver für eine richtig große Explosion gesammelt. Kinderkaffeekränzchen finden hier nicht statt. Kein Mädchen bittet mich, ihm das Haar zu richten. Aber wenn ich auch keine Tochter habe, bin ich doch selbst eine.

Der lange Weg nach Hause

Mein Verhältnis zu meiner Mutter war angespannt. Schmerzhaft für uns beide. Unsere Gespräche waren befrachtet mit unausgesprochenen Erwartungen und Missverständnissen. Sie erinnern sich, welche Botschaften mit meinen Verletzungen einhergingen? Meine Mutter war schockiert gewesen von der Aussicht, noch ein Kind zu bekommen, und dieses bewusste Kind war ich. Ich dachte, alles an mir sei für sie enttäuschend: was ich glaubte, wie ich mich kleidete, was ich dachte, wer ich war. Aber ich musste erst 41 Jahre alt werden, bis mir aufging, dass ich ihr exakt dasselbe Gefühl vermittelt habe.

Ich habe Ihnen ja die Geschichte meiner Kindheit erzählt: dass meine Mutter sich überfordert gefühlt hatte durch die Schwangerschaft mit mir. Ich war zu viel für sie, und so versuch-

te ich alles, um mein wahres Ich zu verbergen und die pflegeleichte Tochter zu sein, die sie brauchte. Ich wollte, dass sie mich
kennt, dass sie mit mir spielt. Ich mochte es, wenn ich ihr einen
Gutenachtkuss auf die Wange gab und dabei den Duft ihrer
Nachtcreme einatmen konnte (das habe ich bis ins Erwachsenenalter beibehalten). Ich habe schon erwähnt, dass ich mich oft
krank gestellt habe, weil sie mir dann mehr Aufmerksamkeit
schenkte. Sie gab mir dann Bücher und brachte mir das Essen
ans Bett. Bei hohem Fieber spendierte sie mir Limonade und Va-
nilleeis. (Wenn ich heutzutage krank bin, ist das nicht halb so
lustig. John traktiert mich mit Vitaminen und ekelhaft schme-
ckenden Tees, die mir angeblich gut tun sollen.)

In der Grundschule kam meine Schwester auf die geniale Idee,
unserer Mutter zu erzählen, der Lehrer hätte gesagt, sie solle ihr
jeden Abend etwas vorlesen, dann würde sie leichter lernen. Sie
hat diese Geschichte nur erfunden, damit sie sich einmal am Tag
für zwanzig Minuten an Mom herankuscheln konnte und ihre
volle Aufmerksamkeit bekam. Man tut eben, was man kann.

Als ich in der fünften Klasse war, fand meine Mutter irgendwann heraus, dass ich rauchte. Sie sagte mir traurig, dass ich
nicht mehr ihr kleines Mädchen sei. Ich weinte. Und wurde noch
erfolgreicher im Versteckspiel. Sie hatte keine Ahnung von meinen Träumen, meinen Kämpfen, meinen Talenten und von der
fragwürdigen Richtung, in die sich mein Leben entwickelte. In
der Mittel- und Oberstufe der High School und später am College spielte ich die gute Schülerin, die keine Probleme macht. In
Wirklichkeit suchte ich nach Anerkennung und Leben auf jede
nur denkbare zerstörerische Weise. Ich fühlte mich ungeliebt,
abgelehnt und verstoßen. Wertlos eben. Folglich traf ich Entscheidungen, die für meine Seele und die anderer Menschen ver-
heerend waren. Immer weiter rutschte ich in Verzweiflung und
Selbsthass ab.

Weder meine Mutter noch mein Vater sagten ein Wort, als ich
eines Abends vollkommen am Boden zerstört aus der High

School kam, nachdem ich meine Klamotten vollgekotzt hatte, und meine verdreckten Kleider in die Waschmaschine steckte. Sie stellten mich auch später nicht zur Rede, als ich so sturzbetrunken heimkam, dass ich es ohne ihre Hilfe nicht ins Haus geschafft hätte. Die Polizei hatte mich aus dem Verkehr gezogen. Meine Eltern ließen mich zwei Wochen lang nicht mehr ans Steuer – das war alles. Eines Nachts kam ich überhaupt nicht heim. Als ich am frühen Morgen endlich auftauchte, traf ich auf meine völlig aufgelöste Mutter. Sie hatte während meiner Abwesenheit all die Drogenutensilien zerstört, die offen in meinem Zimmer herumgelegen hatten. Bei ihren fieberhaften Überlegungen, wo ich wohl stecken könnte, hatte sie auf der Suche nach den Telefonnummern meiner Freunde auch mein Schulnotizbuch durchgesehen. Stattdessen fand sie eine Liste all der Drogen, die ich im vergangenen Monat komsumiert hatte. Die Liste war lang.

Ich liebte meine Mutter. Ich wollte nicht, dass sie das mit den Drogen erfährt. Ich wollte sie nicht verletzen. Ja, sie hatte viel an mir versäumt, so wie alle Mütter ihren Kindern etwas schuldig bleiben, in unterschiedlichem Ausmaß. Aber sie liebte mich auch. Das war *trotz allem* wahr. Ihre Entdeckung beschämte mich. Und doch kam ich nicht zur Besinnung. Noch nicht. Stattdessen wurden meine Täuschungsmanöver noch professioneller.

Ich habe während meiner Collegejahre sexuell ausschweifend gelebt, suchte das erhebende Gefühl, gewollt zu sein, wollte hören, dass mich jemand schön findet. Meine Mutter war eine strenggläubige Katholikin, und ich hörte sie oft über Leute reden, die genau das machten, was ich auch machte, und wie sie sich fragte, ob Gott ihnen jemals vergeben könne und wie sie überhaupt so leben könnten. Ihre verurteilenden Worte trafen mich tief. Im Stillen hoffte ich, dass Gott mir doch vergeben könnte und ich mir selbst auch.

Zu Gottes Ehre sei es gesagt: In meinem letzten Jahr am College kam ich zum Glauben. Jesus hat mich buchstäblich gerettet.

Aber ich war keine Katholikin mehr. Zumindest gab ich nicht mehr vor, Katholikin zu sein (während der Jahre an der High School habe ich noch die fromme Katholikin gespielt). Nun ging ich zu einer „unabhängigen" Gemeinde.

Meine Mutter war froh, dass ich mit den Drogen aufgehört hatte. (Wir taten beide so, als ob sie von den sexuellen Abenteuern keine Ahnung hätte). Sie war froh, dass ich jetzt wieder betete. Zugleich war sie tief traurig, dass ich nicht mehr zu ihrer Kirche gehörte. Wenn wir auf das Thema Glauben zu sprechen kamen, fuhren wir beide die Schutzschilde aus und verschanzten uns dahinter. Wir waren nicht in der Lage, einander ordentlich zuzuhören. Statt dass wir die Freude des Glaubens teilen konnten, wurden die Lehrunterschiede zwischen uns zu einer Art Stacheldrahtzaun, den wir in keine Richtung überwinden konnten.

Also sprachen wir übers Wetter. Fünfzehn Jahre lang.

Kürzlich habe ich von einer jungen Frau gelesen, die gerade ihr erstes Kind bekommen hatte, und ihre Mutter war gekommen, um ihr zu helfen. Das Baby hielt die junge Mutter fast die ganze Nacht über mit seinen geheimnisvollen Lauten wach. Sie wollte schon ihre Mutter fragen, wie lange es wohl dauern würde, bis sie all diese Geräusche nicht mehr bewusst hören würde. Aber als sie gerade den Mund aufmachen wollte, fragte ihre Mutter sie: „Kriegst du einen Schnupfen, mein Schatz? Ich dachte, ich hätte dich heute Nacht schniefen gehört." Ganz gleich, wie alt Ihre Kinder werden, sie bleiben stets Ihre Kinder. Das ist genauso wahr wie die Tatsache, dass Sie sich beim Tod eines Elternteils verwaist fühlen werden, ganz gleich, wie alt die Eltern zu diesem Zeitpunkt sind.

Ich weiß nicht mehr genau, wann die Töne zwischen meiner Mutter und mir sanfter wurden, aber ganz allmählich begannen wir, barmherziger miteinander umzugehen. Es muss gewesen sein, nachdem ich mich ernsthaft mit meiner Kindheit befasst hatte. Ich hatte im Hinblick auf die Verletzungen, die mir meine Eltern beigefügt haben, einiges an Trauerarbeit zu leisten –

durch das, was sie getan, und genauso durch das, was sie unterlassen haben. Erst war ich zornig darüber. Dann traurig. Und nach einiger Zeit konnte ich vergeben. Ich begann meine Mutter mit neuen Augen zu sehen.

Allmählich konnten meine Mutter und ich uns auch über unseren gemeinsamen Glauben freuen, ohne ständig die Differenzen zu debattieren. Aus heiterem Himmel bat mich meine Mutter eines Tages um Verzeihung für das, was sie an mir falsch gemacht hatte: für die Antworten, die sie mir schuldig geblieben war, für die Hilfe, die sie mir in den Kämpfen meiner Jugendzeit vorenthalten hatte. Es dämmerte mir nach und nach, dass sie in all den Jahren ordentlich gestrampelt haben musste, um selbst nicht unterzugehen.

Unser letztes gemeinsames Jahr

> Auf dem Foto an meinem Bett lächelt meine Mutter
> mich unentwegt an. Ich glaube, ich habe uns beiden inzwischen
> vergeben, obwohl, manchmal bei Nacht bringen mir meine Träume
> die Traurigkeit zurück, und dann muss ich aufwachen
> und uns von Neuem vergeben.
> LILY IN *Die Bienenhüterin* VON SUE MONK KIDD[2]

Jahre später machte mir Gott eine weitere Schicht unbehandelter Wunden bewusst. Ich war traurig, weil ich mich in der Gegenwart meiner Mutter immer noch „nicht gut genug" fühlte. Ich glaubte wahrhaftig immer noch, ich sei eine tiefe Enttäuschung für sie. Ihre Worte trafen mich immer noch. Da wies mich Gott sachte darauf hin, dass meine Mutter mir genau dasselbe Gefühl vermittelte, das ich umgekehrt auch ihr gab. Auch sie empfand sich als Entäuschung. Als Fehlschlag. Als etwas, wofür man sich schämen muss. Im selben Moment, als mir das klar wurde, wusste ich: Es war tatsächlich so. Ich konnte ihren

Schmerz spüren. Ich sah einige ihrer irritierenden Kommentare in einem anderen Licht. Sie wollte, dass ich sie mochte, kannte und mich an ihr freute, genauso sehr, wie ich wollte, dass sie mich mag. Und ich hatte ihr meine Anerkennung vorenthalten. Zum ersten Mal wurde mir bewusst, wie tief ich sie verletzt hatte.

Es drängte mich, sie so schnell wie möglich aufzusuchen. Ich konnte das arrangieren, saß schon Tage später im Flugzeug, um meine Mutter zu treffen und sie persönlich um Entschuldigung zu bitten. Wir setzten uns an den Küchentisch, und ich habe ihr vielleicht zum ersten Mal mein Herz geöffnet. Ich habe ihr gesagt, ich wüsste, dass ich ihr das Gefühl vermittelt hätte, nicht gut genug zu sein. Ich hätte ihr zu spüren gegeben, dass sie für mich eine Enttäuschung sei. Ich sagte ihr, dass ich das tief bedauerte und dass es nicht wahr sei. Dass ich sie so liebte, wie sie war. Ich erklärte, wie stolz ich auf sie sei. Dass ich froh sei, sie zur Mutter zu haben. Und ich bat sie um Vergebung.

Sie konnte nicht sprechen. Musste sie auch nicht. Aber ich las es an ihren Augen ab, durch ihre schüchternen Bewegungen und ihren zärtlichen Ausdruck, dass sie mir vergeben hatte. Wir umarmten einander. Nichts stand mehr zwischen uns.

Wie kann ich Ihnen klar machen, wie viel Raum durch diesen Akt der Vergebung in unseren Seelen frei geworden ist? Mauern stürzten ein. Wir konnten uns zum ersten Mal in unserem Leben gegenseitig Liebe und Anerkennung und Freude aneinander schenken. Wir verbrachten den Rest des Abends damit, in alten Familienalben zu blättern. Ich saß dicht an meine Mutter gedrängt und hörte sie sagen: „Sieh mal, wie hübsch du aussiehst." Dabei zeigte sie auf Fotos einer sehr jungen Stacy. „Du warst immer so entzückend." Es war eine ganz kostbare Zeit. Heilsam. Wahrhaftig, wirklich, voller Liebe.

Es war zugleich unsere letzte gemeinsame Zeit, bevor meine Mutter die schreckliche Diagnose bekam: Knochenmarkskrebs. Keinen Monat nach unserer Aussprache fühlte sich Mom dem

Tod nah. Ihr Arzt ordnete einige Untersuchungen an. Es stellte sich heraus, dass ihre Nieren versagten. Der Krebs hatte sich extrem rasch ausgebreitet. Sie hatte Recht. Sie war sterbenskrank. Meiner Mom und mir blieben noch vier Monate zusammen. Wir liebten einander bedingungslos und total. Wie ich mir wünschte, dass wir noch viele Jahre vor uns hätten. Zugleich war ich unglaublich dankbar, dass wir das überhaupt erleben konnten.

Gott hat uns in diesen Monaten viel wiedergeschenkt. Wenn ich daran denke, kommen mir die Tränen. Diese Zeit, diese Erinnerungen sind für mich Gold wert.

Der Preis

Leiden ist eine Sache. Viel schlimmer ist es, wenn man einen geliebten Menschen begleitet, der entsetzlich leidet, und man kann nichts dagegen tun. Viele von Ihnen haben das erlebt. Sie wissen Bescheid. Als ich sechs Jahre alt war, habe ich mir zwischen Tür und Türrahmen fast einen Finger abgequetscht. Der Doktor verpasste mir eine schmerzstillende Spritze direkt in die Wunde. Ich blickte durch einen Vorhang von Tränen hindurch zu meiner Mutter und hörte sie sagen, dass es ihr noch viel mehr weh täte als mir. Ich verstand sie damals nicht. Inzwischen schon.

Als ich in ihren letzten Monaten zu ihr reiste, um sie zu pflegen, schaute sie mich an und sagte sanft: „Tut mir Leid. Tut mir Leid, dass ich dir das antue." Da liegt sie, leidet Schmerzen, sieht dem Tod ins Auge, kann nicht essen, nicht einmal mehr schlucken, und es tut ihr Leid *wegen mir*. Es tut ihr Leid, dass sie der Grund dafür ist, dass ich mit ihr leide. Gerne hätte sie das auch noch auf sich genommen und mir die Sorge und den Schmerz, sie zu verlieren, erspart.

Ich habe einmal jemand sagen hören, ein Kind zu haben sei so, als würde das Herz außerhalb des eigenen Körpers herumwandern. Wie sich eine Mutter sorgt, um ihr Kind zu schützen! Dabei wird eine gute Mutter die ganze Zeit, von der Kindheit bis ins Erwachsenenalter, ihr Kind dazu anleiten, sich immer weiter von ihr zu entfernen, sie immer weniger zu brauchen. Mütter lieben ihre Kinder und sehnen sich nach ihnen. Ihre Herzen schlagen für sie und sorgen sich um sie. Eine Frau blutet, wenn sie einem Kind das Leben schenkt, aber das ist nur der Anfang. Das Herz einer Mutter, erweitert durch all das, was sie mit ihrem Kind durchgemacht hat, durch alles, was sie für ihr Kind erbittet und erarbeitet und erhofft, ein solches Herz blutet ebenfalls.

Das Herz einer Mutter ist etwas Gewaltiges und Großartiges. Meine Mutter hatte ein großes Herz, vergrößert noch durch Leid und jahrelanges Festhalten an Jesus, während sie zugleich von denen missverstanden, verlassen und verurteilt wurde, die sie am meisten liebte. Mich eingeschlossen. Ihre Liebe hat sie viel gekostet. Mütterliche Liebe ist immer kostspielig. Aber meine Mutter hätte Ihnen gesagt, dass es den Preis wert ist und dass es gar nicht anders geht.

Als meine Mutter zum letzten Mal zum Badezimmer ging, musste ich sie von vorn stützen, und ihre Schwester stützte sie von hinten. Auf dem Rückweg musste Mom einige Pausen einlegen, sie schaffte immer nur ein paar Schritte auf einmal. Beim letzten Zwischenhalt schaute ich ihr in die Augen und sagte: „Das wäre jetzt die Gelegenheit für eine Umarmung." Ich nahm sie in den Arm, verweilte ein wenig mit ihrem zerbrechlichen Leib sachte an mich gedrückt, und schaute dann in ihre himmelblauen Augen. In diesen Augen habe ich gesehen, wie tief die Liebe meiner Mutter zu mir war. Sie war maßlos, bedingungslos, zart, stark, voll Freude, klar. Man könnte in solche Augen eintauchen, sich verlieren in dieser Art von Liebe. Oder gefunden werden.

Da verstand ich endlich. Meine Mutter liebte mich. Hatte mich geliebt während all dieser Jahre, ich hatte es nur nicht erkannt. In diesen Augen war Erbarmen und das Wissen, dass alles gut war, alles gut werden würde. Und dass nichts verloren ging. Nicht in den Jahren, in denen wir aneinander vorbeigelebt hatten, und nicht in den Jahren, die mir noch bleiben würden, ohne sie.

Meine Eltern leben inzwischen beide nicht mehr. Ich habe das alles erzählt, weil Sie wissen sollen, dass Versöhnung möglich ist. Heilung ist möglich. Bitten Sie Gott, dass er Ihnen und Ihrer Familie das gewährt. Und dann sollten Sie, wenn möglich, Ihre Mutter anrufen und ihr sagen, dass Sie sie lieben.

Mütterlich sein

So groß die Rolle unserer Mütter in unserem Leben ist, das Wort *Mutter* ist noch kraftvoller und universeller als Bestandteil des Eigenschaftswortes *mütterlich*. Nicht alle Frauen sind Mütter, aber alle Frauen sind berufen, *mütterlich zu sein*. Mütterlich sein heißt: versorgen, anleiten, lehren, aufziehen. Als Töchter Evas sind alle Frauen auf einmalige Weise begabt, anderen zu helfen, dass sie ihrer Bestimmung näher kommen. Mit einem Wort: Sie können ihnen *mütterlich* begegnen. Indem sie das tun, werden Frauen zu Partnerinnen Gottes in dem gewaltigen Projekt, Leben zu fördern.

„Erzieh den Knaben für seinen Lebensweg, dann weicht er auch im Alter nicht davon ab" (Sprüche 22,6; EÜ). Dieser Vers ist keine Verheißung für den Glauben. Es geht nicht darum, ein Kind zur Nachfolge Jesu anzuleiten; es gibt leider keine Garantie, dass das Kind später bei der Stange bleibt. Vielmehr geht es hier darum, einem Kind zu vermitteln, wer es ist, und es anzuleiten, immer mehr zu sich selbst zu finden. Es geht um *seinen Lebensweg*, nicht um den Weg, den Sie dieses Kind gern gehen sehen würden, damit Sie sich als Mutter und Frau bestätigt fühlen können. Hier soll ein Kind lernen, aus seinem Herzen heraus zu leben, darauf zu achten, sich seines Herzens bewusst zu sein. Wer das als Kind gelernt hat, wird auch als Erwachsener aus dem Herzen heraus leben. Es geht also darum, *einen Menschen so zu sehen, wie er wirklich ist, und ihn herauszufordern, als dieser einmalige Mensch zu leben.*

Wo das geschieht, ist die Wirkung dramatisch und hat Bedeutung für die Ewigkeit. Das Leben zu fördern ist eine hohe und heilige Berufung. Und als Frau ist es Ihre Berufung. Ja, sie kann unterschiedliche Formen annehmen und zeigt verschiedenste Gesichter. Ja, auch Männer können diese Berufung haben. Aber auf einmalige und tiefe Weise entspricht diese Berufung der Seele einer Frau. Es ist eine Berufung, mütterlich zu sein.

Ich muss an eine mutige Afroamerikanerin denken. Sie freute sich auf ihr erstes eigenes Haus. Nachdem sie eingezogen war, kam sie eines Tages von der Arbeit heim und sah, wie auf der Eingangstreppe Drogendealer ihren Geschäften nachgingen. Es kam ihr so vor, als sei ihr neues Heim in eines der übelsten Viertel von Los Angeles verpflanzt worden. Das konnte sie nicht auf sich beruhen lassen. Hoch erhobenen Hauptes, mit drohendem Zeigefinger hielt sie den jungen Männern eine Standpauke. Sie sagte ihnen klar, dass sie auf dem falschen Dampfer waren, machte ihnen die Konsequenzen klar, wies ihnen die Richtung, in der sie ihre wahre Bestimmung finden würden. Sie hat die Mutterrolle übernommen.

Sie können auch den Kindern anderer Leute mütterlich begegnen. Diese Welt braucht das und braucht Sie dazu. Das Haus meiner Freundin Lori war wie ein Bienenkorb, als ihre Mädchen noch zur Schule gingen. Ihre Freundinnen hielten sich gerne dort auf. Lori bot ihnen Leben an, beriet, tröstete, ermutigte. Sie schenkte ihnen mütterliche Liebe und Stärke. Außerdem setzte sie ihnen fabelhafte Leckereien vor. Sie hat im Leben vieler junger Frauen eine entscheidende Rolle gespielt und tut es immer noch, sie übt einen guten Einfluss aus, ermutigt sie, ihrer Bestimmung entsprechend zu leben. Lori erinnert uns an eine Frau, die C. S. Lewis in seinem Buch *Die große Scheidung* im Himmel antrifft. Er lässt sich gerade von einem Lehrer den Himmel zeigen, da begegnen sie dieser hinreißend schönen Frau.

„Sie werden von dieser Frau noch nie gehört haben. Auf der Erde war ihr Name Sarah Smith, und sie wohnte in Golden Green."

„Sie scheint ... nun ja, eine sehr bedeutende Persönlichkeit zu sein?"

„Richtig. Sie ist eine der ganz großen. Sie haben bestimmt schon gehört, dass der Ruhm in diesem Land und der Ruhm auf der Erde zwei völlig verschiedene Dinge sind."

„... Und wer sind all diese jungen Männer und Frauen an den Seiten?"

„Das sind ihre Söhne und Töchter."

„Sie muss wohl eine sehr große Familie haben, Sir."

„Jeder junge Mann oder Junge, der ihr begegnete, wurde ihr Sohn – selbst wenn es nur der Junge war, der ihr das Fleisch an der Hintertür ablieferte. Jedes Mädchen, das ihr begegnete, war ihre Tochter."

„Ist das nicht ein bisschen hart gegenüber ihren eigenen Eltern?"

„Nein. Es gibt zwar Leute, die anderen die Kinder stehlen, aber ihre Mutterschaft war von anderer Art. Diejenigen, die von ihr berührt wurden, gingen zurück zu ihren natürlichen Eltern und liebten sie umso mehr. Nur wenige Männer schauten sie an, ohne in gewisser Weise ihre Liebhaber zu werden. Aber es war eine Art von Liebe, die sie ihren eigenen Frauen nicht weniger treu, sondern treuer werden ließ."[3]

Wir begegnen anderen mütterlich, wenn wir unsere Aufmerksamkeit, unsere Fürsorge, unseren Trost anbieten. Wir begegnen anderen mütterlich, wenn wir ein Bedürfnis erkennen und versuchen, es zu befriedigen. Gleich ob es ein Pullover für die fröstelnde Freundin ist oder eine Einladung zum Essen für eine Familie, die knapp bei Kasse ist, oder ein offenes Ohr für einen Freund, der Probleme hat.

Alle Frauen sind berufen zur Mütterlichkeit. Und alle Frauen sind berufen, zu gebären. Es müssen ja nicht unbedingt Kinder sein. Man kann alle möglichen Dinge in die Welt setzen: Bücher (was fast so schwer ist wie Kinderkriegen, glauben Sie mir), Ideen, gute Gedanken, Bewegungen, schöpferische Ausdrucksformen. Frauen können Gemeinden oder einzelnen Gruppen darin zum Leben verhelfen. Wir gebären Leben in anderen, indem wir sie zu umfassender Heilung, zu einer ernsthaften und vertrauensvollen Beziehung zu Gott einladen. Eine Frau ist nicht weniger Frau, nur weil sie nicht verheiratet ist oder keine leiblichen Kinder hat. Das Herz und das Leben einer Frau haben eine viel größere Bestimmung. Alle Frauen erweisen sich darin als Ebenbilder Gottes, dass sie Leben fördern. Wenn wir uns dieser Welt und dem Leben der Menschen, die wir lieben, zuwenden und wenn wir ihnen unser sanftes und starkes weibliches Herz anbieten, dann können wir gar nicht anders als ihnen mütterlich zu begegnen.

Meine Schwester, meine Freundin

Ich liebe die Art, wie Frauen miteinander Freundschaft pflegen. Wenn ich mich mit einer Gruppe von Freundinnen treffe, dauert es nicht lange, dann wird der erste verspannte Nacken massiert. Man begutachtet (sprich berührt) die Frisur der Nachbarin. Liebevolle, sanfte, heilsame Berührungen werden ausgetauscht. Männer machen so etwas nicht untereinander. Es ist typisch für Frauen. Wo Frauen zusammen sind, da werden bedeutungsvolle Fragen gestellt. Sie wollen wissen, wie es einem geht. Rezepte austauschen ist schön und gut, Gartentipps sind nützlich, aber vor allem tauchen Freundinnen unerschrocken in die Dinge des Herzens ein.

Meine Mutter ist mir mütterlich begegnet. Aber sie ist damit nicht die einzige Frau. Meine Schwestern waren mütterlich. Meine Nachbarinnen. Gegenwärtig erlebe ich Mütterlichkeit bei den Freundinnen, die Gott mir geschenkt hat. Sie erweisen sich mütterlich in Form von unaufdringlichen Freundlichkeiten und liebevollen Handreichungen. Das Geschenk der Freundschaft unter Frauen ist ein Schatz, den man nicht hoch genug einschätzen kann. Freundinnen werden füreinander zum Antlitz Gottes – Gnade, Freude, Erbarmen werden daran erkennbar.

Das Herz einer Frau hat unglaublich viel Raum für ernsthafte, tiefe Beziehungen. Ein Ehemann oder auch die eigenen Kinder allein können niemals die Nähe und die Befriedigung liefern, die Sie benötigen. Eine Frau braucht *unbedingt* Freundinnen.

Hier, in der Welt der Beziehungen, erleben Frauen die meiste Freude und den bittersten Schmerz. Die Freundschaften von Frauen sind äußerst geheimnisvolles Gelände. Filme wie *Freundinnen* oder *Grüne Tomaten* oder *Magnolien aus Stahl – Die Stärke der Frauen* behandeln dieses Geheimnis. In diesen Filmen werden Freundschaften auf die Probe gestellt; sie bewähren und vertiefen sich. Die Männer im Leben der dort dargestellten Frauen ziehen sich zum Teil zurück, aber ihre Freundinnen bleiben. Ein beliebter Trauspruch ist der Vers aus dem Buch Rut: „Wo du hingehst, da will ich auch hingehen; wo du bleibst, da bleibe ich auch. Dein Volk ist mein Volk, und dein Gott ist mein Gott" (Rut 1,16). Dabei hat Rut das zu einer Frau gesagt. Zwischen Freundinnen gibt es große Hochachtung, große Eifersucht, große Loyalität. Unsere Freundschaften münden in die tiefen Wasser des Herzens, wo Gott zu Hause ist und wo Veränderung stattfindet. Hier, an diesem heiligen Ort, kann eine Frau zur Partnerin Gottes werden; von hier aus kann sie ihre Freundinnen beeinflussen und *von ihnen* beeinflusst werden. Hier kann sie mütterlich sein, kann aufbauen, ermutigen und Leben fördern.

Kleine Mädchen haben beste Freundinnen. Erwachsene Frauen sehnen sich danach. Eine Freundin haben heißt bei einer anderen Seele entspannen können und mit allem, was man ist, und genauso allem, was man nicht ist, willkommen sein. Freundschaft zwischen Frauen gewährt einen sicheren Ort, an dem die Erfahrungen ausgetauscht werden, die sie *als Frauen* machen. Wer, wenn nicht eine Frau, hat eine Ahnung von der Bedeutung von Abstrichen und Mammografien und von PMS? Wer sonst weiß, was ein unerfüllter Kinderwunsch für eine Frau bedeutet und wie eine Frau in einer von Männern dominierten Welt lebt? Gut zu wissen, dass man einander mit gleichen Augen sieht, eine immense Erleichterung, wenn man sich verstanden weiß, eine große Freude, die Gesellschaft eines Menschen zu erleben, vor dem man jede Deckung fallen lassen kann.

Freundschaft ist ein großes Geschenk. Wir sollten darum beten und es nicht für selbstverständlich nehmen. Wenn Sie nicht die Art von Freundschaft erleben, nach der Sie sich sehnen, dann bitten Sie Gott darum, Ihnen dieses Geschenk zu machen – und um offene Augen, damit Sie auch mitkriegen, wenn er es macht. Wo Gott uns eine Freundin schenkt, da vertraut er uns unsrer gegenseitigen Fürsorge an. Das ist eine Chance, mütterlich und schwesterlich zu sein und Leben zu fördern. In einer solchen Freundschaft können wir einer anderen Frau helfen, ihre göttliche Bestimmung zu erkennen und ihr Herz zu öffnen.

Freundschaften müssen gepflegt und geschützt und verteidigt werden. Wir müssen einander anrufen können, ohne vorher abzuwarten, ob sich die andere zuerst meldet. Wir müssen von einander wissen, wie es uns gerade geht. Wir müssen lernen, zwischen den Zeilen zu lesen. Wir zeigen unsere Liebe in kleinen Gesten – Anrufe, kleine Geschenke, Postkarten, Einladungen ins Theater oder ins Kino oder zu einem Spaziergang. Wir bieten unser Herz an.

Meine Freundin Dena hat vor ein paar Jahren bemerkt, dass ich Geschenke liebe. Wenn ich unterwegs bin, dann sehe ich oft eine Kleinigkeit und denke: Das könnte der oder der gefallen. Also kaufe ich es und überrasche sie damit. Kleine Dinge. Einfache Dinge. Folglich hat Dena begonnen, mir ebenfalls kleine Geschenke zu machen. Ich war begeistert! Dann ging mir auf, dass für Dena Zeit ein noch viel wichtigeres Geschenk war als materielle Aufmerksamkeiten. Ich mache ihr immer noch kleine Geschenke. Ich bin halt so. Aber wenn ich kann, dann schenke ich ihr Stunden.

Wir sollten aufeinander achten, sollten einander wirklich *wahrnehmen*. Das ist in der Tat das größte Geschenk.

Liebe zwischen Fall und Gnade

Um es ganz deutlich zu sagen: Echte Freundschaft ruft *Widerstand* hervor. Eine Frau fühlt sich oft weniger wichtig als die andere, sie fühlt sich angegriffen oder falsch oder gar nicht verstanden. Aufrichtig und in Liebe miteinander reden, das ist der einzige Weg, wie eine Freundschaft gelebt und entwickelt werden kann. Eine Freundschaft kennt Ebbe und Flut. Manchmal entwickelt sich eine ungesunde Abhängigkeit. Verletzungen und Enttäuschungen bleiben nicht aus. Das lässt sich in unserer gefallenen Welt nicht vermeiden. Aber wenn uns Gott in seiner Gnade festhält und uns bewusst macht, das er die Quelle wahren Glücks ist, dann ist es möglich, echte Freundschaften ein Leben lang zu pflegen und zu vertiefen.

Wir sind nicht dafür geschaffen, unser Leben allein zu führen. Wir sind so gestrickt, dass wir in Beziehungen leben und am Leben anderer Frauen Anteil nehmen wollen. Wir brauchen einander. Gott weiß das. Er wird uns helfen. Wir müssen ihn nur bitten und bereit sein zu warten, zu hoffen und im Vertrauen auf ihn zu lieben. Und wir sollten bereit sein, neue Wege einzuschlagen.

Damit eine Frau Freude an einer Beziehung hat, muss sie Abstand nehmen von ihrer Neigung zu kontrollieren und von ihrer Vorstellung, dass andere die Leere in ihr ausfüllen könnten. Die gefallene Eva erwartet, dass Leute sich gefälligst um sie kümmern sollen. Die erlöste Eva ist frei, sich anderen zu öffnen, ist bereit, zu ihren Sehnsüchten zu stehen und mit Enttäuschungen zu leben. Die gefallene Eva ist tief verletzt durch andere und zieht sich zurück, um weiteren Schmerz zu vermeiden. Die erlöste Eva weiß, dass sie etwas Wertvolles anzubieten hat; dass sie für Beziehungen geschaffen ist. Sie ist sicher und wohlbehütet in der Beziehung zu Gott, und deshalb kann sie es riskieren, sich verwundbar zu machen und anderen ihr wahres Ich zu zeigen.

> Lieben heißt verletzlich sein. Liebe irgendetwas, und es wird dir bestimmt zu Herzen gehen oder gar das Herz brechen. Wenn du ganz sicher sein willst, dass deinem Herzen nichts zustößt, dann darfst du es nie verschenken, nicht einmal einem Tier. Umgib es sorgfältig mit Hobbys und kleinen Genüssen; meide alle Verwicklungen; verschließ es sicher im Schrein oder Sarg deiner Selbstsucht. Aber in diesem Schrein – sicher, dunkel, reglos, luftlos – verändert es sich. Es bricht nicht; es wird unzerbrechlich, undurchdringlich, unerlösbar ... Es gibt nur einen Ort außer dem Himmel, wo wir vor allen Gefahren und Wirrungen der Liebe sicher sind: die Hölle."
>
> (C. S. Lewis, *Was man Liebe nennt*)[4]

In Ihren Freundschaften, und zwar in *allen* Freundschaften, werden Sie andere enttäuschen und ihrerseits enttäuscht werden. Das hängt damit zusammen, dass wir Menschen sind. Aber das ist nicht die ganze Wahrheit. In Ihren Beziehungen haben Sie die Chance, Liebe zu üben, sich wie Gott und mit Gott mütterlich zu erweisen, Leben zu fördern und buchstäblich großherziger zu werden, indem Sie füreinander sorgen. Und Ihr Leben wird reicher, wenn Sie das Abenteuer Leben mit anderen teilen.

Vielleicht ist es an dieser Stelle angezeigt, ein paar Worte über unterschiedlich enge Beziehungen zu sagen. Jesus hatte solche Kreise des Vertrauens, genau wie wir. Jesus hatte seine zwölf Jünger, aber von diesen zwölf standen ihm drei besonders nah. Petrus und die beiden Brüder Jakobus und Johannes waren mit ihm auf dem Berg der Verklärung. Diese drei hat er auch im Garten Gethsemane aufgefordert, mit ihm wach zu bleiben und zu beten. (Sie haben ihn bekanntlich enttäuscht. Jesus versteht sehr gut, dass Freunde nicht zu hundert Prozent zuverlässig sind, und doch kündigt er ihnen die Freundschaft nicht auf.)

Kann sein, dass Sie gegenwärtig nur ein, zwei oder drei wirklich enge Freundinnen haben. Daneben ist Raum für weitere Freunde, aber die stehen Ihnen nicht ganz so nah, einen Kreis weiter außen, so wie die restlichen neun bei Jesus. Und dann sind da Ihre Bekannten. Lockere, pflegeleichte Freundschaften, so wie auch Jesus sie in seinem weiteren Anhängerkreis hatte. Solche Freundschaftskreise sind natürlich und gut. Freunde werden von einem Kreis in den anderen wandern, aber Sie können unmöglich mit allen denselben Grad von Vertrautheit pflegen. Vermutlich wollen Sie das auch gar nicht. Gott möchte mit uns engstens vertraut sein und versteht, dass wir ein so enges Verhältnis auch zu anderen brauchen. Er hat uns so geschaffen.

Gott ermutigt uns, auf ihn zu vertrauen und Freundschaften mit andern einzugehen. Das heißt immer auch: ein Risiko einzugehen. Wir öffnen uns für andere und riskieren, dass wir verletzt werden – andererseits winkt uns als Gewinn die Freude an einer tiefen Gemeinschaft. Und doch werden Ihnen noch so viele gute und erfüllte Freundschaften nicht genug sein. Evas Verlangen nach Gemeinschaft und nach echten Beziehungen ist unstillbar. Nur Gott kann dieses Verlangen befriedigen. Noch so gute Freundschaften können es nicht. Gott hat uns so geschaffen. Absichtlich.

Tiefes Verlangen ist Teil der Gnade, die Eva zuteil wird, damit es sie zur Quelle des Lebens zieht.

An Gottes gutem und gütigem Herzen können wir unseren Durst stillen und Frieden finden. Hier erfahren wir seine mütterliche und väterliche Fürsorge, hier werden wir zu den Frauen, die er ursprünglich im Sinn hatte, als er uns schuf. Zu wahren Frauen. Zu Frauen, die in einer beschädigten und verwundeten Welt Seite an Seite mit Gott Leben fördern. Die sich selbst öffnen, lieben, andere einladen, ebenfalls sie selbst zu werden. Eine solche Frau ist in der Tat eine Mutter. Wie Gott bietet sie Freiheit und Leben an.

Leg sachte deinen Kopf an meine Brust
Und ich will dich trösten, wie eine Mutter tröstet.
Die Gezeiten wechseln so rasch
Aber ich bleibe derselbe
In Vergangenheit, Zukunft und heute

Traurig, müde, erschöpft, wie du bist
Lass deinen Seufzer hören und leg deine Last ab
Denn meine Last ist leicht
Ich kenne dich durch und durch
Du musst dich nicht verstecken
Bei mir findest du abgrundtiefe Liebe

Denn ich verändere mich nicht
Ich bin dir nah
Ich bin der Friede, der deine Ängste vertreibt
Ich bin heilig.
Ich bin weise.
Ich bin der Eine, der deine Herzenswünsche kennt.

Leg sachte deinen Kopf an meine Brust
Und ich will dich trösten, wie eine Mutter tröstet
Während du ausruhst.
JILL PHILLIPS, *I Am*[5]

11

Die kämpferische Prinzessin

„Ich, eine Prinzessin? Hör auf!"
„Seit dem Tod deines Vaters bist du die nächste Anwärterin
auf den Thron ... Du darfst regieren."
„Ich führe nie jemanden an."
„Wir helfen dir, die Prinzessin zu werden, die du bist. ...
Wenn du dich weigerst, auf den Thron zu folgen,
wird das Königreich aufhören zu existieren."
MEG CABOT, PLÖTZLICH PRINZESSIN

In Gottes Namen, wir müssen sie angreifen!
JOHANNA VON ORLEANS VOR DER SCHLACHT VON PATAY

Frauen werden in Geschichten und Märchen oft als die schönen, aber hilflosen Mädchen in irgendeiner brenzligen Lage dargestellt. Wir sind es, für die Männer sich erheben und mit Drachen kämpfen. Wir sind das „schwächere Geschlecht", uns sagt man nach, dass wir kein Blut sehen können und dass man uns die grausigen Einzelheiten eines Kampfes ersparen soll, gleich ob er sich auf dem Schlachtfeld oder auf dem Börsenparkett abgespielt hat. Wir warten in unseren Festkleidern darauf, dass der edle Ritter auftaucht und uns auf seinem weißen Pferd aus der Gefahrenzone bringt. Und tatsächlich gibt es Tage, an denen käme uns ein Ritter in schimmernder Rüstung schon gelegen. Wir sähen es schon gern, dass sich jemand für uns einsetzt; wir wollen schon so sehr geliebt werden, dass jemand sich unerschrocken einsetzt, um uns zu schützen. Aber das andere ist auch wahr: Gott hat auch jeder Frau eine erstaunliche, ja grimmige Entschlossenheit ins Herz gelegt. Auch das gehört zu unserem göttlichen Design, auch mit dieser Eigenschaft sind wir ausgestattet.

Auch Frauen sind Kämpferinnen.

Gail Collins schildert in ihrem Buch *America's Women*[1] einen Überfall auf die Wikinger, die als erste Europäer die Ostküste Nordamerikas erkundet und besiedelt haben: „Als die Indianer das Wikingerlager mit einer solchen Heftigkeit angriffen, dass die Verteidigung ins Wanken geriet, da – so berichtet ein Chronist der Wikinger – schnappte sich eine schwangere Frau namens Freydis eine Waffe, entblößte ihre prallen Brüste ‚und wetzte das Schwert an ihnen'. Ihr Anblick entsetzte die Angreifer derart, dass sie ‚es mit der Angst bekamen und davonrannten'." Was für eine Frau!

Im abschließenden Teil der *Herr der Ringe*-Trilogie verkleidet sich Éowyn als Mann. Unter dem Namen Dernhelm zieht sie Seite an Seite mit ihren Landsleuten in die größte Schlacht, die ihr Zeitalter bis dahin gesehen hat. Sie reitet gewandt, und das Schwert führt sie mit tödlichem Geschick. Im Kampf behauptet sie sich heldenhaft. Da sieht sie, dass der König, ihr Onkel, vom Führer des feindlichen Heeres schwer bedrängt wird. Schon holt der Gegner zum tödlichen Stoß aus, da stellt sich Éowyn alias Dernhelm vor den König.

> „Verschwinde, leichenschändendes Scheusal, Fürst der Aasgeier! Lass die Toten ruhn!"
> Eine eisige Stimme antwortet: „Tritt niemals zwischen den Nazgûl und sein Opfer! Oder er wird dich nicht töten! Davon trägt er dich in die Häuser des Jammers hinterm ewigen Dunkel, wo dein Fleisch verzehrt wird und dein verrunzelter Geist nackt dem lidlosen Auge preisgegeben."
> Ein Schwert fuhr klirrend aus der Scheide. „Tu, was du willst; und ich tu, was ich kann, um dich zu hindern!"

Der Gegner lacht dieser Drohung Hohn. Niemand kann es mit ihm aufnehmen, seine Waffen sind unüberwindlich. Er brüstet sich mit einer alten Prophezeiung: *„Mich hindern? Du Narr! Kein Mann, der lebt, kann mich hindern."* Aber gerade damit besiegelt er Éowyns Triumph.

> Dernhelm [Éowyn] schien zu lachen. Seine helle Stimme klang glockenrein wie von Stahl. „Ein Mann, der lebt, vielleicht nicht, aber ich bin keiner. Du hast es mit einer Frau zu tun. Éowyn bin ich, Éomunds Tochter. Du stehst zwischen mir und meinem Oheim und König. Verschwinde, wenn du nicht unsterblich bist! Denn ob lebend oder untot, diese Klinge wirst du spüren, wenn du ihn anrührst."[2]

Éowyn setzt den Helm ab und löst ihr Haar. Sie lässt die Tarnung fallen, gibt sich nicht länger als Mann, sondern kämpft *als Frau* und streckt ihren Feind nieder.

In dieser Geschichte wird etwas Entscheidendes deutlich. Frauen sind berufen, sich am größten Kampf aller Zeiten zu beteiligen: am Kampf um die Herzen der Menschen um uns herum. Menschliche Herzen bilden das Schlachtfeld. Der Krieg wird kompromisslos geführt. Vernichtende Niederlage oder strahlender Sieg: auf jeden Fall hat der Ausgang der Schlacht Bedeutung für die Ewigkeit. Wir werden gebraucht. Es gibt viel zu tun. Die Zeit drängt. Aber wir können nur siegreich sein, wenn wir unser weibliches Herz in den Kampf einbringen – wenn wir *als Frauen* kämpfen.

Frauen, die Gottes Heil kennen gelernt haben, haben ein sanftes, berührbares Herz, das mitempfinden kann, ein unbeugsames Rückgrat und Hände, die für den Kampf geschult sind. Im Herzen einer Frau liegt eine unglaubliche, wilde Entschlossenheit, und die verdient alle Anerkennung. Wir sollten sie nicht als überflüssig abtun und nicht verschmähen. Im Gegenteil: Wir sollten sie schätzen lernen.

Zurückschlagen

„Ich sehe Kraft in Euch."

WILLIAM WALLACE IN *Braveheart* ZU PRINZESSIN ISABELLE,
DER GEMAHLIN DES ENGLISCHEN KRONPRINZEN

Vor etlichen Jahren brachte John ein Buch von Neil Anderson
nach Hause. Ich glaube, es war der Titel *Der die Ketten sprengt*.[3]
Neugierig, wie ich war, blätterte ich in dem Buch und las einige
der Fallgeschichten, von denen Neil Anderson schreibt. Besonders einer dieser Berichte machte mich stutzig. Dort schreibt
Anderson über eine Frau, die sich oft schwindelig fühlte. Die
Schwindelanfälle überkamen sie regelmäßig und brachten sie sowohl physisch als auch geistlich aus dem Gleichgewicht. *Moment
mal*, dachte ich. *Mir wird doch auch oft schwindelig*. Ich erwähnte
das John gegenüber, und er war völlig überrascht. Er hatte das
nie an mir bemerkt. Ich hatte jahrelang damit gelebt, ohne dass
es mir in den Sinn gekommen wäre, es anzusprechen. Es war mir
normal erschienen.

Schon erstaunlich, was wir so alles mit uns herumschleppen,
weil wir es für normal halten. Dabei ist es eben *nicht* normal.

Wir entschlossen uns damals zu einem Experiment. Wenn
mich das nächste Mal wieder dieses Schwindelgefühl überkäme,
dann sollte ich es im Namen Jesu abweisen und abwarten, was
passiert. Ich musste nicht lange warten. Am nächsten Tag war ich
mit den üblichen Sachen beschäftigt, als mich aus dem Nichts
eine Welle von Schwindel überflutete. Ich betete im Namen
Jesu, das Gefühl möge verschwinden. Und wissen Sie was? Augenblicklich war Ruhe. Ich konnte es kaum fassen. Später kam
die nächste Welle, und wieder betete ich. Wieder löste sich der
Schwindelanfall in Nichts auf! Irgendetwas tat sich hier, was mir
bis dahin völlig fremd gewesen war. Eine ganz neue Dimension
des Glaubens tat sich vor mir auf. Die Schwindelgefühle waren
eine Art geistlicher Attacke. Der Abschnitt im Epheserbrief über

den Kampf des Glaubens und die geistliche Waffenrüstung war offensichlich nicht zum Vergnügen geschrieben. Wir brauchen diese Rüstung tatsächlich!

Die Schwindelattacken (interessanterweise benennen es die Fachleute genau so) verschwanden nicht von heute auf morgen. Zunächst einmal nahmen sie sogar noch an Zahl und Heftigkeit zu. Ich musste lernen, ihnen „stark und fest im Glauben" standzuhalten (1. Petrus 5,9). Ich musste 2. Thessalonicher 3,13 ganz neu begreifen: „Werdet nicht müde, Gutes zu tun." Auch das Beten „ohne Unterlass" (1. Thessalonicher 5,17; L) musste ich neu einüben. Die Kräfte, mit denen ich es da zu tun hatte, wollten offenbar nicht glauben, dass ich die Stellung behaupten würde, und so versuchten sie es immer wieder.

Einige Wochen später holte mich eine Schwindelattacke buchstäblich von den Beinen. Ich fand mich auf dem Boden wieder und betete. Befahl dem Schwindel im Namen Jesu, von mir abzulassen. Mit Erfolg. Seitdem hatte ich nie wieder mit Schwindelgefühlen zu tun. Sie waren jahrzehntelang Teil meines Lebens gewesen, und nun waren sie endlich verschwunden. Hier hat mich Gott eine wichtige Lektion gelehrt. Er hat begonnen, meine Hände und mein Herz für den Kampf zu trainieren.

Emotionale Angriffe

… und wie ich saß,
sah ich durch mein Weinen leise
die süßen Jahre, wie sie sich im Kreise
aufstellten, traurig, diese von Verzicht
lichtlosen Jahre: meine Jahre.
ELIZABETH BARRET-BROWNING[4]

Die meiste Zeit meines Lebens hatte ich (Stacy) mit Depressionen zu kämpfen. Schon als Kind haben mich Niedergeschlagenheit und Selbstmordgedanken geplagt. Sie werden sich erinnern, dass ich mit zehn Jahren versuchte, meinem Leben ein Ende zu setzen. Meine Lebensenergie lag am Boden. Nachdem unser zweites Kind geboren war, fühlte ich mich wie auf einem Ozean ausgesetzt. Ich war erfüllt von Selbstzweifeln, Zorn, Scham und einem tiefen Gefühl der Wertlosigkeit. Ich liebte meinen Mann. Ich liebte meine Söhne. Zugleich war mir schmerzlich bewusst, dass ich sie nicht angemessen lieben konnte. Ich wollte glücklich sein. Aber ich war es nicht. Ich fühlte mich entfremdet von meinem eigenen Herzen und von Gott. Warum ich so empfand, das konnte ich mir nur so erklären: Etwas an mir war grundverkehrt und würde es immer bleiben.

Als wir nach Colorado Springs umzogen, wollte ich mich ehrenamtlich im örtlichen Zentrum für Schwangerschaftskonfliktberatung engagieren. Ich wollte jungen Frauen beistehen, die unerwartet mit der Tatsache konfrontiert sind, dass sie ein Kind erwarten. Das Thema unerwünschte Schwangerschaft und die Entscheidungen, zu denen sich Mädchen und Frauen in diesem Fall oft genötigt sehen, beschäftigt mich bis heute leidenschaftlich. Als Schülerin an der High School habe ich selbst eine Abtreibung vornehmen lassen. Es war damals, als sei ein Teil meiner Seele mit dem ungeborenen Kind gestorben, und ich wollte Frauen helfen, nicht dieselbe schmerzliche Entscheidung zu treffen.

Es stellte sich heraus, dass das Zentrum Frauen, die selbst eine Abtreibung erlebt hatten, erst dann als Beraterinnen zuließ, wenn sie zuvor eine Schulung zum Thema „Beratung und Begleitung von Frauen nach einer Abtreibung" belegt hatten. Sie boten diesen Kurs also nicht nur den Frauen an, die in die Beratungsstelle kamen, sondern sie machten ihn auch zur Pflicht für ihre ehrenamtlichen Mitarbeiterinnen. Also ging ich eben hin.

Es war unglaublich. Bis dahin hatten nicht viele Menschen von diesem Aspekt meiner Vergangenheit gewusst, und nun saß ich mit zehn, zwölf anderen Frauen in einem Raum und meine Verirrung war plötzlich öffentlich geworden. Alle Frauen in dieser Gruppe waren Christinnen – und sie sahen ihre damalige Entscheidung als entscheidenden Fehler an und hätten sie gern rückgängig gemacht. Die meisten arbeiteten in christlichen Gemeinden oder Werken mit. Alle hatten wenigstens eine Abtreibung hinter sich. Alle waren wir angewiesen auf Gottes Vergebung und Heilung.

Gott hat diese Gruppe genutzt, um die Wunde in meinem Herzen zu öffnen. Die Gespräche in der Gruppe konzentrierten sich auf das, was die Abtreibungen in unserem Leben angerichtet hatten. Wenn im Lauf der Gespräche andere schmerzliche Themen an die Oberfläche kamen, dann wurde uns geraten, dafür zusätzlich seelsorgliche Begleitung suchen. Es dauerte nicht lang, da telefonierte ich mit der Leiterin und bat sie, mich an eine Seelsorgerin zu vermitteln. Andere Themen waren hochgekocht, und schlimmer: ich wand mich in unerträglichen Schmerzen. Ich hatte begonnen, mich mit meiner Lebensgeschichte zu beschäftigen. Allmählich gab es in mir eine Ahnung, dass der erfahrene Kummer und die erlittenen Verletzungen, die mich gequält hatten, womöglich doch nicht einzig und allein meine Schuld waren. Dass ich es vielleicht doch nicht verdient hatte.

Ich begann mit seelsorgerlichen Gesprächen. Laura war für mich ein Gottesgeschenk: eine wunderbare, verständnisvolle, liebevolle, gläubige Frau. Sie respektierte mich und lud mich ein, meine Seele besser kennen zu lernen. Sie begleitete mich in die Verließe meines Herzens und half mir zu erkennen, dass Gott längst die eisernen Tore aufgebrochen hatte. Ich hatte schon zahlreiche Gespräche mit Laura hinter mir, als ich an einen Punkt kam, an dem es nicht mehr weiter ging. Ich konnte nicht mehr klar denken. Ich hatte weder die Kraft noch die nötige Hoffnung, um noch weiter zu machen. Laura schlug vor, ich solle mir Antidepressiva verschreiben lassen.

Mein Vater war manisch-depressiv gewesen. Derartige chemisch bedingte Unausgeglichenheiten vererben sich manchmal weiter. Also begann ich Medikamente zu nehmen. Innerhalb weniger Wochen war ich frei vom Gefühl der Zentnerlast, die meine Seele die längste Zeit meines Lebens über niedergedrückt hatte. Ich wunderte mich: *So gut fühlen sich andere Leute die ganze Zeit über? Gigantisch!* Endlich konnte ich mit Gott weitergehen und die tieferen Regionen meines Herzens erkunden. Der Himmel wurde blau. Das Leben war nicht länger eine einzige Zumutung.

Antidepressiva haben in christlichen Kreisen einen zweifelhaften Ruf. Manche sprechen abwertend von „Glückspillen". Andere behaupten, wer mit dem Heiligen Geist erfüllt sei, brauche keine Psychopharmaka, und bescheren damit Leuten, die gewissenhaft ihre Tabletten einnehmen, ein schlechtes Gewissen. Nie würden sie es Diabetikern ankreiden, dass sie Insulin nehmen. Warum dann aber der ausgestreckte Zeigefinger in Richtung depressiver Menschen? Nachdem mein Vater einmal angefangen hatte, Lithium einzunehmen, litt er nicht länger unter jenen dramatischen Stimmungsschwankungen, die uns das Leben zur Hölle gemacht hatten, und er wurde viel umgänglicher. Sein wahres Wesen kam zum Vorschein. Es ist keine Schande, wenn ein Mensch auf Medizin angewiesen ist, ob nun zur kurzfristigen Heilung einer Krankheit oder auf längere Sicht.

Wir Menschen bestehen aus drei untrennbar miteinander verwobenen Teilen. Paulus schreibt: „Gott bewahre euch ... an Geist, Seele und Leib" (1. Thessalonicher 5,23). Geist, Seele und Leib – jeder Teil beeinflusst jeden anderen im geheimnisvollen Zusammenspiel des Lebens. Die Seelsorge, die ich in Anspruch genommen habe, hat, wie der Name sagt, meiner Seele gut getan. Antidepressive Medikamente haben mir von der körperlichen Seite her geholfen. Ich machte wirklich Fortschritte. Aber das war noch nicht genug. Gott wollte, dass auch mein Geist mit einbezogen wird.

Die Depression hatte mich fest in den Klauen. Der Feind kennt unsere Schwachstellen und nutzt sie gnadenlos aus. Er riecht menschliche Zerbrochenheit, wie Haie Blut im Wasser riechen, und greift genau dort an, um Einfluss auf die geschwächte Seele zu bekommen. Paulus warnt im Epheserbrief ausdrücklich davor (und dieser Brief ist an *Christen* gerichtet): Wir sollen „dem Teufel keinen Raum" geben durch verletzte und falsch gehandhabte Gefühle (Epheser 4,26.27). Ich begann zu begreifen, dass ich auch hier einen Kampf führen musste.

Jakobus und Petrus fordern uns auf, dem Feind unserer Seele Widerstand zu leisten (Jakobus 4,7; 1. Petrus 5,8-9). Und Jesus hat uns die Autorität verliehen, die Angriffe des Widersachers erfolgreich abzuwehren (Lukas 10,18.19). Also betete ich. John unterstützte mich dabei. Im Namen Jesu haben wir diesen Geist der Niedergeschlagenheit und Depression in seine Schranken verwiesen. Das war der letzte Schlüssel zur Befreiung und zur Heilung. Ich musste mich erst mit allen drei Aspekten befassen – mit meinem Körper, meiner Seele und meinem Geist. Allzu viele Frauen beschränken sich auf einen oder zwei Aspekte und scheuen den dritten Aspekt, der mit den „Listen des Teufels" rechnet und den „guten Kampf des Glaubens" aufnimmt, den Paulus im Epheserbrief beschreibt (6,10-17).

Angriff auf Beziehungen

Ein anderes Phänomen, das in den Beziehungen von Frauen immer wieder auftaucht, ist eine Grundhaltung der Vorwürfe. Zwischen Freunden, zwischen Arbeitskollegen und besonders zwischen Ehepartnern macht sich oft das Gefühl von wechselseitiger Enttäuschung oder Missfallen breit. Jeder empfindet sich in der Gegenwart des anderen minderwertig oder als Zumutung. Wenn man eine Zeit lang zusammen war, stellt sich hinterher das quälende Gefühl ein, dass man dem anderen etwas schuldig geblieben ist. Das ist frustrierend, das irritiert. Am Ende sind wir oft beschämt und ziehen uns zurück – oder aber wir nähren einen Groll gegen den anderen ... und isolieren uns damit ebenfalls.

Kennen Sie das aus Ihrem Leben? Die Platte des letzten Gesprächs, die wieder und wieder abgespielt wird? Das Gefühl, es vermasselt zu haben? Die tiefe Verunsicherung? Und haben Sie bemerkt, wie sich solche Gefühle nur noch verstärken, wenn man weiter über ihnen grübelt? Und nun raten Sie mal, wer ein gesteigertes Interesse daran hat, dass Ihre Beziehungen zu Bruch gehen? Genau darauf spielt Paulus an im 2. Korintherbrief: „Wir kennen die Absichten Satans nur zu genau und wissen, wie er uns zu Fall bringen möchte" (2. Korinther 2,11; Hfa).

Auch wir hatten es in den ersten zehn Jahren *unserer* Ehe mit diesem Ungeist zu tun. Ich hatte ständig den Eindruck, dass John meine Zeiteinteilung missbilligte, meine Weise, meinen Glauben zu leben, ja selbst die Art, wie ich das Gemüse putzte. Ich hatte das Empfinden, dass ich mit allem, was ich tat und wie ich es tat, eine Enttäuschung für ihn war. Ich fürchtete, seinen vermeintlichen (unausgesprochenen) Wünschen nicht gerecht zu werden. Es ist schwer, jemandem sein Herz und seine Liebe zu schenken, wenn man sich so fühlt. Wir treten dann allzu schnell den Rückzug an und verrennen uns in Scham oder Zorn. Jedenfalls geht es mir so.

Dann eines Abends nach einem außergewöhnlich deprimierenden gemeinsamen Essen wollte John von mir wissen, was er eigentlich falsch machte. Er sagte, er hätte oft den Eindruck, dass ich enttäuscht von *ihm* sei und dass er mir nichts recht machen könne und dass ich missbilligte, wie er lebte und wie er sei.

Wie bitte?

Ich konnte es einfach nicht glauben. Ich hatte ihm gegenüber nichts dergleichen empfunden. Ich wollte vielmehr gern so sein wie er. Ich sagte ihm, dass ich nie so über ihn gedacht hätte, aber dass es umgekehrt mir so mit ihm gegangen sei: Ich dachte, *er* müsse enttäuscht sein von *mir*. John versicherte mir, das sei ganz und gar falsch. Er empfände nichts dergleichen. An dem Punkt ging uns auf, dass wir nicht allein im Zimmer waren. Wir standen unter Beschuss. Der Feind heißt nicht umsonst „der Verkläger" (Offenbarung 12,10; L). Dieses Empfinden gegenseitigen Unbehagens und vermeintlicher Vorwürfe hatte zehn Jahre lang höchst effektiv einen Keil zwischen uns getrieben, hatte uns von einander isoliert und auf die Zerstörung unserer Ehe hingearbeitet.

Jetzt waren wir uns einig. Zusammen haben wir uns gegen diesen Ungeist gestellt und ihn aus unserem Leben verbannt. Anfangs kann es schon etwas merkwürdig wirken, wenn man in den Raum hinein Sachen sagt wie „Im Namen Jesu, ich befehle dir, zu verschwinden." Manchmal braucht man einen langen Atem und muss mehr als einmal darum beten, dass sich anstelle des Ungeistes der Geist Gottes in unserem Leben Raum verschafft und uns hilft, klar zu sehen. Petrus fordert nicht umsonst, dass wir im Glauben *fest* sein sollen (1. Petrus 5,9). Aber am Ende räumt der Ankläger tatsächlich das Feld.

Was für eine Befreiung. Was für ein Durchbruch für uns. Nun, da ich meinem Mann in die Augen schauen konnte, ohne dass mein Blick von falschen Anklagen getrübt war, sah ich erst, dass seine Liebe zu mir aufrichtig und echt und tief war. Von diesem Zeitpunkt an waren wir uns gewiss: Wir mögen uns, wir sind *für*einander da, und das Wesen unserer Ehe ist gegenseitige Hingabe und Liebe.

Diese Gewissheit hat alles verändert.

Eine kämpfende Braut

Meine Freundinnen, lasst es euch sagen: Ihr seid die Braut Christi … und die Braut Christi ist eine kämpfende Braut.

Nun ist der schwerste Kampf, den man ausfechten muss, oft der Kampf für sich selbst. Aber diesem Kampf dürfen Sie nicht ausweichen. Ihr Herz ist *unverzichtbar*. Es wird *gebraucht*. Sie müssen auf dem Plan sein; sie müssen bereit sein zu lieben und für andere zu streiten. Ohne Ihren Einsatz wird viel verloren gehen. Sie sind gefragt. Sie müssen Stellung beziehen und die Stellung dann auch halten. Sie stehen im Kampf. Sie werden gebraucht.

Ja, es stimmt schon: Das kämpferische Wesen Gottes, des Herrn der Heerscharen, verkörpert sich im Mann. Männer sind geborene Krieger. Aber auch Frauen müssen kämpfen. Es ist ein starker Ausdruck für das Gute, wenn ein Mann um das Herz einer Frau kämpft und sich zwischen sie und ihre Feinde stellt. Aber im Leben vieler Frauen gibt es keinen Mann, der die Rolle des Beschützers einnehmen könnte. Und selbst wenn ein Mann zur Stelle ist, erwartet Gott doch auch von der Frau, dass sie auf seine Stärke vertraut und ihr Terrain verteidigt. Eines Tages werden wir Königinnen sein – wir werden mit Jesus regieren (Offenbarung 22,5). Den „guten Kampf des Glaubens" (1. Timotheus 6,12) zu kämpfen, ist nicht nur deshalb notwendig, weil wir unter Beschuss stehen, sondern weil das einer der Wege ist, wie wir im Glauben wachsen. Gott mutet uns diese geistlichen Auseinandersetzungen zu, weil so unser Glaube gestärkt wird, weil wir ihm damit näher kommen, weil wir so in die Rolle hineinwachsen, die er uns zugedacht hat, und weil er uns damit für eine Zukunft an seiner Seite vorbereitet.

Wir sind *nicht* verwaist. Gott lässt uns nicht im Stich.

Wir sind *nicht* allein. Gott verlässt uns nicht und gibt uns nicht auf.

Der Sieg hängt *nicht* von uns ab. Es geht noch nicht einmal um uns. „Unser Gott wird für uns streiten" (Nehemia 4,14; L).

Jesus kam im Auftrag Gottes für uns, noch bevor wir geboren wurden. Er hat für uns gekämpft, bevor wir überhaupt wussten, dass wir ihn brauchen. Er kam, er starb, er wurde aus dem Tod auferweckt – *für uns*. Ihm hat Gott alle Autorität im Himmel und auf Erden übertragen *für uns* (Epheser 1,22). Er hat den entscheidenden Sieg bereits errungen. Aber nun liegt es an uns, etwas aus diesem Sieg zu machen. Der christliche Glaube ist keine passive Religion. Es geht um die Ausbreitung des Reiches Gottes. Wir, die wir auf Gottes Seite stehen, sollen seinen bereits errungenen Sieg in dieser Welt sichern und proklamieren. Frauen müssen sich im Kampf üben, weil auch wir Frauen geschaffen sind, um zu herrschen. Gott hat zu Adam wie zu Eva gesagt: „Ihr sollt die Macht haben" (1. Mose 1,26). Und eines Tages werden wir wieder herrschen (Matthäus 25,21; Offenbarung 22,5). Gott mutet uns geistliche Kämpfe in unserem Leben zu und gebraucht sie zu unserem Nutzen. Durch sie lernen wir, unsere gottgegebene geistliche Autorität auszuüben.

Es gibt eine hochinteressante Aussage im Buch Richter im Zusammenhang mit der Einnahme des verheißenen Landes. Die Eroberung Kanaans lief bekanntlich nicht so glatt wie erhofft. Gott, der Herr der Heerscharen, hat zugelassen, dass Josua, der Führer der Israeliten, nicht alle dort ansässigen Völker besiegen konnte (Richter 2,23). Vielmehr ließ er sie weiter im Land wohnen, damit die nächste Generation der Israeliten das Kriegshandwerk nicht verlernte, „denn sie hatte die Eroberung Kanaans nicht miterlebt" (3,2). Vieles, was Gott in Ihrem Leben zulässt, sollen Sie nicht einfach untätig erdulden, sondern sie sollen *daran wachsen*. Gott möchte, dass Sie wissen, wie Sie den Kampf des Glaubens führen müssen, wie Sie die Stellung behaupten und wie Sie mit seinen Waffen, mit den Waffen des Lichtes, kämpfen können.

> „Eines Tages, da werdet Ihr Königin sein.
> Irgendwann müsst Ihr die Augen öffnen."
> WILLIAM WALLACE IN *Braveheart*
> GEGENÜBER PRINZESSIN ISABELLE

Frauen sind nicht als hilflose Geschöpfe geschaffen. Gott hat uns mit einer heiligen Entschlusskraft ausgestattet, die wir zum Wohl anderer einsetzen sollen. Im Buch Richter in den Kapiteln

4 und 5 lesen wir von der Prophetin Debora, die Israel anführte. Sie übermittelte den Israeliten Gottes Befehl, gegen das Heer des kanaanitischen Generals Sisera anzutreten. Israels Heerführer Barak wollte nur in den Krieg ziehen, wenn Debora ihn begleitete. Ohne sie hätte er keinen Finger gerührt. Debora willigte ein mit den Worten: „Aber der Ruhm dieses Feldzugs wird nicht dir gehören, denn der Herr wird einer Frau den Sieg über Sisera schenken" (Richter 4,9).

Kämpferische Prinzessinnen

Wie sieht eine kämpferische Prinzessin aus? Denken Sie an Johanna von Orleans. An Mutter Teresa. An Ester. An Maria von Bethanien. An Arwen. An Éowyn. An Debora. An Maria, die Mutter von Jesus. Weise Frauen, listige, starke, schöne, mutige, siegreiche und sehr *präsente* Frauen.

Kämpferische Frauen sind stark, jawohl, und zugleich zart. Sie können barmherzig sein. Sie sind empfindsam und damit verwundbar. Überhaupt kann sich nur eine starke Frau zart und verletzlich geben, eine Frau, die in Gott verwurzelt ist. Denn Gott weiß, *wohin* sie gehört, und weiß deshalb auch, *wer* sie ist. Wir können die Weisheit erwerben, unser Herz zu öffnen, können in der Freiheit der Liebe Gottes leben, können andere einladen, zur Ruhe zu kommen, können die Menschen in unserem Leben zum Herzen Gottes locken, können auf die Botschaften aus dem Herzen Gottes mit unserer Anbetung und Ehrfurcht antworten. Das sind einige der machtvollsten Weisen, wie eine Frau für diese Welt kämpfen kann. Sie ist berufen, *jeden Tag* die komplette Waffenrüstung Gottes anzulegen und „den guten Kampf des Glaubens" zu kämpfen.

Der Feind ist besiegt. Der Herrscher dieser Welt ist gestürzt (Johannes 12,31). Die finsteren Mächte sind in ihrer Ohnmacht bloßgestellt (Kolosser 2,15). Aber sie sind immer noch da und können Lügen, Hass und tödliche Gedanken verbreiten. „Der Teufel, euer Todfeind, läuft wie ein brüllender Löwe um euch herum. Er wartet nur auf ein Opfer, das er verschlingen kann" (1. Petrus 5,8). Und er findet Opfer. Er attackiert und stört und zerstört und stiehlt und tötet, wo immer er kann, und der Schatten seiner Bosheit fällt auf Gottes Ebenbilder. Auf Sie und mich. Auf Gottes Geliebte. Der Teufel ist ein grausamer, ruchloser Tyrann, und ein Tyrann schreckt vor nichts zurück, solange nicht jemand aufsteht, der stärker ist als er, und ihn bloßstellt. Das ist Ihr Kampfplatz. Denn Gott, „der in euch wirkt, ist mächtiger als der, der diese Welt regiert" (1. Johannes 4,4; GN).

> Für euch alle gilt: Werdet stark, weil ihr mit dem Herrn verbunden seid, mit seiner Macht und seiner Stärke! Greift zu den Waffen Gottes, damit ihr alle heimtückischen Anschläge des Teufels abwehren könnt! Denn wir kämpfen nicht gegen Menschen, sondern gegen Mächte und Gewalten des Bösen, die über diese gottlose Welt herrschen und im Unsichtbaren ihr unheilvolles Wesen treiben. Darum nehmt die Waffen Gottes! Nur gut gerüstet könnt ihr den Mächten des Bösen widerstehen, wenn es zum Kampf kommt. Nur so könnt ihr das Feld behaupten und den Sieg erringen.
>
> (EPHESER 6,10-13)

Eine gute Freundin hat uns erzählt, dass sie, als sie diesen Text las, diese Waffenrüstung Gottes vor ihrem geistigen Auge sah – und sie war nicht erdrückend und schwer, wie man vielleicht denken könnte, sondern leicht und zierlich. Gott hat Sie als Frau erschaffen. Mit Absicht. Vielleicht hilft Ihnen der Gedanke, dass Gottes Waffenrüstung Ihnen nichts raubt und nichts mindert – nicht Ihre Schönheit, nicht Ihre Weiblichkeit, nicht Ihr Zartgefühl, Ihr Mitleid, Ihr einflussreiches Herz.

Eine junge Frau schrieb mir, dass sie mittlerweile genauso viel Aufmerksamkeit darauf verwendet, sich mit dieser Rüstung geistlich für den Tag zu wappnen, wie sie auf ihre Garderobe verwendet. So klingt der erste Teil ihres Gebets:

> Ich lege nun dankbar die Rüstung an, die du für mich bereithältst. Ich lege den Gürtel der Wahrheit an und schütze damit alles, was an meiner Weiblichkeit verwundbar ist: vor allem meine Sehnsucht, gewollt und begehrenswert zu sein. Danke, dass du täglich um mich wirbst und für mich eintrittst. Ich schütze mein Verlangen, einen unersetzlichen Platz in deinem großen Plan einzunehmen. Du hast dieses Verlangen in mich gelegt, und ich hülle es in deine Wahrheit in der gespannten Erwartung, was du tun wirst. Schenke mir offene Augen für dein Handeln. Ich möchte an deiner großen Geschichte teilhaben.
> Ich schütze meinen Wunsch, Leben zu fördern durch die Talente und durch die Schönheit, die du in mich gelegt hast. Ich bitte dich: Zeige mir und bestätige mir, was du mit mir vorhast und was du mir anvertraut hast. Ich weiß, dass du meinen Namen kennst und nennst. Ich weiß, dass du mir Liebe, Schönheit und ein Herz verliehen hast, damit ich meine Familie, meine Freunde und die Menschen beschenke, die du mir zeigst. Ich möchte, dass dieser Tag zu einem Opfer der Liebe für dich auf dem Altar meines Lebens wird.

Auf die Gefahr, dass wir uns wiederholen: Ihr Leben ist eine Liebesgeschichte inmitten einer erbitterten Schlacht. Die Schönheit, das Abenteuer, die Intimität – all das ist ohne Abstriche in höchstem Maß wahr und wesentlich. Aber es will erkämpft werden, und einmal gewonnen, muss es verteidigt werden. Es gilt, dass Sie für Ihr Herz kämpfen, und ebenso für die Herzen der Menschen um Sie. „Der Herr ist ein mächtiger Kämpfer; sein Name ist ‚der Herr'" (2. Mose 15,3). Gott kämpft für Sie und für die Menschen, die Sie lieben. Und er bittet Sie, auf seiner Seite zu stehen.

Eine unersetzliche Rolle

Wenn da inmitten des Nörgelns noch eine wirkliche Frau ist –
und sei es auch nur die kleinste Spur davon –
dann kann sie wieder zum Leben erweckt werden.
Wenn noch ein winziger Funke unter all dieser Asche glüht,
werden wir ihn anblasen, bis der ganze Haufen hellrot leuchtet.

C. S. Lewis[1]

∾

„Ich will mich dem Herrn ganz zur Verfügung stellen“,
antwortete Maria.
„Alles soll geschehen, wie du es mir gesagt hast.“

Lukas 1,38

Eine Einladung markiert den Wendepunkt des Märchens von
Aschenputtel. Bis zu dem Augenblick, als der Herold des Königs
verkündet, dass die Schönen des Reiches zum Ball eingeladen
sind, scheint ihr Lebenslauf unwiderruflich vorgegeben zu sein:
Sie wird immer die Küchenmagd sein, das Kellerkind. Ihre Feinde werden stets die Oberhand behalten. Ihr ist ein Leben fortge-
setzter Enttäuschungen bestimmt, auch wenn sie tapfer den
Kopf oben hält. Kein anderes Leben erscheint möglich. Das ist
ihr Schicksal. Dann kommt die Einladung zum Hofball. In diesem Moment bricht die Hölle los. Ihre Sehnsüchte werden wach.
Ihre Feinde geraten in Zorn. Ihr Leben wird von da an nicht
mehr dasselbe sein.

Wie schön, dass am Anfang eine Einladung steht. Als Frau müssen Sie sich nicht abstrampeln und nichts selber arrangieren. Sie müssen Ihr Glück nicht selbst bewerkstelligen. Sie müssen nur antworten. Zugegeben – auch das erfordert Mut. Aschenputtel muss all ihren Mut zusammennehmen, und dieser Mut entspringt der tiefen Sehnsucht, das Leben zu finden, für das sie wirklich bestimmt ist – das weiß sie tief in ihrem Herzen. Sie *will* zum Ball. Aber sie muss ihre (durchaus begründeten) Ängste überwinden, um tatsächlich hinzugehen. Und selbst, *nachdem* sie mit dem Prinzen getanzt hat, erfordert es noch einmal Mut, nicht alle Hoffnung aufzugeben. (Sie rennt zurück in ihre schmutzigen Arbeitsräume, so wie wir alle.) Aber schließlich wird sie die Frau, die zu sein ihre Bestimmung ist, und das Königreich ist nicht mehr dasselbe. Ein wunderbares Gleichnis.

Dasselbe ist wahr im Hinblick auf Maria, die Mutter Jesu – nur ist es in ihrem Fall noch viel bedeutsamer. Auch ihr Leben ändert sich auf eine Einladung hin. Der Engel kommt zu ihr als Herold des Königs. Und auch sie muss erst Ja sagen. Der Engel hätte ihr die ganze Sache nicht aufzwingen können. Ihr Herz muss einwilligen. Bei all dem, was auf sie zukommt, wird sie ihr Herz *brauchen*. Es hat bemerkenswerten Mut erfordert, Gottes Einladung anzunehmen, und auch in diesem Fall bricht die Hölle los. Der Feind tobt. Ihre Verlobung wäre beinahe geplatzt. Sie und Josef verlieren auf jeden Fall ihr Ansehen in der Synagoge. Ihr Leben wird eine unglaubliche Geschichte. Maria muss Herz beweisen, um ihr „Ja" zu Gott aufrechtzuerhalten. Aber sie wird die Frau, die zu sein ihre Bestimmung ist, und Gottes Reich ist von da an nicht mehr dasselbe. Alles beginnt mit einer *Einladung*.

Die Einladungen unseres Königs erreichen uns auf alle nur denkbare Weise. Ihr weibliches Herz ist an sich schon eine Einladung. Eine Einladung, die auf die persönlichste und intimste Weise übermittelt wird, die man sich nur vorstellen kann. Ihr Liebhaber hat Ihnen etwas ins Herz geschrieben: Er lädt Sie ein, ein Leben leidenschaftlicher Liebe zu finden und diese Liebesaffäre als Ihren kostbarsten Schatz zu hüten. Er lädt Sie ein, die Schönheit zu entfalten, die in Ihnen steckt, und Ihre Schönheit für andere aufscheinen zu lassen. Er lädt Sie ein zum Abenteuer. Sie sollen zum *ezer*, zu der Lebensretterin werden, auf die die Welt so verzweifelt angewiesen ist.

Frauen, die die Welt verändern

Es wird ein Tag kommen, an dem die Geschichte dieser Welt erstmals richtig erzählt wird. Das ist eine der Freuden, die beim Hochzeitsfest im Reich Gottes auf uns warten. Und dann wird sonnenklar werden, dass Frauen an jeder großen Aktion Gottes auf dieser Erde wesentlich beteiligt waren.

Ich war versucht, einschränkend „*fast* jeder großen Aktion" zu sagen. Ich wollte nichts übertreiben, außerdem kam mir in den Sinn, dass hin und wieder ja auch Männer Geschichte gemacht haben. Aber da hat Stacy interveniert mit den Worten: „Diese Männer hatten alle Mütter, oder etwa nicht?" Ich hatte an Mose gedacht, der Israel aus Ägypten geführt hat, aber mir dämmerte rasch der Beitrag von Moses Mutter: Sie hatte sein Leben gerettet, als er noch ein Baby war, und dafür ihr eigenes Leben riskiert. Und Moses Schwester war zur Stelle gewesen, um der Tochter des Pharaos eine Amme für das Baby zu empfehlen, das sie da im Schilf gefunden hatte. (Die Amme war natürlich Moses leibliche Mutter). Einverstanden. Ich geb's zu. Frauen waren an jeder großen Aktion Gottes auf dieser Erde wesentlich beteiligt.

Da sind jene großartigen Ereignisse im Alten Testament wie die Einnahme von Jericho, der erste Brückenkopf im Land der Verheißung, und die Rolle, die Rahab dabei gespielt hat. Oder Esters Mission, um einen Völkermord an ihren Landsleuten zu verhindern. Sie hat damit die Zukunft Israels gesichert ... und die der Welt. Es ist auch offensichtlich, dass Frauen das öffentliche Wirken von Jesus unterstützt haben, finanziell und emotional.

Frauen haben bei Jesus ausgehalten, als fast alle Männer aus seiner Umgebung das Weite suchten. Wir können weiter verfolgen, wie sich das Evangelium ausgebreitet hat und mit ihm die Gemeinde der Christen, und treffen dann auf Frauen wie Lydia – ihr Haus wurde zur Basisstation für die Evangelisierung von Thyatira und Philippi; Frauen wie Nympha und Apphia, die wachsende Gemeinden in ihren Häusern beherbergten, wiederum bei großem persönlichem Risiko für sie selbst und ihre Familien. Da ist Priscilla, die ihr Leben aufs Spiel gesetzt hat, um Paulus bei der Ausbreitung des Evangeliums zu helfen, und Junia, die bei Paulus aushielt, als er im Gefängnis war. Von ihr schreibt Paulus, dass sie „bei den Aposteln hoch angesehen" (Römer 16,7) war.

Vor allem aber hing die Rettung der Menschheit vom Mut einer Frau ab – genauer: von einem weiblichen Teenager. Was, wenn Maria nein gesagt hätte? Was, wenn irgendeine dieser biblischen Frauengestalten nein gesagt hätte?

Es ist an dieser Stelle nicht möglich, die Rolle aller Frauen im Lauf der Geschichte zu würdigen. Schon eher könnte man all die großen und kleinen Wendepunkte in Gottes gewaltiger Rettungsaktion für die Menschheit daraufhin untersuchen, ob es da überhaupt einen Punkt gab, an dem Frauen *keine* unersetzliche Rolle gespielt haben. Von Anfang an war Eva Gottes Geschenk an die Welt – sein *ezer k'negdo* für uns. Die Geschichte entfaltet sich immer weiter, und Ihr Dasein auf dieser Erde ist an sich schon der Beweis dafür, dass Sie eine unersetzliche Rolle zu spielen haben. Sie sind schließlich eine Frau, stimmt's? Ein *ezer k'negdo* durch und durch. Der leise Zweifel in Ihnen, ob wirklich irgendetwas Wichtiges von Ihrem Leben abhängt, ist lediglich ein Echo des jahrelangen Angriffs auf Ihr Herz durch einen Feind, der weiß, was er an Ihnen zu fürchten hat.

Es gibt noch viele Leben zu retten, und irgendjemand muss sich dieser Aufgabe annehmen. Nicht unter dem Druck: *Stell dich nicht so an; krempel die Ärmel hoch und pack an!* Nein, eher als Antwort auf eine Einladung. Ihr Schöpfer lädt Ihr weibliches Herz ein. Wozu? Dazu, dass Sie eine einmalige Rolle in seiner Geschichte übernehmen sollen. Genau das hat Ihr Liebhaber Ihnen doch ins Herz geschrieben: Einen Traum. Eine Sehnsucht. Einen Herzenswunsch, der so untrennbar zu Ihnen gehört, dass es fast wehtut, darüber nachzudenken. Dieses innere Sehnen gehört so sehr zu Ihnen, dass es fast beängstigend ist, ihm eine Stimme zu verleihen. Vielleicht kennen Sie den Traum selbst noch gar nicht. Aber was Sie spüren können, das ist das *Verlangen*, eine unersetzliche Rolle zu spielen. Und das ist ein Faden, den man aufnehmen kann.

Ezer, Lebensretterin, ist in jede Faser Ihres Herzens eingeprägt. Sie müssen das ausleben. Wie viele Leben, welche großen Ziele mögen von Ihrem „Ja" zu Gott abhängen?

Ihre unersetzliche Rolle

Unsere Freundin Jeanine arbeitet mittlerweile schon zweiunddreißig Jahre lang als Missionarin für OMS International.[2] Die letzten vierzehn Jahre hat sie ihr Leben im kolumbianischen Medellin investiert. Mit dem Land und mit der Stadt verbindet man gemeinhin die Vorstellung von Mord und Totschlag, von Drogenkartellen und Gewalt, von einer Kultur des Todes. Kein Ort, der Christen besonders willkommen heißt. „In Kolumbien werden jährlich einige Dutzend Pastoren ermordet", erzählte uns Jeanine bei einem Besuch. Zunächst einmal war Jeanine Gottes Ruf gefolgt, eine Dozentenstelle für Hebräisch an einem theologischen Seminar zu übernehmen. Dann forderte er sie auf, den Einsatz zu erhöhen. Sie sollte in den berüchtigten Gefängnissen des Landes arbeiten. Sie sollte als alleinstehende Frau die Liebe Gottes in eine brutale Männerwelt hineintragen, in Straflager, die mit hartgesottenen Kriminellen überfüllt sind.

Bellavista zum Beispiel, ein Gefängnis in Medellin, ist ursprünglich für 1500 Häftlinge errichtet worden. Aber es beherbergt mehr als 6000 Menschen. Jeanine berichtet: „Bis vor vierzehn Jahren, als wir mit den Bibelgruppen anfingen, war Bellavista als Ort der Gewalt bekannt. Innerhalb der Gefängnismauern gab es im Schnitt zwei Morde *pro Tag*. Mittlerweile haben viele Häftlinge ihr Leben geändert, und die Morde werden weniger." Von 1990 bis 1997 wurden nur noch sieben Häftlinge ermordet. Jeanine riskiert tagtäglich ihren Hals, aber das hält sie nicht von ihrer Aufgabe ab. Sie sagt: „Sicherheit besteht nicht in der Abwesenheit von Gefahr, sondern in der Gegenwart Jesu." Mehr als 500 Häftlinge nehmen gegenwärtig an den Bibelgruppen in diesem Gefängnis teil, und buchstäblich Tausende sind durch die Arbeit, die Jeanine in Bellavista begonnen hat, gerettet worden. Sie ist ihr *ezer*. Eine Lebensretterin für viele in Kolumbien.

Unsere Freundin Carol verfügt über einen brillianten Verstand. Sie hat sich an einer von Amerikas Spitzenuniversitäten als hervorragende Studentin hervorgetan. Ihre Mutter ist Akademikerin, ihr Vater Professor, ihre Schwester Ärztin, und ihr Bruder macht gerade seinen Abschluss in Jura. Carol akzeptiert nur den Himmel als Grenze. Sie liest pausenlos. Sie analysiert weltweite Trends und ist im Bilde über die internationale Entwicklung in verschiedensten Bereichen. Sie plant ihre Tage rund um die Nachrichtensendungen. Und nun hat sie ihre glänzende Karriere unterbrochen, um als Mutter ganz für ihren gerade geborenen Sohn da zu sein.

Es gibt nichts auf der Welt, was Carol lieber tun würde, und doch ist ihr die Entscheidung unglaublich schwer gefallen – oder gemacht worden? Ihre Familie hat kein Verständnis; sie fühlt sich allein gelassen. Sie will ihre akademische Laufbahn irgendwann weiter verfolgen. Sie möchte so viel tun, lernen, ausprobieren. Sie hat so viel von ihren Plänen zurückgestellt, um ihrem kleinen Jungen das Leben zu schenken. Und nun erlebt sie, dass die Mutterrolle ihrem Herzen und ihrer Seele mehr abverlangt, als es ihr je möglich schien. Gott hat Carol zur Mutterschaft berufen, eine hohe Berufung, und nun stirbt sie jeden Tag ein paar tausend kleine Tode, gibt viel von ihren Wünschen auf, und empfindet zugleich immer mehr Liebe für ihr Kind.

Carol hat ja gesagt zu dem wenig öffentlichkeitswirksamen Leben als Hausfrau und Mutter. Gott begegnet ihr dort, im Verborgenen. Dort entdeckt sie das Heilige. Dort spielt sie die unersetzlichste, wesentlichste, kraftvollste, einflussreichste Rolle, die man sich vorstellen kann. G. K. Chesterton hat es so ausgedrückt:

> Königin Elizabeth in einem eigenen Reich sein, über Käufe, Bankette, Arbeitseinsätze und Urlaub entscheiden; Whitely in einem eigenen Reich sein, für Spielzeug, Schuhwerk, Kuchen und Bücher sorgen; Aristoteles in einem eigenen Reich sein, Moral, Benehmen, Glauben und Hygiene lehren: Ich kann verstehen, dass das den Verstand bis an die Grenzen beansprucht, aber ich kann mir nicht vorstellen, dass es den Verstand einengt. Wie könnte es eine hohe Berufung sein, anderer Leute Kindern den Dreisatz beizubringen, aber eine niedere Berufung, dem eigenen Kind das Universum zu erklären? Wie kann es weit sein, etwas für alle zu sein, aber einengend, dasselbe für jemand Bestimmtes zu sein? Zweifellos ist die Aufgabe einer Frau mühevoll, aber nur deshalb, weil sie großartig ist, und nicht etwa, weil sie unbedeutend wäre.[3]

Ellie Claus gewann an ihrem siebzehnten Geburtstag die Junior Iditarod Championships, ein Hundeschlittenrennen über 150 Meilen durch das raue Alaska. Ellie ist dort aufgewachsen. Hinter dem Haus ihrer Familie begann die urwüchsige, ungezähmte Wildnis Alaskas. Von klein auf war es ihr Traum, einmal das Iditarod Trail Sled Dog Race zu fahren, ein Hundeschlittenrennen über 1850 Kilometer quer durch Alaska von Anchorage nach Nome (dazu muss man allerdings volljährig sein). Entlang der Route gibt es Eisbären. Und Wölfe. Manchmal werden die

Schlittenführer von Elchen angegriffen. Die Temperatur kann auf fünfzig Grad unter Null fallen. Die Teilnehmer müssen das neun bis zwölf Tage dauernde Rennen allein bewältigen, ohne jede Unterstützung, und gönnen sich pro Tag nur ein paar Stunden Schlaf.

Ellie ist eine zierliche junge Frau, die man sich besser in der Hauswirtschaftsschule oder im Tanzkurs vorstellen kann als auf der Eispiste des Iditarod-Rennens. Aber Ellies Herz ist dank ihrer Liebe zu Gott lebendig und voller Leidenschaft. Sie ist bereit, enorme Risiken auf sich zu nehmen, um die Frau zu werden, die sie nach Gottes Willen sein soll. 2004 hat sie zwölf Tage nach ihrem 18. Geburtstag das Iditarod-Rennen bestritten, als jüngste jemals registrierte Teilnehmerin. Sie überquerte die Ziellinie nach elf Tagen, neunzehn Stunden und vierundzwanzig Minuten. In einem Feld von siebenundachtzig Teilnehmern belegte sie den vierundfünfzigsten Platz. Ihre Großmutter läuft Marathon (zwanzig Läufe bis heute), und ihre Mutter führt Skitouren durch Alaskas Berge. Jede von den dreien ist eine Abenteurerin.

Meine Freundin Tammy war jahrzehntelang in der Frauenarbeit aktiv. Sie ist eine begabte Frau, die sich voll und ganz auf Gott eingelassen hat. Vor ein paar Jahren vernahm sie einen Ruf in die Stille und Einsamkeit. Ein Verlangen, die Anbetung Gottes zum Inhalt ihres Lebens zu machen. Sie gab ihre Aufgabe im Kirchenvorstand ab. Die Hauskreisleitung, die Frauenbibelstunden – Schluss damit. Gott hat sie verlockt, dem „einen Notwendigen" in ihrem Leben Raum zu geben, eine Maria zu werden, eine Frau, die nur noch für die Anbetung da ist. Für den Dienst am Herzen Gottes.

Tammy hat sich darauf eingelassen und ist Gottes Ruf in die Stille und in die Tiefen seines Herzens gefolgt. Ihre Freunde fürchteten, dass sie jetzt durchdreht. Die Leute im Kirchenvorstand kritisierten sie, sie drücke sich um den Missionsbefehl herum. Sie wurde angegriffen und missverstanden. Das tat weh. Aber Gott hatte Tammys Herz für sich eingenommen und nimmt es seitdem immer noch mehr in Beschlag. Sie ist Gottes Schönheit erlegen. Und diese Schönheit strahlt nun auch durch sie hindurch.

Tammy lebt aus der Anbetung Gottes. Ihre rückhaltlose Hingabe und ihre Liebe zu Jesus sind zum Leuchtturm geworden und haben zahllose Frauen bewogen, es ihr gleich zu tun: dem hohen und heiligen Ruf zu folgen, Gottes Herz kennen zu lernen und immer besser zu verstehen, wer er ist. Ich bin eine von den vielen Frauen, die durch ihr Leben verändert worden sind. Tammy füllt ihre erstaunliche, unersetzliche Rolle in dieser Welt sehr gut aus.

Kathleen hat sich schon früh berufen gefühlt, Ärztin zu werden. Als Tochter eines Klinikarztes hat sie von klein auf mitbekommen, was für einen Preis Ärzte und ihre Familien bezahlen – die langen Bereitschaftsstunden, die schlaflosen Nächte, die Notfalleinsätze. Kathleen weiß außerdem, dass Gott sie in den armen Ländern der Welt einsetzen will. Sie macht ihren medizinischen Abschluss in Übersee, damit sie später ihre unersetzliche Rolle als Missionsärztin übernehmen kann. Sie will Menschen Heilung bringen: körperliche Heilung durch ihre Fachkenntnis und geistliche Heilung durch Gott.

Sie sehen: Unsere wahre Bestimmung als Frauen in der Geschichte Gottes kann so unterschiedlich und einmalig ausfallen, wie es die Wildblumen auf einer Sommerwiese sind. Keine gleicht genau der anderen. Aber wir alle leben in einem Umfeld, auf das wir Einfluss haben, in denen wir uns als *ezer* erweisen, Leben spenden und fördern können.

In Ihren Beziehungen

Eva ist Gottes Beziehungsspezialistin, die er der Welt schenkt, damit Beziehungen ihren hohen Stellenwert behalten.

Männer schaffen es, Beziehungen schleifen zu lassen. Sie kümmern sich nicht groß darum, wie es um ihre Beziehungen steht. Monatelang. Manchmal jahrelang. Und die Welt? Die benutzt Menschen und spuckt sie dann einfach wieder aus, wenn sie ausgelaugt und „nicht mehr in Topform" sind. Der Feind verachtet Beziehungen, hasst Liebe in jeder Form, fürchtet ihre erlösende Kraft. Deshalb hat Gott Eva geschaffen. Frauen sind *unverzichtbar*, um Beziehungen zu schützen und ihnen wieder die Bedeutung einzuräumen, die ihnen gebührt. Sie werden manchmal den Eindruck haben, dass außer Ihnen niemandem an Beziehungen gelegen ist. Aber als Frauen dürfen wir an dieser Stelle nicht locker lassen. Denn Beziehung ist das wichtigste Prinzip im Universum. Gott selbst ist Beziehung – Vater, Sohn, Geist. Frauen verstehen intuitiv, wie wichtig Beziehungen sind. Dieser Sinn für Beziehungen ist unschätzbar. Lassen wir ihn uns nicht ausreden.

Denn hier, im innersten Kreis vertrauter Menschen, sind wir ganz und gar Frau. Darauf müssen wir zuerst unseren Blick richten, hier setzt unsere Frage an: „Was heißt es, meine Schönheit zu zeigen, meine leidenschaftliche Hingabe, meine Liebe? Wo brauchen mich andere als *ezer*, als Lebensspenderin und -hüterin?" Sie spielen eine unersetzliche Rolle in Ihren Beziehungen. Niemand kann für die Menschen in Ihrem Leben das sein, was Sie für diese Menschen sind. Niemand kann anbieten, was Sie zu bieten haben. Gott beruft uns zu vielen Dingen, aber andere lieben – das gehört stets an die erste Stelle. Und sind ihre Beziehungen etwa nicht gefährdet?

Der Teufel wusste genau, dass er Adam am besten außer Gefecht setzt, indem er Eva außer Gefecht setzt – Adams *ezer k'negdo*. Das hat recht gut funktioniert, und seitdem hat er die

Taktik nicht wesentlich geändert. Ihre Aufgabe in der Welt als Gottes Herz für Beziehungen ist lebenswichtig. Der Feind zerstört menschliches Leben am effektivsten, indem er Menschen isoliert. Das einsame Lamm fernab der Herde ist leichte Beute. Und wie schafft er das? Er legt die *ezer* in ihrem Leben lahm. Er redet einer Frau ein: „Was hast du schon anzubieten? Sie kommen auch ohne dich klar." Glauben Sie das keine Sekunde lang. Gott hat Sie beauftragt, die Liebe und die Beziehungen in Ihrer Welt zu hüten und zu schützen. Kämpfen Sie dafür.

In der Gemeinde

Ihr Leben gehört außerdem noch in einen größeren Zusammenhang. Sie sind eingebettet in den Leib Christi, die Gemeinde. Sie sind Teil des Reiches Gottes, das hier auf der Erde Gestalt annimmt. Zu dieser Gemeinschaft der Erlösten zu gehören, das ist etwas Großartiges. Natürlich ist es auch anstrengend. Ist Ihnen schon mal aufgefallen, wie oft der Apostel Paulus in seinen Briefen an die junge Kirche in Beziehungen eingreifen muss? „Ich ermahne Evodia und ich ermahne Syntyche, dass sie sich als Schwestern im Glauben vertragen" (Philipper 4,2; GN). Wohlgemerkt: Er spricht hier zwei Frauen an. Die Gemeinschaft der Christen ist deshalb so anstrengend, weil *auch sie* unter Beschuss steht. Und hier fällt Ihnen nun eine unersetzliche Rolle zu.

Uns ist bewusst, dass Frauen sich mit ihren Beiträgen in der Kirche nicht immer erwünscht vorgekommen sind, es sei denn, diese Beiträge hätten sich auf ein paar genau begrenzte Felder beschränkt (Kinder hüten, Kuchen backen, stricken für den Weihnachtsbasar). Wir können uns hier nicht aufhalten mit einer Diskussion über die angemessene Rolle von Frauen in der Gemeinde. Dafür wäre ein eigenes Buch nötig. Wir halten es für viel hilfreicher, wenn wir vom ursprünglichen *Entwurf* ausgehen. Wenn wir also fragen: Wozu hat Gott die Frau geschaffen? Was hat sie der Welt anzubieten? Wer den Grundentwurf verstanden hat, kann dann auch Rollen zuordnen. Eine Frau ist *nicht* dasselbe wie ein Mann (Gott sei Dank!). Sie ist anders konzipiert. Wir hoffen, das ist inzwischen klar geworden. Ist es nicht offensichtlich, dass deshalb auch ihre Beiträge einzigartig weiblich sein werden? Und dass sie Rollen übernimmt, die ihrem weiblichen Wesen am ehesten entsprechen? (Vielleicht drängt sich die gefallene Eva nicht nach diesen Rollen, aber die erlöste Eva schon.)

Viele der biblischen Aussagen über die *Rolle* von Frauen in der Gemeinde lassen Gottes Sorge um den Schutz der Frau und um ihre Abschirmung gegen geistliche Angriffe erkennen. Wir leben in einer gefährlichen Welt. Der Feind behindert und stört und attackiert die Gemeinde Gottes nach Kräften. Sein besonderer Hass gilt Eva. Folglich hat Gott sich Gedanken darüber gemacht, wie eine Frau das Reich Gottes voranbringen kann, ohne sich ständig um ihre Sicherheit sorgen zu müssen. Das ist möglich, wenn Frauen in der Gemeinde die Unterstützung und die Rückendeckung durch aufrichtige Männer finden. Wo es im Neuen Testament um Leiterschaft und um den Mann als Haupt der Frau geht, da geht es um das *Wohl* der Frau, nicht um ihre Unterdrückung. Sie wissen ja inzwischen, wie gefährlich es sein kann, wenn eine Frau ihre wahre Weiblichkeit entfalten will. Stimmt's?

Nach Gottes Vorstellung können Sie überall da, wo Sie zur Gemeinde Jesu Christi beitragen wollen, mit der Unterstützung durch verantwortungsbewusste Männer rechnen. Die sind nicht dazu da, Sie zu bremsen, sondern Sie als Frau zur Entfaltung kommen zu lassen. Gott hat dem Mann seine Kämpfernatur verliehen. Er soll seine Stärke für Eva einsetzen. *In seinem Schutz soll sie aufblühen können.* Wenn Sie sich in einem gänzlich anderen Umfeld wiederfinden, dann suchen Sie ein Umfeld, wo dieser Schutz und diese Rückendeckung gegeben sind. Wir reden hier schließlich über Ihre unersetzliche Rolle in der Gemeinde Jesu, und das heißt: Wir reden über die verschworene Gemeinschaft der Menschen, deren Herz für Gott schlägt und die seine Verbündeten und Vertrauten geworden sind. Was Sie anzubieten haben, wollen Sie natürlich Menschen anbieten, die danach verlangen. Wenn Ihre Umgebung signalisiert: kein Bedarf, dann fragen Sie Gott um Rat. Was will er?

Wenn Gott Sie beruft, dann zeigt er auch einen Weg. Entweder dort, wo Sie wohnen, oder durch eine Veränderung des Lebensumfeldes. Folgen Sie Ihrem großen Liebhaber, nehmen Sie seine Einladungen an. Mit ihm an Ihrer Seite – wer wollte Sie aufhalten?

In der Welt

Dann gibt es da noch Ihre äußerste Einflusssphäre: die Welt. Sie haben der Welt etwas Wesentliches anzubieten. Sei es in Form einer beachtlichen Karriere. Sei es in Form eines eher verborgenen, aber gut geführten Lebens. Manche Frauen finden ihre Bestimmung auf den Markt- und Börsenplätzen. Lydia zum Beispiel war Unternehmerin, als Paulus sie kennen lernte. „Sie stammte aus Thyatira und handelte mit Purpurstoffen" (Apostelgeschichte 16,14). Debora hat Israel als Beraterin in wirtschaftlichen, militärischen und juristischen Fragen gedient (Richter 4-5). Und so gibt es viele Frauen, die sich in den Schaltzentralen dieser Welt einbringen, weil sie es so wollen. Es ist ihre Berufung. Andere gehen einem Broterwerb nach, weil sie jedenfalls im Moment keine andere Wahl haben.

So oder so kommt es darauf an, dass Sie *als Frau* diesen Platz ausfüllen. Seien Sie nicht naiv. Seit dem Sündenfall ist diese Welt ein unbarmherziger Ort. Männer dominieren auf vielerlei Weise (und das ist nicht gottgewollt, sondern eine Folge des Fluchs). Frauen, die in der Welt „ihren Weg machen", neigen dazu, selbst dominant und kontrollsüchtig zu werden (wie Eva nach dem Sündenfall). Die Welt steht unter dem Einfluss des Bösen (1. Johannes 5,19). In der Welt *müssen* Sie so listig sein wie eine Rahab, eine Ester, eine Tamar. Sie müssen weise vorgehen. Sie dürfen sich nicht in das Bild hineinzwängen lassen, das die Welt von einer erfolgreichen Frau zeichnet. Sonst enden Sie als Mann. Aber was Sie anzubieten haben, das bieten Sie *als Frau* an. Auf eine einzigartig feminine Weise.

Vor allem sollten Sie sich vergewissern, dass Sie Ihren Platz in der Welt einnehmen, weil Gott ihn Ihnen zugewiesen hat. Denn wenn er Sie nicht dorthin berufen hat, dann werden Sie Probleme bekommen. Wenn Ihr Platz in der Welt ist, dann schützt Sie Gott dort auch.

Was sagt Ihr Herz?

Wie gesagt: Gottes Einladungen an uns erreichen uns auf unterschiedliche Art und Weise. Manchmal sind es die Umstände; manchmal eröffnet sich uns eine Gelegenheit. Manchmal erfolgt die Einladung durch Menschen, die etwas in uns erkennen, das wir selbst nicht wahrnehmen, und die uns dann ermutigen, in einer bestimmten Richtung weiterzugehen. Aber letztlich sind Gottes Einladungen Herzenssache. Sie werden deutlich in unseren Leidenschaften, in den Sehnsüchten, die wir tief in uns tragen. Was möchten Sie gerne erleben – was hoffen *Sie*, in welcher Weise sich die Welt wandeln soll? Was macht Sie so zornig, dass Sie schier rot sehen? Was ist so unerträglich, dass es Sie zum Weinen bringt?

Sie werden entdecken, dass Sie mit der Zeit lange verschüttete Leidenschaften, lange aufgegebene Träume wiederentdecken, je mehr Gott an Ihrem Herzen arbeitet und Sie befreit. Sie werden sich zu der einen oder anderen Vorstellung hingezogen fühlen, wie die Welt freundlicher, wohnlicher sein könnte. Solche aufkeimenden Sehnsüchte fordern Sie heraus. Nicht etwa dazu, zu versuchen, sie nun sofort zu verwirklichen. Das wäre naiv. Sondern sie fordern Sie auf, dass Sie Ihrem Liebhaber Ihr Herz öffnen und ihn um Klarheit bitten. Er soll Ihnen sagen, wie und wann und mit wem. Frederick Buechner hat es so ausgedrückt: „Dorthin, wo der tiefe Hunger der Welt auf unsere tiefste Sehnsucht trifft, genau dorthin beruft uns Gott."

Geben Sie der Furcht keinen Raum

Natürlich ist das beängstigend.

Gottes Einladungen annehmen, das erscheint uns oft als das größte Risiko, das wir überhaupt eingehen können. Fragen sie Rahab, Ester, Rut oder Maria. Fragen Sie Jeanine, Ellie, Tammy, Carol und Kathleen. Im Konversationslexikon wird das Wort Risiko erklärt als „Wagnis, Gefahr; in der Wirtschaft Verlustgefahren, Unsicherheits- und Zufälligkeitsfaktoren ...". Das Leben in der Freundschaft zu Gott ist ein Leben mit hohem Risiko. Andere lieben ist riskant. Sich erkennbar machen und etwas anbieten ist riskant. Den Mund aufmachen, unseren von Gott gegebenen Träumen folgen, die Rolle übernehmen, die Gott uns zugedacht hat – alles riskant. Wundert uns das? Wenn es einfach wäre, würden sich Frauen ja massenhaft darauf einlassen.

So landen wir am Ende wieder bei dem, was Petrus im Zusammenhang mit seiner Aufforderung an Frauen, anderen ihre Schönheit in Liebe anzubieten, gesagt hat. Das ist das Geheimnis entfalteter Weiblichkeit:

„[Fürchtet] euch vor keiner Einschüchterung."
(1. PETRUS 3,6; EÜ)

Paulus sagt es in ähnlichen Worten:

Gott hat uns nicht gegeben den Geist der Furcht,
sondern der Kraft und der Liebe und der Besonnenheit.
(2. TIMOTHEUS 1,7; L)

Wir fürchten uns, ans Licht zu treten, weil wir genau wissen, dass es schief gehen kann (oder ist das eine Untertreibung?). Wir haben eine schmerzhafte Vorgeschichte, unsere Narben mahnen uns zur Vorsicht. Könnte ja sein, dass wir scheitern. Dass wir auf Ablehnung stoßen. Und dann? Wir fürchten, dass die Reaktionen der anderen zum beherrschenden Urteil über unser Leben, unser Sein, unser Herz werden. Wir fürchten, dass unsere tiefsten Selbstzweifel im Hinblick auf unsere Weiblichkeit bestätigt werden. Erneut. Dass wir wieder nur die Botschaft unserer Verletzungen hören werden, die vernichtenden Antworten auf unsere entscheidende Frage. Deshalb können wir das Wagnis, uns zu zeigen, *nur* eingehen, wenn wir uns in der Liebe Gottes geborgen wissen. Wenn wir sein Urteil über unser Leben gehört haben. Denn das lautet: Geliebt und auserwählt. Gott findet uns liebenswert. Bezaubernd. Das macht uns frei, auf andere zuzugehen.

Sie könnten einwenden, dass die Menschen auf die Liebe Jesu nicht besonders herzlich reagiert haben. Dass sein öffentliches Auftreten, die Rolle, die nur er spielen konnte, nur geteilten Beifall gefunden hat. Und auch das wäre eine gewaltige Untertreibung. Dieselben Menschen, für die Jesus sein Leben eingesetzt hat, haben ihn verspottet, geschlagen, angespuckt und schließlich ans Kreuz gehängt. Jesus musste seinem Vater *rückhaltlos* vertrauen. Petrus stellt ihn uns vor Augen mit den Worten: „Er hat euch ein Beispiel gegeben, dem ihr folgen sollt ... Beschimpfungen ertrug er ohne Widerspruch, gegen Misshandlungen wehrte er sich nicht, lieber vertraute er sein Leben Gott an, der ein gerechter Richter ist" (1. Petrus 2,22.23). Jesus hatte das Urteil Gottes über sein Leben gehört. Er wusste sich bei Gott gut aufgehoben.

Ein paar Verse weiter schreibt Petrus an Frauen: „Ebenso ihr Frauen ... [tut] Gutes und [fürchtet] keinerlei Schrecken" (3,1.6; RE). Jesus hat ein Leben der Liebe gelebt und lädt uns ein, es ihm gleich zu tun. Egal, wie die Reaktion ausfällt.

Mir kam es unglaublich schwierig und riskant vor, als ich angefangen habe, bei unseren Frauentagen zu sprechen und etwas von mir mitzuteilen. Wirklich furchteinflößend. Sehen Sie, damals hatte ich beträchtliches Übergewicht. Mein Problem, mein Essverhalten, war für alle deutlich erkennbar. Vor einer Gruppe von Frauen zu stehen und zu wissen, dass man die Kriterien für äußere Schönheit schon mal verfehlt, das war demütigend und schwer. Es war auch riskant, zusammen mit John dieses Buch zu schreiben. Riskant, so viel von meiner Lebensgeschichte preiszugeben. Riskant, weil ich zum ersten Mal überhaupt schreibe, während John bereits so bekannt und als Autor so erfolgreich ist.

Aber wir können nicht damit warten, uns für andere zu öffnen, bis wir unser Leben voll im Griff haben. Diesen Luxus können wir uns nicht leisten. Wäre es anders, würde sich dann *je* ein Mensch trauen, etwas von sich anzubieten? Gott bittet uns, dass wir uns verwundbar machen. Er lädt uns ein, zu teilen und zu geben, ungeachtet unserer Schwächen. Er möchte, dass wir die Schönheit, die er uns verliehen hat, sichtbar werden lassen, selbst wenn wir uns schmerzlich bewusst sind, dass noch nicht alles so ist, wie wir es uns sehnlichst wünschen. Er möchte, dass wir *ihm* vertrauen.

Was dabei herauskommt, ist nicht länger entscheidend. Wir entscheiden uns, so zu leben, als lebendige Frauen, weil wir solche Frauen sein wollen. Es ist unsere Liebesantwort, die unserem Liebhaber sagt, dass wir seine Einladung annehmen.

Präsent sein

John und ich waren auf einer Art Neubürger-Begrüßungsparty. Damit die Leute im Saal sich kennen lernten, sollten wir in Kleingruppen austauschen, was unser jeweiliges „Familienmotto" sei. In unserer Gruppe war ein älteres Ehepaar, das wir beide sympathisch fanden. Der Mann hatte so ein Leuchten in den Augen, einen Funken, als ob er das Geheimnis des Lebens entdeckt und viel Freude daran hätte. Seine Frau war eine zierliche

Frau, der ich am besten gerecht werde mit der Beschreibung *sehr präsent*. Sie versteckte sich nicht; sie war keine furchtsame Frau. Sie war eine in sich ruhende Frau, versöhnt mit sich und der Welt, quicklebendig, schön.

Der ältere Herr schaute seine Frau an und fragte: „Haben wir ein Familienmotto?" Sie antwortete: „Na, das steht doch seit dreißig Jahren auf dem Kühlschrank." Er fragte: „Wie? Bosch?" Nachdem das Gelächter abgeflaut war, erklärte sie, was sie meinte. Nach welchem Motto sie lebte. Und wozu sie andere einlud.

> Lebe jetzt, solange der Puls des Lebens noch kräftig schlägt. Das Leben ist ein hauchzartes Etwas, flüchtig, zerbrechlich. Warte nicht auf morgen! Sei jetzt hier! Sei jetzt hier! Sei jetzt hier!

Sei jetzt hier.

Ein authentisches, erlöstes und befreites Leben als Frau führen heißt: in diesem Moment echt und präsent sein. Wenn wir uns weiter verstecken, geht viel verloren. Wir können keine vertraute Beziehung zu Gott oder sonst jemandem pflegen, wenn wir in Deckung bleiben und allenfalls das von uns preisgeben, wovon wir vermuten, dass es von uns erwartet wird. Wir können nicht die uns zugedachte Rolle als *ezer* ausfüllen, wenn wir uns weiter von Scham und Furcht lähmen lassen und der Welt nur unser unauffälliges Sicherheitsgesicht zeigen. *Sie haben nur ein Leben. Am besten wäre es, Sie leben es selbst.*

Im Ernst: Was haben wir denn anderes anzubieten als uns selbst, und wie wir sind und was Gott in unser Leben gelegt hat? Es war kein Versehen, dass Sie auf der Welt sind; und auch die Sehnsüchte, die Sie hegen, sind kein Zufall. Der siegreiche, dreieinige Gott hat Ihr Dasein jetzt und hier geplant „gerade für einen Zeitpunkt wie diesen" (Esther 4,14; RE). Wir brauchen Sie.

> Jesus wusste, dass der Vater ihm alles in die Hand gegeben hatte, dass er *von Gott gekommen* war und *zu ihm zurückkehren* wür-

de. Da stand er vom Tisch auf, legte sein Obergewand ab und band sich ein Tuch aus Leinen um. Er goss Wasser in eine Schüssel und begann, seinen Jüngern die Füße zu waschen und mit dem Tuch abzutrocknen.

(Johannes 13,3-5, Hervorhebung durch den Autor)

Jesus wusste, wer er war. Er wusste, woher er gekommen war und wohin er ging. Er wusste, wozu er auf der Welt war. Und so bietet er sich an, in Vollmacht und Stärke, in Demut und vollkommener Freiheit. Er dient uns und bietet schließlich sein Leben an als Opfer für uns. Er tut das, wie er sagt, um uns damit „ein Beispiel zu geben, dem ihr folgen sollt. Handelt ebenso!" (Johannes 13,15).

Gott möchte wirklich, dass Sie wissen, wer *Sie* sind. Sie sollen in der Lage sein, die Geschichte Ihres Lebens zu verstehen, sollen wissen, woher Sie kommen und wohin Sie gehen. Darin liegt Freiheit. Freiheit, zu sein und sich zu verschenken und zu lieben. Wir möchten deshalb an dieser Stelle noch einmal innehalten und Sie erinnern, wer Sie wirklich sind.

Sie sind eine Frau. Sie sind ein Ebenbild Gottes. Die Krone der Schöpfung. Gott hat bereits an Sie gedacht, bevor es Raum und Zeit gab, und er liebt Sie umfassend und von Herzen. Ihr himmlischer Bräutigam bemüht sich um Sie, umwirbt Sie, liebt Sie leidenschaftlich und sucht Ihre Nähe. Sie sind gefährlich in Ihrer Schönheit und Ihrer Leben spendenden Kraft. Und die Welt braucht Sie.

Als eine erlöste und befreite Frau können Sie stark und zart zugleich sein. Sie bringen der Welt die Botschaft von Gottes Barmherzigkeit, seinem Geheimnis, seiner Schönheit und seines tiefen Verlangens nach intimer Beziehung. Sie sind einladend. Sie können es sich leisten, verwundbar zu sein, können Ihr Leben mit seinen Fähigkeiten investieren und Ihre Sehnsucht mehr und mehr zu erkennen geben, weil Sie in Gottes Liebe sicher sind. Hand in Hand mit Gott können Sie Leben fördern – durch schöpferisches Wirken, in Ihrer Arbeit, in anderen Menschen.

Ihr sehnsüchtiges, zum Leben erwecktes Herz führt Sie in die Gegenwart Gottes. Zu den Füßen Jesu lauschen Sie ihm, dienen Sie ihm, warten Sie auf ihn. Seine Augen ruhen auf Ihnen. Der König ist bezaubert von Ihrer Schönheit.

Wir brauchen Sie. Es ist wichtig, dass Sie noch aufmerksamer für Gott werden, dass Sie der Sehnsucht, die Gott in Sie gelegt hat, Raum geben und sich so der Rolle bewusst werden, die Gott Ihnen zugedacht hat. Vielleicht braucht er Sie als Konzertpianistin oder als Lehrerin. Vielleicht als Neurologin oder Pferdezüchterin. Vielleicht als Umweltaktivistin oder als Anwältin der Armen oder der Alten oder der Kranken. Auf jeden Fall sind Sie berufen, Frau zu sein – was immer Gott sonst noch mit Ihnen im Sinn hat.

Und darauf kommt es an. Was auch immer Ihre spezielle Berufung sein mag, Sie sind herausgefordert, die Welt mit Ihrem Tanz zu beschenken und sich von Gott führen zu lassen, wohin er Sie führen will. Er wird Sie zunächst zu sich selbst führen, und dann führt er Sie höchstpersönlich in die Welt, die er liebt. Und die auch Sie lieben sollen.

Dazu sind Sie eingeladen.

Nimm meine Hand

Im Historiendrama *Anna und der König* gibt es eine Szene, die ich Ihnen jetzt am liebsten vorspielen würde – was leider nicht geht. So will ich sie zumindest beschreiben.

Der Film spielt im 19. Jahrhundert im Königreich Siam, dem heutigen Thailand. Ein geheimnisvoll schönes Land, geprägt von seiner großen Vergangenheit. Anna, eine junge englische Witwe, lebt in Siam als Lehrerin für die zahlreiche Nachkommenschaft des Königs. Sie hat König Mangkut bei der Vorbereitung eines Staatsbanketts für eine britische Regierungs- und Handelsdelegation geholfen. Der König möchte den Briten beweisen, dass sein Land bereit ist, sich der Welt zu öffnen.

Folglich wird das Bankett in britischer Manier ausgerichtet – mit Tafelsilber, Tischdecken, vielflammigen Kerzenleuchtern. Nach dem Essen spielt eine Kapelle zum Tanz auf, die Werke europäischer Komponisten erklingen.

Der erste Tanz steht natürlich dem König zu. Er erhebt sich und streckt Anna seine geöffnete Hand entgegen. Er richtet seinen Blick auf sie und lässt sich von nichts und niemandem ablenken. Er wartet auf ihre Reaktion. Sie ist offenkundig überrascht, weiß nicht, wie sie reagieren soll, aber dann fasst sie sich und steht auf. Der König lässt seine Augen keine Sekunde von ihr, als die beiden die lange Festtafel entlangschreiten. Ein Lächeln umspielt seine Lippen. Einige Festgäste sind empört, dass seine Wahl gerade auf Anna fiel. Manche lassen Geringschätzung erkennen, andere betrachten das Paar mit Wohlgefallen. Den König und Anna beeindruckt das alles nicht.

Anna ist wohlvorbereitet zu dem Bankett gekommen. Sie ist schön in ihrem schimmernden, weit ausgestellten Festkleid. Sie hat Stunden darauf verwendet, sich herzurichten – ihre Haare, ihre Garderobe, ihr Herz. Als sie sich an der Seite des Königs der Tanzfläche nähert, wird ihr doch ein wenig bang. Sie traut sich einzuwenden: „Da dieser Abend so gut verlaufen ist, wollen wir am Ende doch nicht übereinander stolpern, nicht wahr?" Welche Antwort hat der König für ihr fragendes Herz? „Ich bin König. Ich werde führen."

Gott streckt Ihnen seine Hand entgegen. Er fordert Sie auf. Er fragt Sie: „Darf ich um diesen Tanz bitten ... jeden Tag deines Lebens?" Sein Blick ist fest auf Sie gerichtet. Er ist bezaubert von Ihrer Schönheit. Er lächelt. Was andere meinen, kümmert ihn nicht. Er steht an Ihrer Seite. Er wird führen. Er wartet auf Ihre Antwort.

Mein Geliebter erhebt seine Stimme und spricht zu mir:
„Mach dich auf, meine Freundin, meine Schöne, und komm!"
(Das Hohelied 2,10; RE)

Bibliografie

Anderson, Neil, *Der die Ketten sprengt. Befreiung aus akuten und okkulten Bindungen*, Lage: Logos Verlag, 1994

Beattie, Melody, *Die Sucht gebraucht zu werden*, München: Heyne, 1994

Buechner, Frederick, *The Sacred Journey*, San Francisco, CA: Harper San Francisco, 1991

Burnett, Frances Hodgson, *Sara, die kleine Prinzessin*, Würzburg, Arena, 1996

Cabbott, Meggin, *Plötzlich Prinzessin*, München, cbt Bertelsmann, 2002

Chesterton, Gilbert Keith, *Ketzer*, Frankfurt/Main: Insel, 2004

Coelho, Paulo, *Der Alchimist*, Zürich: Diogenes, 1996

Collins, Gail, *America's Women: Four Hundred Years of Dolls, Drudges, Helpmates, and Heroines*, New York, Harper Perennial, 2004

Diamant, Anita, *Das rote Zelt der Frauen*, München, Droemer Knaur, 2006

Eldredge, John, *Der ungezähmte Mann*, Gießen: Brunnen, 5. Aufl. 2005

Forward, Susan/Torres, Joan, *Liebe als Leid. Warum Männer ihre Frauen hassen und Frauen gerade diese Männer lieben*, München: C. Bertelsmann, 1989

Greeley, Andrew M., *The Catholic Imagination*, Berkeley, CA: University of California Press, 2000

Kidd, Sue Monk, *Die Bienenhüterin*, München: btb, 2005

Lewis, Clive Staples, *Die Chroniken von Narnia*; 7 Bde., Moers: Brendow, 2000

Lewis, Clive Staples, *Dienstanweisung für einen Unterteufel*, Moers: Brendow, 1999

Lewis, Clive Staples, *Die große Scheidung*, Gießen: Brunnen, 1998

Lewis, Clive Staples, *Streng dämokratisch zur Hölle*, Gießen: Brunnen, 1982

Lewis, Clive Staples, *Was man Liebe nennt*, Gießen: Brunnen, 2004

MacDonald, George, *Diary of an Old Soul*, Minneapolis: Augsburg, 1994

Maine, Margo, *Father Hunger: Fathers, Daughters and the Pursuit of Thinness*; Carlsbad, CA: Gürze Books, 2004

Norwood, Robin, *Wenn Frauen zu sehr lieben*, Hamburg, Rowohlt, 1999

O'Casey, Sean, *Juno and the Paycock*, Berlin, Cornelsen, 1996

Ovid, *Auswahl aus seinen Werken*, Münster, Aschendorff, 1997

Pascal, Blaise, *Gedanken*, hg. von Jean-Robert Armogathe, Stuttgart: Philipp Reclam jun., 1997

Pipher, Mary, *Pubertätskrisen junger Mädchen: Wie Eltern helfen können*, Frankfurt, Fischer, 2003

Rilke, Rainer Maria, *Sämtliche Werke in zwölf Bänden*, Frankfurt/Main: Insel, 1976

Tolkien, J. R. R., *Der Herr der Ringe*, 3 Bde., Stuttgart: Klett Cotta, 2001

Weil, Simone, *Waiting for God*, New York: Harper

Anmerkungen

Kapitel 1: Das Herz einer Frau
[1] 1968 als Single erschienen
[2] Paulo Coelho, *Der Alchimist*, S. 130
[3] aus dem Album *Wildflowers*, 1994
[4] aus dem Album *Bethany Dillon*, 2004
[5] Janis Ian, *At Seventeen*, aus dem Album *Between The Lines*, 1975

Kapitel 2: Was uns nur Eva sagen kann
[1] aus dem Album *Blood On The Tracks*, 1975
[2] Blaise Pascal, *Gedanken*, L116/B398
[3] John Eldredge, *Der ungezähmte Mann*, S. 59f
[4] Alison Krauss & Union Station, *Take Me For Longing*, aus dem Album *New Favorite*, 2001
[5] ebd., S. 61
[6] Aurelius Augustinus, *Bekenntnisse*, X.9
[7] William Shakespeare, *Der Widerspenstigen Zähmung*, V. Akt, 2. Szene
[8] C. S. Lewis, „Das Gewicht der Herrlichkeit", in: *Streng dämokratisch zur Hölle*
[9] C. S. Lewis, *Das Wunder von Narnia*, S. 95
[10] William Shakespeare, *Liebes Leid und Lust*, IV. Akt, 3. Szene

Kapitel 3: Eine quälende Frage
[1] John Donne, *The Progress of the Soul*, LI.
[2] William Shakespeare, *Hamlet*, I. Akt, 5. Szene
[3] John Eldredge, *Der ungezähmte Mann*, S. 76
[4] Den Hinweis auf diese Zusammenhänge verdanke ich Dan Allender.
[5] Susan Forward/Joan Torres, *Liebe als Leid. Warum Männer ihre Frauen hassen und Frauen gerade diese Männer lieben*

⁶ Robin Norwood, *Wenn Frauen zu sehr lieben*

⁷ Melody Beattie, *Die Sucht gebraucht zu werden*

⁸ John Eldredge/Brent Curtis, *Ganz leise wirbst du um mein Herz*, Gießen: Brunnen 2002, S. 179

Kapitel 4: Verletzt

¹ William Shakespeare, *Titus Andronicus*, I. Akt, 1. Szene

² Rainer Maria Rilke, *Gegen-Strophen*, in: *Sämtliche Werke in zwölf Bänden*, Bd. 3, S. 136

³ Darauf weist u. a. hin: Margo Maine, *Father Hunger: Fathers, Daughters and the Pursuit of Thinness*

Kapitel 5: Eine besondere Feindschaft

¹ Sean O'Casey, *Juno and the Paycock*

² Amnesty International Report Sudan, *Darfur: Rape as a weapon of war, Sexual violence and its consequences*, AFR 54/076/2004

Kapitel 6: Heilung für die Seele

¹ Das Lied stammt aus der Feder von Gerry Goffin, Carole King und Jerry Wexler und wird von zahlreichen Künstlern interpretiert, u.a. von Bonnie Tyler und Rod Stewart (dann als *Natural Man*)...

² aus dem Album *Too Long in Exile*, 1993

³ Aurelius Augustinus, *Bekenntnisse*, IX.33

⁴ Frances Hodgson Burnett, *Sara, die kleine Prinzessin*, S. 14

Kapitel 7: Umworben

¹ Gilbert Keith Chesterton, *Ketzer*, „XIV. Über gewisse moderne Autoren und die Institution der Familie"

² aus dem Album *Phoenix*, 1979

³ Emmylou Harris, *Here I Am*, aus dem Album *Stumble Into Grace*, 2003

Kapitel 8: Offenbarte Schönheit

[1] aus dem Gedächtnis zitiert von Julien Green in einer Notiz vom 30. Januar 1968

[2] F. J. Dostojewski, *Der Idiot*, III.5

[3] Gerald Manley Hopkins, *To what serves Mortal Beauty?*, in: Robert Bridge (Hrsg.), *Poems of Gerard Manley Hopkins*, 1918, 38

[4] Simone Weil, „Forms of the Implicit Love of God", in: *Waiting for God*

[5] Andrew M. Greeley, *The Apologetics of Beauty*, in: *The Catholic Imagination*, Berkeley, CA: University of California Press, 2000

Kapitel 9: Den Mann in Adam wecken

[1] Sheryl Crow, *Strong Enough*, aus dem Album *Tuesday Night Music Club*, 1993

[2] Bruce Springsteen, *Born To Run*, aus dem Album *Born To Run*, 1975

[3] Mary Pipher, *Pubertätskrisen junger Mädchen: Wie Eltern helfen können*, Frankfurt, Fischer, 2003

[4] Eldredge, John, *Der ungezähmte Mann*, S. 242ff.

[5] Ovid, *Ars Amatoria*, II. 107; in: *Auswahl aus seinen Werken*, Münster, Aschendorff, 1997

Kapitel 10: Mütter, Töchter, Schwestern

[1] Anita Diamant, *Das rote Zelt der Frauen*, München, Droemer Knaur, 2006, im Vorwort

[2] Sue Monk Kidd, *Die Bienenhüterin*, S. 333

[3] C. S. Lewis, *Die große Scheidung*, S. 82f

[4] C. S. Lewis, *Was man Liebe nennt*, S. 128

[5] Jill Phillips, *I Am*, aus dem Album *Jill Phillips*, 1999

Kapitel 11: Die kämpferische Prinzessin

[1] Gail Collins, *America's Women: Four Hundred Years of Dolls, Drudges, Helpmates, and Heroines*, New York: Harper Perennial, 2004

[2] J.R.R. Tolkien, *Der Herr der Ringe* Bd. 3: Die Wiederkehr des Königs; S. 135f

[3] Neil Anderson, *Der die Ketten sprengt. Befreiung aus akuten und okkulten Bindungen*, Logos Verlag, 1994

[4] Elizabeth Barret-Browning, *Sonetts from the Portugese*, I., übersetzt von Rainer Maria Rilke

Kapitel 12: Eine unersetzliche Rolle

[1] C. S. Lewis, *Die große Scheidung*, S. 56

[2] Ursprünglich „Oriental Missionary Service", amerikanische Missionsgesellschaft, heute weit über den Orient hinaus in vielen Teilen der Welt tätig.

[3] G. K. Chesterton, "The Emancipation of Domesticity", in: *What's Wrong with the World*, III.3

Die Autoren

John Eldredge ist therapeutischer Seelsorger, Autor mehrerer Bestseller und ein viel gefragter Referent. Er ist der Mitbegründer und heutige Leiter von Ransomed Heart Ministries, einer Gemeinschaft, der es um Glaubensvertiefung, Seelsorge und konkrete Nachfolge geht und die Menschen helfen möchte, ganzheitlich heil zu werden und aus der Tiefe ihres Herzens heraus zu leben. John lebt mit seiner Frau und ihren drei Söhnen in Colorado Springs. Er liebt Colorado, weil er dort seinen anderen Leidenschaften nachgehen kann, zum Beispiel dem Fliegenfischen, Bergsteigen und Kanufahren.

Stacy Eldredge leitet die Frauenarbeit von Ransomed Heart Ministries, in der ein Schwerpunkt Seminare zum Thema dieses Buches sind. Sie engagiert sich dafür, dass Frauen aus falschen Urteilen und Rollenbildern herausfinden und ihre eigentliche Berufung entdecken und entfalten können. Stacy liebt die Natur in den Rocky Mountains und ist eher draußen als im Haus anzutreffen. Sie liebt ihre Familie, Schaumbäder, persönliche Gespräche, den Wind, ihren Hund Scout und die Gelegenheiten, an denen der Abwasch nicht an ihr hängenbleibt. Vor allem aber liebt sie „den Gott, der mich so sehr liebt und mich immer wieder damit überrascht, wie leidenschaftlich und wie zärtlich er mir begegnet."

Mehr über John und Stacy Eldredge und ihre Arbeit erfahren Sie unter www.ransomedheart.com.

Stacy Eldredge / John Eldredge

Weißt du nicht,
wie schön du bist?

Der persönliche Reisebegleiter
zum Buch

208 Seiten, Paperback,
ISBN 978-3-7655-1396-1

Das Buch „Weißt du nicht, wie schön du bist?" hat Sie berührt,
und jetzt möchten Sie mehr erfahren von der Frau, die in Ihnen
verborgen ist. Dieser persönliche Begleiter auf der Reise zu Ihrem Herzen bietet Kernaussagen des Buches, Impulse zur Ver-
tiefung wichtiger Themen und viel Platz für persönliche Refle-
xion. Machen Sie sich auf den Weg und lassen Sie Ihren Traum
von einem erfüllten Leben Wirklichkeit werden.

Weißt du nicht, wie schön du bist? ist
auch als Hörbuch erhältlich

3 CD-Box
Laufzeit: 210 Minuten
ISBN 978-3-7655-8728-3

Brent Curtis / John Eldredge
Ganz leise wirbst du um mein Herz

272 S., gebunden
ISBN 978-3-7655-1816-4

Der ungezähmte Christ

272 S., gebunden
ISBN 978-3-7655-1881-2

Finde das Leben, von dem du träumst

272 S., Taschenbuch
ISBN 978-3-7655-4039-4

Folge deinem Traum

128 S., gebunden
ISBN 978-3-7655-1880-5

Lebe, was dein Herz dir sagt

32 S., gebunden, vierfarbig
ISBN 978-3-7655-6495-6

Stacy Eldredge
Mehr als alles hüte dein Herz

112 S., gebunden
ISBN 978-3-7655-1978-9

BRUNNEN VERLAG GIESSEN
www.brunnen-verlag.de